本丛书得到何东先生独资赞助

This series of books is financially supported exclusively by Mr. Eric Hotung.

20世纪中国文物考古发现与研究丛书

# 宋元明考古

秦大树 / 著

文物出版社

一 北宋皇陵永定陵全景

二 北宋永泰陵石象

三　常州武进南宋墓出土朱
　　漆戗金人物花卉纹奁

四　福州北郊茶园村
　　宋墓出土镶绣金
　　银边对襟绢上衣

五　杭州老虎洞窑址出
　　土南宋官窑梅瓶

六　宣化辽墓 M10 备茶图壁画

七　金陵出土玉佩

八　江宁孙家山出土元釉
里红松竹梅纹梅瓶

九　明定陵出土十二龙九凤冠

一〇　景德镇御窑厂出土
明洪武青花罐

*20世纪中国文物考古发现与研究丛书*

# 序 / 张文彬

俗称"锄头考古学"的田野考古学的诞生以及中国考古学学科体系的基本完善，由此而引起的古物鉴玩观赏著录向科学的文物学的转变，是 20 世纪中国学术与文化界的大事。它从材料与方法两个方面彻底刷新了持续了数千年之久的中国古代史学传统，不但为中国学术界和文化界开拓出更加广阔的研究天地，也为一切关心中华民族悠久历史和灿烂文明的人们不断地提供了可贵的精神滋养和力量源泉。

仰古、述古、探古，进而考古，向来为我国传统文化中一个明显的学术特点。先秦时期诸子百家发其端，汉代司马迁撰写《史记》，北魏郦道元作注《水经》。他们对相关的遗迹遗物，尽可能地做到亲自考察和调查，既能辨史又可补史。这种寻根追源的治学态度，为后世学术上的探古、考古树立了榜样。此后，山河间的访古和书斋式的究古相继开展，特别是对古器物的研究，成了唐、宋时期的文化时尚。不少学者热衷于青铜铭文、碑刻、陶文、印章等古文字的考释，进而有了对器物的辨伪鉴定、时代判断、分类命名等，逐渐兴起了一门新的学问——金石学，涌现出许多著名的古器物鉴赏家和收藏家。只是囿于当时的历史条件，金石学家们无法了解所见文物的出土地点和情况，也难以涉及史前时代漫长的演进历程，因而长期以来始终脱离不了考证文字和证经补史的窠臼。即使如此，他们的艰辛努力和取得的成绩，还是为推动我国传统文化的发展起到了积极作用，并且在事实上也为中国考古学和中国文物学的起步铺设了最早的一段道路。

20世纪初，近代考古学由西方传入。中国学者继承金石学的研究成果，学习并运用西方考古学方法，开始从事田野考古，通过历史物质文化遗存，探寻和认识古代社会，揭示人类社会发展规律。早在1926年，中国学者就自行主持山西南部汾河流域的调查和夏县西阴村史前遗址的发掘。随后，我国学者同美国研究机构合作，有计划地发掘周口店遗址，发现了北京猿人。从1928年起至1937年，连续十五次发掘安阳殷墟遗址，取得了较大收获，引起了国内外学术界的重视。自20世纪50年代以后，随着国家大规模经济建设的进行，田野考古勘探、调查和科学发掘工作在全国范围内蓬勃有序地开展，许多重要的典型遗址和墓地被揭露出来，重大发现举世瞩目。它们脉络清晰，层位分明，文化相连，不仅弥补了某些地域上的空白，而且衔接了年代上的缺环，为研究中国古代史、文化史、科学史以及其他学科领域，提供了珍贵、丰富的实物资料，极大地影响着人文社会科学诸多学科专业的研究与发展。这段时间被学术界称为中国考古学的黄金时代。在马列主义理论指导下，具有中国特色的考古学理论体系和方法论逐渐形成。有关研究成果不仅极大地改变和丰富了人们对中国文明起源、中国古史发展等重大问题的认识，同时也扩展了中国文物的研究领域和研究方式。可以说，考古学的发展与进步，直接影响到文物学的形成与发展，而且影响到全社会对文化遗产重要作用的认识以及世界学术界对中国古代文明的重新认识。

从20世纪80年代开始，文物界就中国文物学的创立，逐渐取得共识，在共同探讨的基础上，初步形成了学科体系。不少学者发表了有关论文，出版了专著，就文物的历史价值、科学价值、艺术价值以及在社会主义的物质文明与精神文明建设中如何对文物进行有效保护、合理利用发表意见。这些研究成果已获得学术界的赞同。

在这世纪之交和千年更替之际，对中国考古学和中国文物事业作一次世纪性的回顾和反思，给予科学的总结，是许多学者正在思考和研究的问题。如果能通过梳理20世纪以来重大发现和研究成果，透视学科自身成长的历程，从而展望未来发展的方向，以激励后来者继续攀登科学高峰，无疑是一件很有意义的事。为此，经过酝酿、商讨和广泛征求意见，我们约请一批学者（其中有相当多的中青年学者）就自己的专长选择一个专题，独立成篇，由文物出版社编辑出版一套《20世纪中国文物考古发现与研究丛书》，并以此作为向新世纪的献礼。

从某种意义上说，《20世纪中国文物考古发现与研究丛书》是一套学科发展史和学术研究史丛书。其内容包括对20世纪考古与文物工作概况的综合阐述；对一些重要的考古学文化和古代区域文化研究情况的叙述；对文物考古的专题研究；对重要的文物考古发现、发掘及研究的个例纪实。

此套丛书的内容面广，而且彼此关联。考虑到各选题在某些内容上难免会有重叠或复述，因此在编撰之初，我们要求各选题之间互有侧重，彼此补充，以期为读者了解 20 世纪中国考古学和文物学的发展提供更多的视角。

我国的文物与考古工作，虽在 20 世纪得到了迅速发展，但仍有许多重大学术问题需要进一步探索。我们主持编辑这套丛书，除了强调材料真实，考释有据，写作态度严谨求实外，也不回避以往在工作或研究上曾经产生的纰漏差错和不足之处，以便为今后的工作和研究提供借鉴。虽然我们尽了很大努力，但限于水平，各篇仍很难整齐划一。由于组稿和作者方面的困难和变化，一些计划之中的题目也未能成书。这些不周之处，敬请专家、学者和广大读者批评指正。

在丛书编印过程中，我们得到了文物、考古界的广泛支持。何东先生在出版经费上给予了热情帮助。在此，一并深表感谢。

2000 年 6 月于北京

# 目　　录

插图目录

# 插 图 目 录

一    北宋东京城复原示意图 ················ 21
二    南宋临安城复原想像图 ················ 33
三    辽上京城垣轮廓示意图 ················ 39
四    辽上京皇城遗迹实测图 ················ 39
五    辽中京遗址平面图 ················ 46
六    金上京遗址平面图 ················ 52
七    金中都城复原示意图 ················ 55
八    元上都城实测图 ················ 68
九    元大都遗址复原图 ················ 74
一〇   元大都和义门瓮城城门 ················ 74
一一   明南京城平面复原图 ················ 82
一二   明代北京城平面图 ················ 85
一三   宋平江府图碑简绘图 ················ 97
一四   元应昌路故城平面图 ················ 105
一五   山西大同城图 ················ 109
一六   北宋皇陵陵区图 ················ 125
一七   北宋皇陵永熙陵平面图 ················ 127
一八   宋太宗元德李皇后陵地宫平剖面图 ················ 129
一九   角姓昭穆葬图（天穴） ················ 133
二〇   元张士诚母曹氏墓平剖面图 ················ 136

前言

宋元明考古是用考古学的方法，通过对这一时期的遗迹、遗物的研究，来阐明宋元明时代的历史发展规律的一门学科。它是中国考古学中按朝代划分的一个阶段，属于历史考古学的范畴，目前是最晚近的一段，包括北宋、南宋、辽、金、元、明等朝代以及西夏、于阗、回鹘、大理、西辽、黑汗王朝、西藏的以古格王朝为代表的地方政权等边境王朝。属于这个时期的遗址遍布全国各省、市、自治区境内[1]。其所具有的全国意义，是此前的断代考古都无法比拟的。而且，这个时期的中国考古也更具有世界性和国际意义。因为这一时期中国的海上对外贸易发展了起来，大批量此期的中国文物在世界上许多国家发现，较之陆上的丝绸之路，数量多了许多，传输的地点也更广远了。例如，在埃及旧开罗的福斯塔特（Fustat）遗址，多年来的考古发掘中出土了两万多件中国瓷片[2]。在非洲的东部沿岸，也有众多的遗址中发现了中国文物，尤其以瓷器居多[3]。明初郑和下西洋时，则对非洲东部有了详细的记载，并绘制了地图[4]。公元 13 世纪崛起于中国北方草原地区的大蒙古国，开创了世界历史上疆域最广大的帝国。其时，蒙古族文化、伊斯兰文化、汉族传统文化、藏传佛教文化、高丽文化以及欧洲基督教文化等多种文化并存[5]。因此，对其研究无疑是国际性的课题。明代基本上确定了今天中国的版图，其文化的影响和研究与当今社会、文化的联系空前紧密。

　　宋元明考古与以文献资料为主的历史研究，即有所区别，又是相辅相成的。其所研究的很多内容，有些是文献上找不到的或证据不足的。例如，与经济史研究密切相关的工场遗迹（手工业遗迹）、矿冶遗迹、中外关系的遗迹和遗物以及宗教遗迹等。有些问题是传统历史学很难解决的问题。考古工作为这些方面问题的研究提供了大量重要的资料。

　　由于宋元明时期的遗迹和遗物具有保存数量较多、埋葬较浅、暴露于地面之上的遗迹也很多等特点，又因为此期有关的文献记载异常丰富，历史学科对考古工作的依赖也不似早期阶段的强烈，因此，其发展也有不同于其他领域的特色。

　　宋元明时期属于封建社会的后期，从世界史的角度来看，已进入了中世纪。随着社会经济和文化的发展在此时出现了一些新的现象。此期一个重要的特点是商品经济极大发展，形成了中心城市带动区域经济的城市经济体系，使城市的地位发生了重大变化[6]。商品经济的发展又集中体现在私营手工业的蓬勃兴起和发展上，形成了不同于隋唐时期的生产格局，进而形成了手工业的中心城镇，各种器物上的商品标记普遍发现。此期又是多个割据政权并存的时期，不同族属和不同王朝的文化相互影响，文化面貌丰富多彩。同时，人们的生活习俗发生了变化，高桌椅的出现改变了人们的生活方式，也对考古学文化产生了重大的影响。体现在考古材料上，这个时期城市的布局发生了根本性的变化，墓葬的地区性特点变得十分明显，世俗化倾向强烈，礼制变得模糊了。宋元明时期考古资料极大的丰富，种类繁多，文献、绘画等可与考古材料大相印证的材料丰富，地面存留的遗迹和建筑物增多。因此，这段考古与现在的一些专题学科有密切联系，如建筑、陶瓷、纺织、矿冶等，都既是考古的研究课题，也是专题史、工艺和科技史的课题。这当中考古又有其独有的特点。这一段保存和被发现的遗迹也开始多了，有煤矿、冶铸作坊、瓷窑以及相应的作坊等。因此，矿、窑、作坊登上考古舞台，在这段可以初步系统化。又由于商品的远距离传播，可以在更广大的范围内讨论问题，使研究领域和研究范围扩大，研究场面得到延伸。这些构成了宋元明考古新的研究特点。尽管宋元明考古与其他断代考古相比，尚很年轻，但其未来的发展必将是丰富多彩和引人注目的。


## 注　释

[1] 徐苹芳《宋元明考古》，《中国大百科全书·考古学》，中国大百科全书出版社 1986 年版。

[2] 秦大树《埃及福斯塔特遗址中发现的中国陶瓷》，《海交史研究》1995 年第 1 期。

[3] 马文宽，孟凡人《非洲发现的中国古瓷》，紫禁城出版社 1987 年版。

[4] 关于郑和航海所绘地图，较重要的是载于茅元仪辑《武备志》卷二四〇的《郑和航海图》（原名《自宝船厂开船从龙江关出水直抵外国诸番图》）。关于此图的研究参见朱鉴秋、李万权《新编郑和航海图集》，人民交通出版社 1988 年版。

[5] 尚刚《元代工艺美术史》，辽宁教育出版社 1999 年版。此书在探讨各类工艺美术品在元代的发展中，特别强调了当时民族文化的交融和蒙古民族所带来的具有强制性的影响，见解独到。

[6] 徐苹芳《中国古代城市考古与古史研究》，载徐苹芳《中国历史考古学论丛》，（台北）允晨文化 1995 年版。

# 一 宋元明考古的开创与发展

由于特定的历史条件和原因，宋元明考古在 20 世纪的发展并不很平衡。它表现出如下一些特点：1. 在其发展的早期阶段，表现出在宋元明考古的各具体研究方面的不平衡。例如，对城市、宫廷布局的记录，在各朝代当朝的时候就已开始；对某些手工业品，尤其是对有较高欣赏价值的手工艺品的收藏、记录和研究也可上溯到各朝或其结束不久的时期，如陶瓷器、玉器、丝织品和碑刻等；对于墓葬和手工业遗迹等的发掘和研究，则经历了一个认识程度不断提高、发掘和研究逐渐走向正规的过程。2. 作为历史时期考古的宋元明考古，其主要目的是推动历史学研究，从物质文明、经济学和礼制等角度进行研究，提供新的素材。因此，宋元明考古的发展也大体依照这样的规律：时间较早阶段的考古工作，发展较早、较快。因为两宋时期在中国范围内多个政权并存，而少数民族政权文献资料较少，考古工作更易引起人们的重视。因此，诸如辽王朝、西夏王朝和大理国的考古工作相对发展较早、较快，也较受重视，其中又以辽代考古比较突出。3. 20 世纪 70 年代以来，随着我国经济建设的发展，许多原本保存并裸露于地面的遗迹受到威胁，急需保护，地下遗迹的出土也日益增多起来。这一阶段的考古日益引起人们的重视。因此，宋元明考古在这一时期得到快速发展，并在某些方面走向繁荣。

对于宋元明时期遗迹遗物的记录和研究，在中国产生现代考古学以前就已开始了。学者们从宋代起就不断地对当时的风物、形胜、遗迹和古器物进行一些考查和记录。其中不仅有对先秦及秦汉等文物和遗存的考查和记录，也有对当时的以及一些刚刚废弃的城市、宫殿和艺术品的纪录。这些成为今天考古工作弥足珍贵的参考资料。对城市记录的有南宋孟元老《东京梦华录》对北宋东京城的记录，有元代陶宗仪《南村辍耕录》对宋陵、宋宫殿和元大都宫阙的记录，有明初萧洵《元故宫遗录》对元大都宫阙的考察记录等。在古器物方面有宋代蒋祈《陶记》对景德镇制瓷业的记录，有明代曹昭《格古要论》对瓷器、漆器、文具及多种艺术品的记录，有宋代沈括《梦溪笔谈》、明代宋应星《天工开物》对多种手工业品制作工艺的记录等。这些著作自宋迄清，不胜枚举。随着时间的发展，对于城市布局、宫室营建、城市水系走向以及手工业品的产地与工艺等方面的研究日益深入详尽。其所关注的问题和所要达到的目的逐渐与今天的宋元明考古接近了。然而，真正建立在调查和发掘基础上的宋元明考古工作还是在 20 世纪初期产生的。根据宋元明考古产生与发展并走向繁荣的历程，大体可以将宋元明考古的发展历史分为三个阶段：

　　第一阶段，20 世纪前半叶，宋元明考古同考古学其他研究方向一样进入了创始阶段。现代考古学，尤其是史前考古学的传入，始于一些外国学者开展的探险和挖掘工作[1]，宋元明考古也不例外。欧美和日本学者所做的一些工作具有开创意义，然而中国学者在稍后的时间也开始了通过调查、发掘的方法对古代文明进行探索与研究[2]。

　　这一阶段中国学者开展的宋元明考古工作中，引人注目的有国立历史博物馆对钜鹿故城的发掘。1921 年 7 月，国立北平历史博物馆派员前往调查，受到当年国际上发掘庞培古城的影响，考古队在故城三明寺附近进行了小规模发掘，发现了王、董二姓的两院古宅，其门、窗及屋内的桌椅布置一如当年，桌上还置有粗瓷食具及匙[3]。然而，这项工作并未深入开展下去，甚至连发掘报告都未能刊出。其真正所起到的作用是从这个年代确定的遗址中出土的陶瓷器、金属器和漆器，使人们有了判定宋代文物的标准器，同时也认识到了来自遗址、窑址和墓葬等遗迹中的器物对于了解某一时期某种手工业的发展所具有的重要意义。这在陶瓷考古等领域中具有催化作用[4]。

对宋元时期的古代建筑进行调查、实测和研究。这项工作主要是由中国营造学社所做的。作为民间的学术机构，中国营造学社是受到日本学者在 20 世纪初期对中国北方地区古代建筑的调查、实测和研究的影响而成立的[5]。该社聚集了当时建筑方面的一流学者，在 30 至 40 年代间做了大量的工作[6]。第一，发现和实测了一大批重要的宋元时期的古代建筑。如河北蓟县独乐寺、天津宝坻广济寺辽代建筑、河北新城开善寺、易县开元寺、山西榆次雨花宫北宋建筑、五台佛光寺金代建筑、赵城广胜寺元建筑、浙江武义延福寺元建筑等。第二，实测、调查了大批在营造学社成立以前就已被发现的宋元古建筑。如山西大同与应县辽金建筑、太原晋祠宋金建筑、江苏苏州玄妙观和其他宋代建筑、河南开封铁塔、河北定县开元寺塔等。第三，初步总结了宋代的官式建筑专书《营造法式》，对其进行了初步注解，为此后开展与文献相结合的古建筑调查研究奠定了基础。在大量调查、实测和研究的基础上，开始归纳和总结不同时期建筑的特点和规律[7]。与其他方面相比，古建调查研究方面所取得的成绩是十分突出的。例如，对元明清北京城和一些大型遗址，如金界壕、明长城等的调查和研究。这方面的工作大多也是中国营造学社所做。其中对元大都遗址的研究，根据元代陶宗仪的《南村辍耕录》、明代萧洵的《元故宫遗录》等文献，结合地面调查，对城市布局、宫苑布局和河湖水系进行研究与复原，在方法论上为以后的城市考古做了开创性的工作，进行了十分有益的尝试[8]。

　　其他值得提及的工作还有对古代窑址的调查和零星墓葬的发掘等。其中有对宋元明时期帝王陵墓的调查、记录和研究，如对南宋永思陵平面和石藏子的调查研究[9]、对明孝陵和明北京十三陵的调查与记录[10]等。营造学社在抗日战争期间迁往四川，在驻地附近清理了两批宋墓[11]；还有福建邵武清理的南宋墓[12]。这些工作是最早用考古学方法发掘宋元明时期的墓葬，具有开创性的意义。陶瓷考古的先行者陈万里、叶麟趾和周仁等先生对古陶瓷窑址的调查和试掘，使中国学者在这方面所做的工作从一开始就具有领先优势[13]。

　　早期还有一些工作是外国学者所做的。外国学者在中国所做的宋元明考古工作大体可以分为三种情况：1. 20世纪前半叶，尤其是30年代以前，西方学者主要是以探险考察的名义在西北地区和内蒙古地区进行调查和盗掘。其主要的调查、勘察对象是汉唐时期遗迹，但也涉及到一些宋元明时期的古城和遗迹。大约在西北科学考察团组建并开展考察工作以后，西方学者以个人名义开展的考察工作就基本停止了。在西北地区进行考察的西方学者主要有三批，俄国人科兹洛夫对新疆、青海、西藏、内蒙古等地进行的考察[14]；英国人斯坦因对南疆为主的区域的考察[15]；德国人格伦韦德尔和勒柯克对新疆北

部地区的探险考察等[16]。其中关于宋元明时期最重要的发现
当数科兹洛夫、斯坦因和后来的"西北科学考察团"发现并多
次挖掘的西夏－元代的黑城遗址[17]。2.日本人从很早的时候
就在中国的东北地区进行调查和盗掘,包括在今天的南北朝鲜
(即汉乐浪郡)地区所做的大量工作。在他们的观念中,英国
人在西北所做的工作和法国人在安南所做的工作都标志着一种
势力范围的划分。因此,日本人把在中国东北所做的考古工作
也认为是在他们的势力范围以内开展的工作[18]。所以其开始
的时间早,持续时间长,有组织,规模也较大。在侵华战争期
间,其工作更延展到华北地区[19]。这些工作以辽金元时期的
考古为主,其中较重要的有1936年,园田一龟调查、盗掘了
金上京遗址、金完颜希尹家族墓地和完颜娄室家族墓地;1937
年,东京帝国大学原田淑人、驹井和爱率众盗掘了元上都遗
址,出土了大批遗物并较快地刊布了报告书;1938年至1939
年,日本东方文化学院研究员江上波夫、饭田须贺斯等盗掘了
内蒙古百灵庙乌伦苏木城元代汪古部的城址,清理了一座景教
教堂遗址、汪古特王府和一些教徒的墓葬,其中包括高唐忠献
王阔里吉思墓和元成宗之女、王妃爱耳失里墓,发现叙利亚文
和突厥文墓石十方,这是宋元明考古在20世纪前半叶中最大
规模的挖掘工作之一;1939年,京都帝国大学的田村实造、
小林行雄等人调查并实测了庆陵三陵和庆州城,这次工作做得
认真仔细,有大量实测图,为遭受军阀盗掘后的庆陵保存下来
了重要资料。3.在中原和南方地区,除了在现代考古学传入
中国之初的阶段,此后的时间里有组织、大规模的考古工作都
由中国学者所做。至少对于宋元明时期考古,外国人没有做过
什么成规模的工作。惟一值得提起的是一些个人对古代瓷窑遗

址所做的调查和盗掘。不过，在 20 世纪前半叶，这些工作以调查为主，其成就体现在窑址的发现上，并将文献记载的"窑"与窑址相联系。除了日本人对辽代窑址所做的调查和挖掘，这些工作几乎都是这些学者、收藏者甚至文物商以私人身份开展的。如 1933 年，英国工程师 R·W·史威娄组织的对焦作附近的修武当阳峪窑的调查和挖掘。重要的是这项调查和挖掘的报告两度在西方发表，产生了较大的影响[20]。1930 年，日本人米内山庸夫在杭州的凤凰山一带为寻找和研究南宋官窑进行调查，发现宋代窑址并采集了大量瓷片[21]。1933 年，美国人詹姆斯·普拉玛调查了福建建阳水吉镇附近的三处古代窑址，确认其为古代生产"天目"瓷的建窑的窑址[22]。对中国古陶瓷做过较多考古工作的是日本人小山富士夫，早年他曾对越窑、南宋官窑进行研究。1941 年，他曾在华北地区广泛调查古窑址，比较重要的是对河北曲阳县定窑遗址、河北邯郸彭城镇磁州窑遗址和河南修武当阳峪窑、焦作李封窑等进行的调查。他后来还参与了东北地区辽窑的调查和挖掘，1943 年发表了《宋磁》一书[23]，将宋元时的窑址初步系统化。

综上可见，在 20 世纪前半叶，关于宋元明时期的考古工作尚处于萌芽状态，除了日本人在东北和内蒙古对辽金元遗迹的一些调查与挖掘，大部分工作缺少系统性。此期宋元明考古工作的特点是绝大多数工作是以民间的形式或以个人身份开展的。在有限的宋元明时期的考古中，以调查、实测为主，少有发掘。所开展的工作规模都比较小，大规模的，如对都城、陵墓和大的墓群开展的工作极少。

第二阶段，20 世纪 50 年代到 70 年代末，新中国建立以后，宋元明考古工作得到了真正而具有实质意义的发展。但在

建国五十余年中，其发展并不是均衡的。如果以 70 年代末期
为界限，前期宋元明考古受重视程度较低，在考古工作中发现
的宋元明墓葬和遗迹往往被忽视，工作较少，也不太成体系。
此期重要工作有对东北、内蒙古和西北地区一些早年废弃的城
址开展的调查与试掘，包括辽金元时期的数座都城址。在对从
古至今沿用的城市考古方面，有对元大都、金中都和辽南京的
全面勘测和研究。对明定陵、西夏陵的发掘是主动考古工作的
范例。其他的考古工作则以随工清理和考古调查为主，对发掘
资料进行归纳和深入研究十分有限[24]。总之，此期宋元明考
古已在城址、帝陵、墓葬、宗教遗迹和手工业遗迹等诸方面全
面开展起来，但田野考古工作以随工清理和调查为主，主动发
掘的数量很少，尚处于资料的积累阶段，成系统的总结研究基
本没有。

第三阶段，20 世纪 80 年代以来至今，是中国考古学发展
的黄金时代，宋元明考古在这一时期也得到长足发展。从城市
的调查发掘，到陵墓群的考察，再到一般墓葬的发掘以及矿
冶、手工业和交通运输遗存的发现与发掘，取得了大量成绩。
不仅开展了一些难度相当大的工作，如深埋地下十余米的北宋
都城汴京和今天被大都市占压的南宋都城临安的勘探与发掘，
还开展了许多大规模的系统性的调查、发掘和研究，如北宋、
西夏、金朝、明朝皇陵区的调查、勘测与发掘，一些跨省市的
大型工作得以开展，如对金界壕边堡和明长城的勘探等。手工
业遗迹、交通运输遗迹和矿冶遗迹等的发掘也取得了可喜的成
果。各方面成果的积累已经形成足以在一定层面上进行总结归
纳和深入研究的程度。进入 90 年代以来，类似的研究工作日
渐增多了，宋元明考古已经开始在文化艺术史、经济史、科技

史、社会生活史和思想史的研究中发挥重要的作用，在少数民族建立的王国史研究中更具有举足轻重的作用。

近些年来宋元明考古得以发展，与其日益受到重视和我国的现代化建设高速发展所提供的机遇与挑战密切相关。一方面，随着大规模经济建设的开展，原有的一些遗迹正在迅速地减少，同时全国城市的结构都处在剧变之中，如果不大力开展考古工作，有些遗迹就再也无法恢复了。从古至今一直延用的城市街道本来极不易改变，但现在已不同了。现代化经济建设的威力足以使原本沿用了成百上千年的街道发生大的变化，因此，考古工作具有相当的紧迫感。另一方面，大规模的经济建设也为宋元明考古提供了许多的机遇。例如，近年来发现的南宋临安城内太庙、临安府衙署遗址都是在配合城市改造工程中发现的。创建历史文化名城和申报世界遗产等活动的开展，使各地的政府部门和领导也日益对时代较晚的一些大遗址予以重视。这使一些重要的遗址得到了较系统的调查、发掘与研究，也得到了一定程度的保护。

同时，一支高水平的文物考古工作者队伍的不断成长壮大，无疑是宋元明考古事业发展的根本因素，也是形成建国以来两个发展阶段的原因所在。"文化大革命"以后，许多高校相继为本科生开设"宋辽金元考古"课，后来又将课程扩展为"宋元明考古"。1985年北京大学考古学系开始招收"宋元考古"硕士研究生，1992年开始招收"宋元考古"博士研究生，为培养宋元明考古的人才做出了重要的贡献。许多毕业生成为各地考古机构中宋元明考古的骨干。

在这一阶段中，有两项早期阶段常出现的错误做法逐渐得到纠正和改变。一是在早期遗址的发掘中，忽视后段的遗存，甚至将宋元明时期的遗存当作扰层对待。从 1980 年开始，北京大学考古学系对山西曲沃天马－曲村遗址进行了长达十余年的发掘。发掘中不仅认真清理了商周时期的晋国遗存，对发掘中遇到的金元时期的墓葬也认真进行了清理、研究和报告[25]。比较众多早期遗址发掘中忽视晚期遗存的现象，此举具有拨乱反正之功。二是在宋元明时期遗迹发掘中的挖宝思想，对待出土物丰富或装饰华美的墓葬较重视，发掘认真，报告较快，反之则不重视。90 年代后期，河南三门峡市文物工作队在三门峡上村岭发掘的漏泽园墓地是迄今最大规模的漏泽园墓葬的清理工作，共计清理漏泽园墓八百四十九座，均为大陶罐土葬式。尽管这些墓葬中除志砖外并无其他的随葬品，墓中亦无装饰，但此墓地仍得到了认真的清理，并较快刊布了报告书[26]。这项工作的研究意义十分重要，对研究北宋时期最下层民众的组成提供了重要的资料。

上述第二、三阶段的主要发掘工作和研究成果，正是本书下面将要详细记述的，这里就不赘述了。目前，对已发现的考古资料进行整理、归纳、总结并使之系统化仍然是当务之急。在此基础上对相关问题进行深入研究，如对各种考古材料的解读和诠释，才能使宋元明考古学科为推动历史研究做出应有的贡献。改变宋元明考古在有些人眼里既不入考古范畴，又不属纯历史研究的尴尬境地。历史时期考古的发展，推动了一些专题史的研究。现在，宗教考古、陶瓷考古、海交史研究等都已发展成为专门的学科。宋元明考古作为这些专门考古的基础和其相互之间联系的纽带，正在发挥着日益重要的作用。

**注　释**

[1] 陈星灿《中国史前考古学史研究（1895～1949）》，生活、读书、新知三联书店1997年版。

[2] 秦大树《20世纪前半叶宋元明考古的发现和研究》，待刊。

[3] 佚名《钜鹿宋代故城发掘记略》，《国立历史博物馆丛刊》第一年第1册，1926年版。

[4] Qin Dashu, "The Development of Ceramic Archaeology in China"（中国陶瓷考古的发展），in "ASIATICA VENETIANA"（威尼斯大学亚洲研究学报），Vol. 5, 2000. pp.123～140.

[5] 朱启钤《中国营造学社缘起》，《中国营造学社会刊》1卷1期，1930年7月。

[6] 林洙《叩开鲁班的大门：中国营造学社史略》，中国建筑工业出版社1995年版。

[7] 梁思成《中国建筑史》，高等教育部教材编审处1955年编印。鲍鼎《唐宋塔之初步分析》，《中国营造学社汇刊》6卷4期，1937年6月。梁思成《＜宋"营造法式"注释＞序》，《建筑理论及历史资料汇编》1964年第2辑。

[8] 这些工作的具体情况参见本书"三　元明时期都城的勘察与研究"一章。

[9] 陈仲篪《宋永思陵平面及石藏子之初步研究》，《中国营造学社汇刊》6卷3期，1936年。

[10] 王焕镳《明孝陵志》，南京中山书局1934年版。黄鹏霄、王作宾《明陵长城调查报告》，《古物保管委员会工作汇报》，1935年。刘敦桢《明长陵》，《中国营造学社汇刊》4卷2期，1933年6月。王作宾、傅一清《长陵园调查报告》，《古物保管委员会工作汇报》，1935年。

[11] 莫宗江《宜宾旧洲坝白塔宋墓》，《中国营造学社汇刊》。王世襄《四川南溪李庄宋墓》，《中国营造学社汇刊》7卷1期，1944年10月。刘致平《乾道辛卯墓》，《中国营造学社汇刊》8卷2期，1945年10月。

[12] 金云铭《邵武协和大学校地南宋古墓岁堀研究报告》，《福建文化季刊》1卷2期，1941年。

[13] 同[4]。另见马文宽《关于我国目前的古陶瓷研究》，《东南文化》1994年增刊及《中国古陶瓷研究会'94年会论文集》。

[14] 罗福苌《俄人黑水访古所得记》，《北平图书馆刊》4卷3号，1930年。

[15] 斯坦因著，向达译《斯坦因西域考古记》，中华书局1936年版。

[16] 邹素《德国在中国新疆考古学的探险结果》，《益世报学术周刊》第22期，

1929 年 4 月 2 日。勒柯克（A. Von Le Coq）著，陶谦译《中国土耳其斯坦地下的宝藏》，《地学杂志》民国 19 年 4 期，20 年 1 期，20 年 2 期，21 年 1 期，22 年 2 期，1930 - 1933 年。

[17] 同 [14]。向达《斯坦因黑水获古纪略》，《北平图书馆馆刊》4 卷 3 号，1930 年。Sven Hedin, "The 'Black City' of the Gobi Desert", "The Listener", February, 1934.

[18] 冯家昇《日人在东北的考古》，《燕京学报》第 19 期，1936 年。

[19] 宿白《八年来日人在华北诸省所做考古工作记略》，《大公报图书周刊》第 2、3 期，1947 年 1 月 11、18 日。安志敏《九一八以来日人在东北各省考古工作记略》，《益世报史地周刊》第 32、33 期，1947 年 3 月 11 日、25 日。

[20] Over Karlbeck, "Notes on the Wares from the Chiao T'so Potteries", in "Ethnos", Vol. 8, No. 3, July – September, 1943, pp. 81 - 95. Also in "Far Eastern Ceramic Bulletin", Vol. IV, No. 4, 1952, pp. 9 - 14.

[21] 米内山庸夫《南宋官窑の研究》（1）～（29），载《日本美术工艺》159 - 196, 1952 - 1955 年。

[22] James Marshall Plumer, "Temmoku", Idemitsu Art Gallery, 1972, Tokyo, Japan.

[23] 小山富士夫《宋磁》，聚乐社，1943 年，东京。

[24] 关于这一段的主要考古发现参见中国社会科学院考古研究所编《新中国的考古发现和研究》的第六章《隋唐至明代》，文物出版社 1984 年版。

[25] 北京大学考古学系等《天马曲村》，科学出版社 2000 年版。

[26] 三门峡市文物工作队《北宋陕州漏泽园》，文物出版社 1999 年版。

二 宋辽金时期都城的勘察与研究

宋元明时期，许多少数民族建立的王朝受游牧风习的影响或为了维护旧有的风俗，实行了建立多个都城，在各都城之间定时迁移、驻跸的方式。这在辽、元两朝表现得最明显，辽的五京和元代施行的两都制都是集中的体现。这一时期的都城（包括离宫、陪都和行在所）显得特别多。多年来，随着宋元明考古的发展，对其中的多数都开展过考古工作。以下将按其重要程度和工作开展的情况，详略有别地加以记述。

## （一）东京梦华——北宋汴梁城的调查与发掘

北宋设有四京，即东京开封府（今河南开封）、西京洛阳府、北京大名府（今河北大名）、南京应天府（今河南商丘）。目前，南北两京并未开展过正式的考古工作。对西京洛阳城的考古工作将在下一章中介绍。

### 1. 对北宋东京汴梁城所开展的考古工作

北宋东京城在中国古代城市发展史上占有重要地位，但在20世纪70年代中期以前一直未能开展考古工作。其原因是由于城址上的淤沙堆积很厚，宋代文化层深埋地下，距地表 8－11 米。同时，开封市的地下水位很高。1981 年，在清理旧城区的龙亭东湖淤泥时，发现了宋代宫殿基址和明周王府的部分遗迹，拉开了开封城考古的序幕。随后成立了开封宋城考古队，对开封城进行系统的考古工作[1]。此后二十年间，开封城的考古工作取得了很大成绩。其主要工作如下：

①实测并解剖发掘了外城遗址，发掘了南薰门和新郑门，勘探了万胜门、新曹门，还发现了汴河东水门的拐子城[2]，在东、西、南三面墙上发现了瓮城五处、缺口五处，也就是确定了十座城门的位置。

②勘探并试掘了内城，弄明了其四墙的位置、走向，实测了长度。探明了内城正南门朱雀门和汴河西角门子的位置。在北墙西段开挖了一条探沟，得出了明周王府萧墙北墙、金代皇宫北墙和宋内城北墙的叠压关系。对宋内城的北墙有了初步的了解[3]。

③勘探并试掘了宋皇宫。这项工作一直是勘探的重点，曲折较多，争论激烈。其主要有以下几项成果：A探明了皇宫四墙的位置、走向和长度。B探出了三处门址或缺口，一在今午朝门前的南墙中部，门名待定；一在北墙正中，与南缺口正对，应为皇宫后门拱宸门；一在东墙上，为皇宫东华门。C在明周王府紫禁城北墙东段开探沟一条，发现明紫禁城城墙，城下压着宋皇城北墙。D在探测明周王府南墙时发现了宋、金、明时期相叠的三道城墙。在今新街口附近发现了距地表4.5米、6.3米、8.2米深处的三层建筑基址（门址），上两层的基址为明周王府萧墙正南门"午门"和金皇宫正门"五门"遗址无疑，而最下面的宋城门则成为现在讨论的焦点问题[4]。

④发现并发掘了一些重要的遗迹。A.80年代初对明周王府紫禁城进行了勘探、发掘，证明周王府紫禁城的东西墙与北宋皇宫的东西墙一致[5]，并清理了一处重要的建筑基址——龙亭大殿[6]。B.1984年勘探、发掘了汴河与中心御街相交的

古州桥遗址。了解到州桥为青石板铺面，三条路道，下垫白灰，白灰下铺层数不等的衬砖，最多的达四层；砖砌三券三袱起拱的三孔桥，以石条顺砌桥墩，基底用纵横交错的长方形长木筑筏[7]。C. 1993～1996 年勘探了汴京外城西墙外的金明池，探明了金明池的位置、范围、水心岛和水心五殿的位置以及池南岸的临水殿与汴河注水门的位置等[8]。D. 1989 年起，对汴京的第二大河蔡河进行了全面的钻探、调查，大体清楚了蔡河在东京城内的走向，确定了西水门"广利水门"的位置和蔡河与中心御街相交处的龙津桥遗址的位置[9]。

开封城的考古工作取得了巨大的成绩，但仍存在一些争论。原本根据文献认为宫城周长五里，似无问题[10]。在 90 年代初出现了九里宫城说[11]。后来，经过 90 年代的考古勘察和发现，又出现了东京有宫、皇两重城的说法[12]和宋、金两朝宫城范围不同的争论[13]。人们期待着新的考古工作能够提供更可靠的证据，在不久的将来解决这些问题。

**2．开封城的建制**

开封城的主要格局是后周时确立的，有三重城墙，成为唐以后都城的典型代表。目前在一些问题上尚有不同看法。例如，有人认为开封有四重城墙，即除了内城、外城，还有宫城、皇城两重城墙（图一）。

宫城，又称大内，周围五里，是仿唐洛阳制度，在原宣武军节度使治所的基础上改建而成的。宣武军节度使治所初建时周长四里，后周时曾加以增修，但改动不大。据《邵氏闻见录》卷一记载"犹未如王者之制"。北宋建国时于建隆三年（公元 962 年）对宫城进行扩建。《宋史》卷八五《地理一》"京城"条有载"广皇城东北隅，命有司画洛阳宫殿，按图修

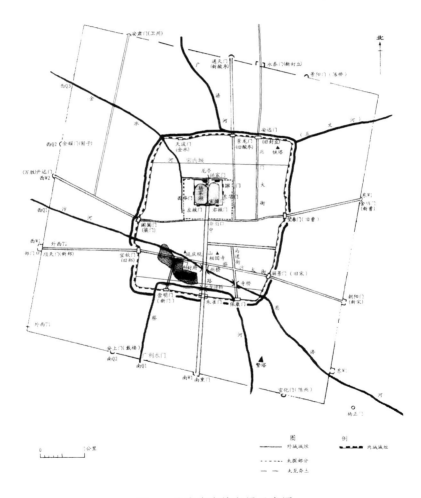

图一 北宋东京城复原示意图

之，皇居始壮丽矣……宫城周回五里"[14]。宫城有五门，正南门为宣德门，其两边东为左掖门，西为右掖门，东西墙上对开东华门、西华门，北墙正中为拱宸门。东华门北边有一便门——谠门，是熙宁十年（公元 1077 年）所开。四角建有角楼，高数十丈。宫城的安排是仿唐洛阳的宫殿修的。有学者推测其采用了两条轴线，中间的轴线为大庆门、大庆殿及稍偏西的紫宸殿，西轴线为文德殿、垂拱殿、福宁宫、皇仪殿。

从新的考古发现看，东京城的大内应包含皇城和宫城两重。90 年代以前，人们认为宫城又称皇城，是一道城墙。文献记载，多指出宫城周回五里。《宋会要辑稿·方域》载"大内据阙城之西北，宫城周回五里……国朝建隆三年五月诏广城，命有司画洛阳宫殿，按图修之"。《宋史·地理志》、袁褧《枫窗小牍》等文献均同此。孟元老《东京梦华录》记载的也是宫城五里。另外，陈元靓《事林广记》甲集卷十一《东京外城之图》上也只画出了一重宫城。而《新刊大宋宣和遗事》记载"（徽宗）宣童贯蔡京值好景良辰，命高俅、杨戬向九里十三步皇城无日不歌欢作乐"，于是 90 年代初又有学者提出了九里宫城说。此派认为宫、皇城的概念是有差别的。九里似指皇城而五里指宫城。楼钥《北行日录》中就有相关的记载。南宋的《使燕日录》则记载，大庆殿后隆德殿西至福宁殿再西一小殿，"后即内宫墙"。推测其应为萧墙，皇城应是用萧墙围建的[15]。

考古发现与这些记载似有不同。经勘探，宫城是一东西略短、南北稍长的长方形，四墙全长 2521 米左右，按一宋里约合 559.872 米计算，此长度与文献记载的（大内）"周回五里"大体相合。东西墙长 690 米，南北墙长 570 米。城墙宽 8－12米，深度在地表以下 5 米左右。宫城的范围与明周王府的紫禁城大致相同。在宫城的南墙、北墙和东墙上发现了三处门址。南墙正中的门址位于今龙亭公园大门前的一对石狮子处。据《如梦录·周藩纪》第三记载，这对石狮是"宋之镇门狮也"。在距地表 3.5－4 米处发现一处东西宽 70 米、南北长 30 米的门址；在距地表 6.5 米处又发现一处门址。推测上层门址为明周王府紫禁城正南门——端礼门遗址，而下层应为一宋代门址。北墙门址与南墙门址正对，缺口宽 30 米，应为明周王府紫禁城北墙的承智门，下边 8 米处压的则为北宋宫城北门拱宸门的遗址。

在今午朝门以北发现有凸字形夯土建筑台基。殿基东西宽约 80 米，南北最大进深约 60 多米，台基残高 6 米左右，四壁均用青砖包砌。此基址应为一带月台的大型殿基。其四周还有宽约 10 米、长近千米的包砖夯土廊庑。发掘者称其为"龙亭大殿"。此殿规模这样大，以致许多学者都认为其为宫城内的主殿——大庆殿。然而，龙亭大殿以北仅 15 米处就是宫城的北墙，如果此为大庆殿，则此殿后面的空间根本就容不下大庆殿后的紫宸殿及后寝的诸殿。因此，龙亭大殿应为大庆殿后的紫宸殿或垂拱殿。通过对宫、皇城北墙的试掘，发现北宋宫城叠压在明紫禁城北墙下，残高 4.2－4.5 米。城墙分上中下三层，上层为棕褐色夯土，是一层夯土、一层碎砖瓦交替夯筑而成，使城墙更坚固持久。中层全部为青砖构砌的砖层，厚 0.6 米，共四层砖。下层又是棕褐色夯土层，厚 0.4 米，底部为黄沙。推测中层是真宗时构砌的砖墙，下层则为晚唐至宋初的地层，上层为北宋末或金元时期构筑的。

皇城，在宫城之外，与宫城共用北墙，东、西、南三面另筑。在明周王府外还有一圈萧墙。据《如梦录·周藩纪》第三记载，萧墙九里十三步，与《新刊大宋宣和遗事》所记皇城里数相同。1985 年，在今开封西大街东西一线探明过一段明萧墙残迹，在今地下 5 米处。由于较深且水位高，洛阳铲探不清，而少数几个地质钻机的探孔中，发现距地表 11 米处还有一道夯土城墙，夯层相当明显。另外，在今新街口一带探出萧墙正南的午门遗址，其下的地面又发现"一早期门址"，南北长近 40 米，东西宽 60 米以上（未探到边，实际应宽于此）。有学者推测其为宣德门遗址，因此明萧墙与宋皇城大体一致。1996 年为了配合午门遗址东部的拆迁工程进行勘探，在距地表 4.5 米、6.3 米和 8.2 米处发现了三层建筑遗迹。4.5 米深处的门址东西宽 70 米，南北进深 50 米，地层中出土绿琉璃瓦块等，是周王府紫禁城正门的午门遗址。其下距地表深 6.3 米的基址，应是金皇城五门遗址，而距地表 8.2 米处的建筑基址应为一宋代门址，很可能是皇城的正南门。皇城的东西墙未发现，但据文献记载皇城东西跨度为四坊，推测的坊长为 310 米，则四坊加上中心御街（宽 200 步）约宽 1570 米。这样皇城周长近 5000 米，与《新刊大宋宣和遗事》所记的九里十三步大体相符。北宋东京的宫、皇城与 60 年代初所调查的辽中京的宫、皇城布局相同。这也可作为皇城存在的旁证[16]。

目前，关于宫、皇城的问题仍未搞清。主要的分歧在于有学者认为新街口的门址就是宋皇城的门，但此门在文献上并无记载。也有人认为该门址是金海陵王扩建宫城以后的金代五门遗址，此观点现略占上峰。不过，关于 1996 年勘探发现的三门址相叠压的现象目前无法解释。另有一个疑问是明周王府萧墙的北墙在市汽车公司停车场、市人民体育场南部和二十八中一线，下面压着金皇宫北墙和宋内城北墙，距龙亭大殿后边

500 米。据此，如宋皇城与金皇城和明萧墙相同的话，则皇城为一较长的长方形，将宫城夹在中间，似不妥。

里城，又称内城或旧城，宋初也称阙城，即唐代的汴州城。《宋会要辑稿·方域》曰："旧城周回二十里一百五十五步，即唐汴州城。"宋代时曾对其多次进行修补和增筑。金宣宗迁都南京后，将内城向南、北墙略扩出，形成了明清开封城城墙的基础。经过考古勘探可知，宋代的里城略呈正方形，东西稍长，南北略短。南墙位于今大南门北 300 米左右，北墙位于龙亭大殿北 500 米左右，东西墙与现存明清开封城东西墙重叠。四墙总长 11550 米左右，折合宋里约二十·六三里，与文献记载的二十里一百五十五步大致吻合。里城有城门十座，南墙三座，东墙和西墙上各二座，北墙上三座。另外，还有两个角门，即丽景门（汴河南岸角门子）和宜秋门（汴河北岸角门子）。为了防御需要，里城外设有城壕。开封城考古队在北墙段开挖探沟一条，探明宋里城墙顶部距地表 4.45－7.32 米。由于地下水位太高，无法发掘，仅探得城墙底部距地表 11.4 米，其下是一层厚 40 厘米的碎砖瓦层。里城内的街道已弄明了一些。如宋代的中心御街，与今之中山路重合，也是明代的中心大街。州桥以东的临汴大街与今自由路一致。宋代的马道街今仍称为马道街。

外城，又称罗城、新城，后周显得五年（公元 958 年）建成，初建时周长四十八里二百三十三步，神宗熙宁八年（公元 1075 年）扩建，扩建后周长五十里一百六十五步。外城的城墙位置约距今开封市明清城墙 1.2－2 公里处，为东西略短、南北稍长的平行四边形。全长 29120 米，折合宋里约五十二里，与文献记载大致相仿。在外城西墙南段开挖了一条探沟，解剖了城墙。外城城墙顶部残宽 4 米，底宽 34.2 米，残高 8.7 米。尽管顶部破坏严重，仍可见城墙的收分很大。城墙用红褐色土夯筑，底部为红色的细粘土，夯土层次分明，夯层厚 8－12 厘米。解剖城墙时发现墙体由三重夯土筑成，第一层宽 19 米，第二层宽 8 米，第三层宽 6 米，说明墙被不断增筑加厚。外城有城门十二座，南墙上三门，东墙上两门，西墙上三门，北墙上四门。外城的周围挖有城壕，称"护龙河"。考古勘探中发现了五处瓮城遗迹和五处缺口，均可能是城门的位置。

开封的主要街道布局多为十字交叉，最主要的大街是中心御街，即从宫城的宣德门到外城的南熏门，《东京梦华录》记载其广二百步。大内前横街贯通开远门、闾阖门、望春门和含辉门。与之平行，南边的一条街横贯顺天、宜秋、丽景、朝阳四门。此街并不直，历开封府、相国寺到丽景门。与御街平行，大内东边有两条纵街，一条从通天门经景龙门到横街，另一条从永泰门经安远门到横街。

### 3. 开封城所体现的都城制度的变化

北宋东京城体现了中国封建社会后期的都城特点，反映了在礼制上对皇权的强化和商品经济极大发展后都城所具有的商业与经济中心的特点。在礼制上，开封城是当时的最高等级，主体结构三重或四重城墙相套。这是后期都城和重镇的制度。一般地方的府、州城都用两重城墙，县治只用一重。

开封城十分注重防御。定都开封是由于它处于交通要道上，商业发达，漕运便利，但对于防御却不利，过了黄河后就是一马平川的平原。后晋开运三年（公元 946 年），辽主耶律德光仅用了三个月的时间就攻克了开封。因此，后来的开封城在营建上很注意防御设施的营建。根据《宋会要辑稿·方域》记载：外城的城墙"横厚之基五丈九尺，高渡之四丈，而埤堄七尺，坚若挺埴，直若引绳"，并且"每百步设马面战棚，密置女头，旦暮修整，望之耸然"[17]。外城城壕护龙河，《宋会要辑稿》记载"阔五十步，下收四十步，深一丈五尺"。宋神宗熙宁年间，开始在外城上设敌楼，并在偏门加筑瓮城，到徽宗时外城所有的城门都加筑了瓮城。据《东京梦华录》记载"瓮城三层，层曲开门，唯熏门、新郑门、新宋门、封丘市皆直门两重，盖此系四正门，皆留御路故也"。东京还有水门六座，在水门处设拐子城。《东京梦华录》曰"其门跨河，有铁裹窗门，遇夜如闸垂下水面，两岸各有门通人行路，拐子城夹岸百余丈"[18]。大内的四角楼也具有防御意义。上述许多建制都是边防城市的防御措施。

后期都城及地方上中心城市结构的一个最重要变化是封闭式的里坊制被彻底取代了。代之而起的是开放式的街巷制，由此使城市景观大变。尽管从考古勘探和发掘中还没有直接的证据证明北宋东京的街巷制的变化，但文献记载和图像资料还是很清楚的。开封的行政区划是开封府辖两赤县——开封县和祥符县。县下有箱，内城四箱，外城四箱，城外九箱。箱下为坊，但坊已不是隋唐时期那种封闭性的坊了。隋唐时城市的核心是里坊制，城中的坊十分规矩，内中有十字街，下边又有小十字街，将坊分成十六小块，从大街上只能看到森严的坊墙[19]。到晚唐时开始出现侵街的现象，临街开门。五代时更加严重，后周政府曾一度使这种侵街做法合法化[20]。北宋初里坊制依然存在，但太宗太平兴国五年（公元980年）时就出现了侵街现象，政府则对此现象进行惩治[21]。至道元年（公元995

年），官府曾对东京里坊大力整顿，太宗命张洎将五代延续下来的坊名八十余重新命名，修整了坊墙，列牌于楼上[22]，并且设置了咚咚鼓以警昏晓[23]。咸平年间侵街又趋严重。据《续资治通鉴长编》卷五十一载，真宗因"京城衢巷狭隘"令阁门祗侯谢德权广之。因侵街的都是权豪辈，甚为难，"（咸平五年二月）德权因条上衢巷广袤及禁鼓昏晓，皆复长安旧制。乃诏开封府街司约远近置籍立表，令民自今无复侵占"[24]。这是文献记载的最后一次恢复里坊制。城市经济的发展必然也必须冲破里坊制的约束，景祐年间（公元 1034－1038 年）最终使临街建屋合法化[25]，里坊制彻底崩溃了。仁宗初年，在惠民河的河桥上都有人"开铺贩粥"。这样在街道上看到的就是一系列店铺，由于大街小巷相连，也使城市内的街道系统由方块的里坊制变成细密的街巷系统。北宋晚期的《清明上河图》为人们展现正是这样一幅繁华的街市情景。

开封城的另一大特点是自由的临街贸易突破了"市"的禁锢。唐代长安的集市贸易主要集中在东、西市，唐中期以后东、西市附近的一些街道开始成为交换的场所，并且出现了夜市，但这些变化都处于萌芽状态，市还是主要的交易场所。而在北宋东京，则出现了多处贸易中心和多种形式的贸易场所。根据《东京梦华录》记载，开封城有定期集市、季节性集市、行业性集市等[26]。另外，还出现了早市与夜市。据《宋会要辑稿·食货》记载："太祖乾德三年（公元 965 年）四月十二日，诏开封府令京城夜市至三鼓已来不得禁止。"这说明夜市和早市是合法的[27]。里坊制彻底破坏后，居者多于街道旁开设邸店，设铺度，在一些不是固定市场的街道上也开始营业。从《清明上河图》上也可看出，连河桥上都有人在"开铺贩粥"。

## （二）武林旧事—南宋临安城的考古新发现

临安城位于今浙江省杭州市，是南宋时期的都城。由于南宋统治者一直想要恢复祖宗基业，因此该城一直被当作行在所来经营，制度上大体如州城。对临安城的考古勘察始于 80 年代中期，近年来累有重要的发现。

### 1. 临安城所展开的考古工作及主要收获

80 年代中期，由中国社会科学院考古研究所、浙江省文物考古研究所和杭州市文物考古所联合组成的南宋临安城考古队，开始了对南宋临安城尤其是皇城的大规模考察工作。在 1984、1985、1988、1992 年度的调查、勘探和调掘中，经过对皇城的大范围钻探试掘，探明南宋皇城宫殿区主要位于省军区后勤部仓库和五四中学一带，发现了一些与皇城有关的南宋建筑遗址，重要的是探明了皇城的东城墙、北城墙的位置和走向，大体确定了和宁门、东华门的位置，探明了皇城西墙的一段，证明了文献中关于西墙仅有一段，其余以凤凰山为屏障的记载，只有南城墙的位置未能最终确定。发掘了杭州卷烟厂六部遗址和皇城内的宫殿基址，还三次发掘了位于凤凰山的南宋官窑遗址，发现了一些窑炉、作坊和大量遗物[28]。

在集中的考古勘探之余，杭州市文物考古所也在配合基建和少量的主动发掘中多有收获。先后发现了御道、六部衙署、太庙、德寿宫、恭圣仁烈皇后宅、老虎洞官窑等重要遗址。

1987 年在中山南路西侧杭州卷烟厂内发现御道遗迹，残长 60 米，宽约 15.3 米。路面由被称为"香糕砖"的澄泥制作

的高档青砖丁砌而成，两侧置散水。这是南宋时出入皇宫北门
——和宁门的主要通道。1988 年，杭州市文物考古所在凤凰
山小学内发现保存较为完整的大面积夯土台基和一条南北向的
砖砌道路。1992 年，又在省军区后勤部仓库被服厂前清理了
两座大型夯土建筑基址，两建筑间有水沟相连，夯土台基外侧
用砖墙包砌，大部分砖侧有文字，其中有"大苑"字样，显示
其与皇城宫殿建筑有所关联。这些发掘将南城墙的位置自北而
南，逐渐推移。1996 年，在凤凰山东麓的宋城路东段省军区
后勤部仓库招待所工地距地表约 3.3 米深处发现一条南宋砖砌
道路。推测其为南宋皇城南门－丽正门通往皇宫的主要道路。
1992 年，在宋城路一带发现一处保存较好的南宋夯土遗址。
夯土台基的南侧用制作规整的长方形条石包砌，内部用呈紫红
色的粘土层与碎石片分层夯筑。在该台基的东侧有一与之相连
的另一夯土遗迹，外侧则用不规则的石块包砌。该夯土遗迹应
与皇城南城墙有直接联系。由此推测，临安皇城南城墙西南段
的范围应在今梵天寺北至宋城路附近。1994 年至 1995 年在六
部桥西侧发现大型房基、水沟、暗井和砖砌道路等遗迹。据
《梦梁录》等文献记载，当为南宋六部官衙的一部分[29]。

　　1995 年在紫阳山东麓发现太庙遗址。此遗址位于杭州市
中山南路一带，其南即为"三省六部"和皇城保护范围。发现
并清理了太庙东围墙、东门门址及大型的夯土台基等遗迹以及
由门通往台基的砖砌道路。东围墙为南北向，揭露长度为 90
米，保存最高处有条石七层。围墙内侧置散水沟，宽 1.25 米，
均用长方砖平铺；外侧为南宋"御街"。东大门位于围墙中段，
宽 4.8 米，底部用长方砖立砌。该遗址规模宏大，营造讲究，
体现了皇家建筑的气派[30]。

在今杭州市望仙桥东，建有南宋时为高宗、孝宗禅位后居住的德寿宫。据《梦梁录》记载："德寿宫，在望仙桥东，原系秦太师赐第"[31]。宋高宗禅位后居此。绍兴三十二年（公元1162年）加以扩建，称"北大内"。今地面建筑无存。1985年和2001年分别在中河东岸发现宫内的道路，在望江路北侧发现南宫墙遗迹，又在吉祥巷西侧发现东宫墙残迹和部分宫内建筑夯土台基、廊、散水等遗迹[32]。

2001年在吴山脚下的四宜路发现恭圣仁烈皇后宅遗址的主体建筑，包括正房、后房、东西两庑、庭院和夹道等。其中正房面阔七间，通宽29.8米，进深为三间，深10.43米。房屋台基和地面都经过夯筑，台基周围有砖砌的护墙，以湖石为柱础。地面全部用砖铺成。庭院、夹道均有完善的排水设施，建筑整体用材精良，制作非常讲究。北侧砌有月台、柱廊。后房位于正房北侧。东西两庑均面阔五间。其间建有庭院，中部砌方形水池，池壁用四重砖砌成，宽0.63米，池底部用三层方砖铺砌。庭院的北部保留有太湖石垒砌的假山和砖砌的假山过道，规模十分宏大，为普通古代园林之少有[33]。

根据《乾道临安志》卷二《廨舍·府治》记载："府治，旧在凤凰山之左……建炎四年，翠华驻跸，今徙治清波门之北，以奉国寺故基创建。"[34]元明清三代未曾易址。诵读书院为南宋临安府治的一部分，2000年在荷花池头发现，是一组以厅堂为中心，前有庭院后有天井，周围有厢房和回廊环绕的封闭式建筑群。清理的遗迹有印花方砖墁地的厅堂、素面方砖墁地的西厢房，有排水设施的庭院和天井及七边形水井等遗迹，还出土了大量建筑构件和生活用具以及练兵器材等遗物。这一组建筑用宋官式作法制作，规模宏大，用材高档，营造讲究，许多建筑方式可印证《营造法式》的记载[35]。

南宋时期的两处官窑遗址的发现与发掘十分引人注目。一处是位于闸口乌龟山西麓的郊坛下官窑窑址。此窑址在 20 世纪前半叶就已发现并经过发掘[36]。1956 年浙江省博物馆进行了小规模发掘。1984 年临安城考古队又进行全面钻探及试掘，取得了重要的成果，以此为基础建立了南宋官窑博物馆[37]。另一处是位于万松岭南老虎洞的窑址，窑址发现于 1996 年，当年和随后的 1998 年至 2001 年共开展了三次发掘，全面清理了这处窑址[38]。根据发掘的成果，许多学者认为这里就是文献记载的"修内司官窑"或称"内窑"。

**2．临安城的建制及特点**

杭州城始建于隋代，五代钱氏定为都城，经几次扩建，周垣达到七十里。北宋时成为东南重镇。南宋绍兴八年（公元1138 年）被正式定为都城。由于地势的关系，整个城垣呈腰鼓形。南部和西南部是丘陵地带，北部和东南部是水网地带。政治上的统治中心宜于居高临下，因此建在南部的丘陵地带。五代时吴越国的子城建在凤凰山麓，南宋临安的皇城依然设于此，形成坐南向北的特殊布局（图二）。

南宋的皇城，规模虽然没有东京大内那样大，但总体布局相似。它位于凤凰山东麓，围绕着馒头山，利用自然地形布置宫殿、园林和亭阁。外朝的大庆殿和垂拱殿都位于南部；东北是东宫所在；次要的宫殿、寝殿、后宫及园囿都在北部，基本符合"前朝后寝"的惯例。皇城的范围已得到确认，北城墙自万松岭路南侧的山坡向东到馒头山的东北角。东城墙沿馒头山的东麓往南延伸到今杭州铁路装卸机修厂内，长 390 米，宽10-11 米，皆为夯土墙。北城墙的和定门和东墙的东华门的

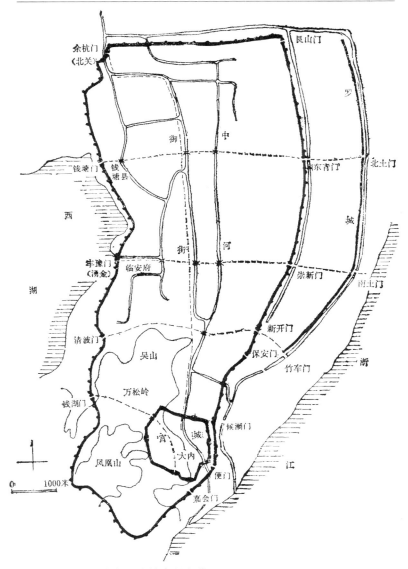

图二 南宋临安城复原想像图（采自《中国城市建设史》）

位置也已探明。在北城墙内侧还发现有包砖，为长方形厚砖。皇城的西城墙则主要以凤凰山为天然屏障，只在地势较为平缓的山坡局部修筑城墙。经过多年的努力，南城墙的位置也基本得到确认，其范围应在今梵天寺北至宋城路附近。

大内在凤凰山东麓的案山，现残存的遗址深埋地下。尚存的宫城北墙长 100 米，东墙长 500 米。设有四门。南面是正门丽正门，门阔三间，有三条门道。东面是太子宫门，即东便门。皇城的北门为和宁门，是大内的后门，夹在大城南边的孝仁坊和登平坊之中，亦阔三间，与丽正门有同样的建筑和布置。和宁门的东面是东华门。根据《武林旧事》记载，西部有西华门，但是具体位置尚不清楚。临安的大内，由于山地局限，可用地促狭，因此只有一个正衙，各种仪式均在同一个殿上举行，随着举行礼仪的不同改换殿门牌名。其后小殿都属于寝殿性质。宫城南门丽正门名为正门，但只在行郊祀大礼时才经此门。而和宁门名义上是后门，实际上却是主要的正门，因为临安整个城市的主体部分，包括主要的衙署都在皇城以北。此与北宋东京城的布局方向正好相反。

由于皇城位于整个临安城的南端，御街也是由南向北延伸。御街和宁门为起点，向北经过朝天门，略向西折，接着又一直向北，经过众安桥、观桥，到万岁桥，再折向西，直到新庄桥和中正桥，全长一万三千五百尺，铺石板三万五千三百多方。御街不仅是临安城的中轴线，从和宁门到朝天门这一段还具有外朝的性质，是元正、冬至大朝会时会集排班之所。中央官署都集中设在大内和宁门以北御街两侧，成为政治统治的核心，官署与居民的坊巷间杂[39]。例如，三省六部、枢密院等在和宁门外北首，都亭驿桥西面。其他官署则相对分散地分布于民居之间，谏院、检正左右司设在三省附近，茶盐所、会子所、公田所、封椿安边所在三省大门内，御史台在清河坊（今河坊街）之西，秘书省在天井巷（今小井巷）之东。此外，五寺、三监、六院等均分布在临安城内各坊巷间[40]。地方政府分布在西部，西城墙丰豫门东南有临安府衙署和两浙路转运司衙署。

礼制性的建筑也不能像北宋东京城那样在御街两侧对称设置。如北宋时期景灵宫建筑于皇城以南、御街的两侧，而南宋则在绍兴年间，把新庄桥的刘光世、韩世忠旧宅改建为景灵宫，位置在都城的西北。在景灵宫附近，还建有供奉昊天上帝和圣祖、太祖以下皇帝的道观－万寿观以及供奉五福太乙神的东太乙宫。太庙位于今中山南路西侧。官僚住宅和家庙都挑选在居住条件比较好的地段，如漾沙坑的杨太后宅位于西北，而西南的丘陵地带官僚住宅比较少。

临安城的罗城平面近长方形，南北两面城墙较短，东西两面城墙长而鼓出曲折。建成以后的临安城南跨吴山，北到武林门，左靠钱江，右近西湖，共开旱城门十三座、水门五座。所有的城墙均高三丈余，基广三丈，厚丈余。城内的主街是前述的纵惯南北的中心御街（今中山路），在主街东南有两条运河。城内的河渠很多，有盐运河、茅山河、市河、清湖河、青山河、菜市河、下湖河等。城内有四条大的横街，横街间是东西向小巷，构成了纵街横巷、水陆并行的街网布局。

临安城是在与金朝对峙的特定情况下而成为南宋朝廷"行在所"的。统治者始终希望恢复祖先的基业，至少在名义上仍坚持以北宋东京城为国都的观念，故而定都临安以后虽然兴建了皇城，设立了各种衙署和礼制性建筑，但城市的基本结构并无本质的变化。其基本结构大体是长方形的，总体上仍然为以南北向大街沟通众多东西向小巷的"纵街横巷式"的街网布局。它利用南方水乡的特点，主干大街多与人工开凿的运河并行，店铺前街后河，城内的交通既可利用便捷的街道系统，又可依托水运，构成发达的运输网。临安城堪称东南经济发达地区宋以来形成的长方形纵街横巷式布局的地方城市的一个典型代表。

## （三）辽代都城的考古发掘与研究

辽王朝先后建有五京，即上京临潢府、中京大定府、南京析津府、西京大同府、东京辽阳府。五京可分为三种类型：第一类为上京，是典型的带有契丹人统治特点的都城；第二类有中京，是辽中期仿中原城市营建的；第三类则有南、东、西京，原来就是汉城，辽将其立为都城只是为了对一定区域的政治控制，故在城市规划上并未做大的改造，辽帝亦很少驻跸。辽的皇帝并非经常住在都城里，而是按游牧习惯随季节迁徙，即所谓的"四时纳钵"。平时，契丹官员随皇帝迁移，汉官选一小部分随行。通常认为上、中京是本土和活动的中心，南京主要是为了对宋作战，西京则主要是为对西夏作战。在五京中，对上京、中京和南京开展过较系统的考古工作。

### 1. 两城制的新样板——辽上京

辽上京遗址位于今内蒙古自治区巴林左旗林东镇南，是辽代五京中营建最早，也是最重要的都城。《辽史》卷四十八《百官志四》"南面京官"条曰："辽有五京。上京为皇都，凡朝官、京官皆有之。余四京，随宜设官，为制不一。大抵西京多边防官，南京、中京多财赋官。"[41]尽管此处仅指南面京官的设置，但亦可见上京的重要，因而有学者认为上京是首都，余四京可称为陪都[42]。

①辽上京的考古工作。辽上京始建于天显元年（公元926年），会同元年（公元938年）基本建成。同年，契丹灭后唐得燕云十六州，改国号为"大辽"，更名上京临潢府。这时上京城的布局发生了一项重要的变化，就是太宗将皇城建筑由原来以东向为尊改为南向为尊。《辽史》卷三十七《地理一》载："太宗援立晋，遣宰相冯道、刘煦等持节具、卤薄、法服至此，册上太宗及应天皇后尊号。太宗诏番部并依汉制，御开皇殿，辟承天门受礼，因改皇都为上京。"[43]承天门是大内的正南门，表明这时改南向为尊。辽上京建成后，一直是政治统治中心，也是重要的经济、文化中心。金天辅四年（公元1121年）春，金兵克上京城[44]。金代时辽上京从国都的地位转变成一个以羁押囚犯为主的城。金代中期以后，其逐渐变为一个与蒙古接壤的边陲小城镇。此后，上京城便很快沦为废墟，成了蒙古人的牧场。

20世纪初，一些外国学者率先对辽上京城址进行调查勘测。1908年，日本学者鸟居龙藏到巴林左旗进行调查，对上京南塔等进行了勘测和摄影。1912年和1920年，法国神甫闵宣化（牟里）实地考察了赤峰地区的辽代诸城址。他结合文献，断定今巴林左旗林东镇南一华里的"波罗城"就是辽上京故城[45]。20世纪30、40年代，日本学者多次对辽上京城进行过调查，并进行过专题研究。鸟居龙藏、江上波夫、田村实造、杉村勇造、黑田源次和大内健等都先后勘查过上京城址[46]。1940年，小山富士夫发现了所谓的辽上京瓷窑址，并于 1944 年与黑田源次和我国学者李文信一起进行了发掘，掠走瓷片达八千余件[47]，同时还发现了城外的南山窑和白音戈洛窑[48]。

建国初期，辽上京城遭到破坏。汪宇平和郑隆先生先后在对城址进行调查的基础上对城址破坏的情况表示了关注[49]。因此，1961 年辽上京城被列为全国第一批重点文物保护单位。1962 年，内蒙古文物工作队对皇城进行了重点勘探，开探沟两条，对街道系统进行了钻探，测绘了皇城遗迹平面图和地形图。[50]此后，有关学者又多次进行过复查。1994 年发表了正式的勘查报告[51]。1997 年，中国历史博物馆等单位采用航空摄影方法对上京城做了全新的考察[52]。2001 年，社科院考古所和内蒙古文物考古研究所组成辽金考古队，对辽上京再次进行了全面勘测，绘制了等高线实测城址地貌图，在皇城内的正南街开挖了一条探沟，将辽上京遗址的遗存分为辽金元三大期，了解到正南街曾经过四次较大规模的修筑[53]。

② 辽上京的建制。辽上京由南北二城构成，北曰皇城，南为汉城。从文献和考古工作都看不出两城的营建有早晚的差别，应是大体同时营建的（图三）。

皇城是契丹统治者居住的地方，分外城和大内两部分。外城城垣平面呈不规则六边形（图四），南北长约 1600 米，东西宽约 1720 米，城垣周长 6399 米。城墙夯土版筑，高 6－9 米，与《辽史》所载"皇城高三丈"基本相符。在城墙外侧筑有马面，凸出主墙外 12 米，现残存四十五个，最高的达 13 米上下。这应就是《辽史》中所说的"楼橹"。两个马面间距约在110 米左右。发掘证明城墙由主墙、内侧的附加墙台和马面三部分组成。主墙先建，先挖约 0.8 米深的基槽，内填胶泥和小

图三　辽上京城垣轮廓示意图

图四　辽上京皇城遗迹实测图

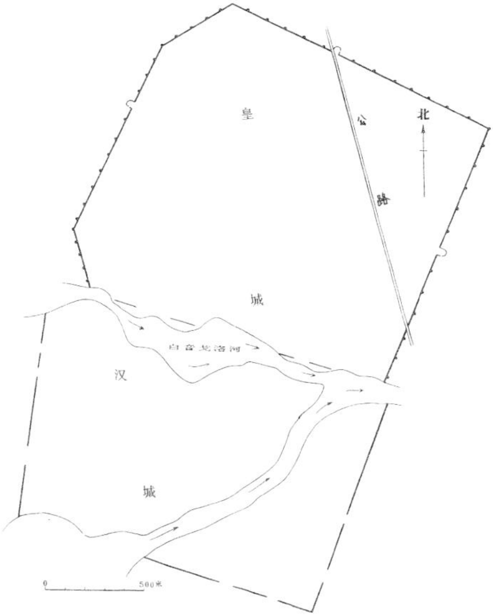

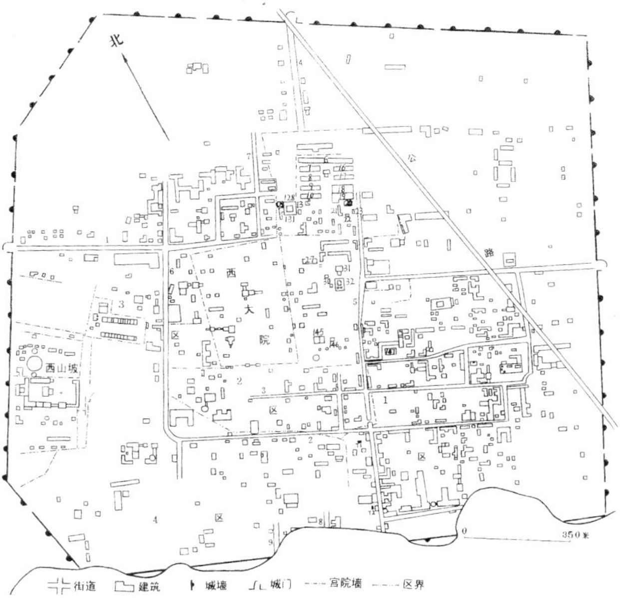

石子，构成基础，基宽 15 米。在主墙内侧有高宽均为 5 米的附加城台。《辽史》卷三十七《地理志一》"上京道"条记载，皇城有四个城门，"东曰安东，南曰大顺，西曰乾德，北曰拱宸"。今存东、西、北三面墙上的门址，都有较简单的圆形瓮城。在北墙外发现了护城壕的迹象。

1962 年勘察辽上京时在皇城发现了九条道路，三横五纵，其中从大内通向乾德、东安、拱宸门的道路比较清楚。另外，连接宫、皇城的正南街也很清楚。2001 年，对其进行了试掘，发现的路面达十层之多，时代跨辽、金、元三朝。由此可见，城内路网实际分布的复原还应首先对这些道路进行断代。

大内位于皇城的中部偏北。这里原是一座丘岗，地势高爽，俯瞰全城。大内的范围已不太清晰。宫垣仅北面保存较好，南墙的位置未探出。从残存的一些遗迹看，北墙长 450 米，西墙残长 350 米。根据《辽史》记载："内南门曰承天，有楼阁。东门曰东华，西曰西华，此通内出入之所。"在保存较好的北墙上未发现宫门，证明了大内仅有三门的记载。在大内南部适中处探出的第 147 号台基为正方形，发现了砖铺地面和柱础坑，推测是大内正南门承天门的基址。此门是太宗皇帝援立后晋之后，接受后晋册尊号和节具、卤薄、法服时所辟。在第 147 号台基稍北的西边有两座东向的建筑，即第 145、146 号台基，推测应为文献记载的昭德、宣政二殿[54]。

在大内的中部探出一条东西向的横隔墙，宽约 2 米，残长 280 米。隔墙北边，有横街一条，宽 10 米左右。还探出南北向主路一条，与横街相交于大内中心，纵街的东面也发现了隔墙。横街和隔墙将大内分为南、北两部分。据《辽史》卷四十五《百官志一》"北面朝官"条记载："契丹北枢密院……以其牙帐居大内帐殿之北，故名北院。……契丹南枢密院……以其牙帐居大内之南，故名南院。"大内中这南北两部分，可能正与契丹南、北院相对应。大内中主要的宫殿建筑都分布在丘岗高地上，大部分保存较好，高出地表 0.5—2.5 米不等。除了前述的昭德、宣政二殿外，更重要的是大内后（北）院的三组大型台基。后院的东半部地势空旷，应是《辽史》中所说安置毡庐之区。其余的建筑大体可分为三个群体。

正殿在中央纵街北端偏西，南向。以中央第 15 号台基为中心，两翼和后部环绕着九座大型长方形台基，是皇城中最大的一组建筑。第 15 号台基高出地表约 2 米。前面有月台（似未在正中，以前曾报告其为圆形，因此称此殿为前圆后方形，勘察者称之为"阶台"），宽 32 米，进深 50 米。在第 15 号台基两边，对称分布着八个长方形台基，整齐有序，台基长约 70 米，宽 12－18 米，高出地表约 0.5 米左右，明显低于主殿，都采用挖槽后夯土的筑基方法。最北边的是第 6 号台基，东西长 160 米，南北进深 18 米，是皇城中最大的长方形台基。对照文献，推测第 15 号殿基为大内北部三大殿之一的"开皇殿"，是用于册封等重大礼仪活动的主殿。

东西偏殿在正殿南方的两侧，有对称的两座偏殿，都做四合院式的布局，正方形，每边长约 50 米，四面各有一个殿基构成。与文献对照，推测应为安德、五銮二殿。这两殿加上开皇殿，构成了《辽史》所说的"三大殿"。

皇城里还发现了几组重要的建筑。在皇城的南部，以正南街为轴，两边发现了许多中小型建筑群。有学者力图按《辽史·地理志一》中所纪录的一些衙署、庙宇与之一一对应，但看来难度较大，结论未免牵强。但在皇城东南隅所指认的"天雄寺"遗址，应基本可靠，现地面还保存有一尊石雕的菩萨像，高3米多，四周有建筑台基围绕。有学者认为石像应是文献所载的"宣简皇帝"的雕像，这组建筑应为天雄寺无疑。

西山坡位于皇城西南，是一座较高的山丘，为全城的制高点。在山丘的顶端偏北部，保存着一些建筑基址，分为南、北、中三个较大的庭院，一律东向，均背靠皇城西墙。总体南北长360米，东西宽240米。以中院规模较大，布局严谨，保存也最好。在院子中部有一带有月台的东向殿基。以此殿基为中心，周围围绕着廊庑式的台基，在庭院的后部（西边）有一方形台基，与中央的殿基成东西直线，形成具有主次关系的前后殿布局形式。这座庭院是西山坡整个建筑群的主体建筑。南、北两院的保存均不及中院，但结构上大体同中院而建筑的尺寸略小，等级略低，应是附属于中院的建筑。西山坡上的三座庭院均具有前后殿基和左右廊庑，是东向开门的建筑结构。东向为尊是辽早期的习俗，发掘者认为其为辽太宗时所建的"日月宫"，也有学者认为其是太祖时所建的"龙眉宫"。

汉城位于皇城的南面，平面略呈方形，是汉、勃海等族人和掠来的工匠居住的地方。《辽史》卷三七《地理志一》曰："南城谓之汉城，南当横街，各有楼对峙，下列井肆……南门之东，回鹘营，回鹘商贩留居上京，置营居之。西南同文译，诸国信使居之。驿西南临潢驿，以待夏国使。"由此可见，南城还居住有西域商贩和各国信使。城北面的白音戈洛河和南边的一条小河在东南部汇合，对城址破坏较大。尤其是北墙，即皇城的南墙，已残存无几。根据勘测，汉城周长5800多米。现存城墙残高2-4米，夯土版筑，基宽12米，无马面和瓮城等设施。城内还可残见南北纵街和东南横街的痕迹。横街两端有突出地表的方形台基，为文献记载的监督防御市民的"看楼"。横街两侧有狭小的居住址，大约为工奴们的住所。南城早年就辟作农田，从地表上可看出许多建筑台基的痕迹。

目前最大的悬念就是郭郭。《辽史》卷三十七《地理志一》载："天显元年，平渤海归，乃展郭郭。"又记："城高二丈，不设敌楼，幅员二十七里……其北谓之皇城，高三丈，有楼橹。"此处所言不设敌楼，周二十七里的城，应即郭郭。然而目前在辽上京皇城和汉城以外并未发现另一道城墙，而且皇城、汉城墙垣长度相加也不足二十七里。由此而引发了学者们的多种不同观点：第一，辽上京勘查报告中通过分析文献，认为郭郭应是在汉、皇二城以外的另一道墙垣，并提供了一些调查线索。然而，90 年代末开展的航空摄影考古，并未发现在今上京城以外有另一道城墙的迹象。第二，有学者将汉、皇两城的周长相加，结果约合二四·三四唐里，试图证明郭郭是指皇城、汉城两城的总体，然而，两城的周长相加，腰垣计算了两次，且里数仍嫌不足[55]。也有学者在正确计算了上京外垣的周长后，合十七唐里，因而认为文献所记之二十七里有可能是十七里之误[56]。这种观点的重要缺陷是与文献中"不设敌楼"的明确记载不符。第三，有学者认为上京城分皇城和汉城，"其所谓'郭郭'，即上京之汉城"。"而当时所谓的'子城'，则是指其大内宫城而言"[57]。也有学者在肯定了汉城应属郭郭后，指出汉城东西墙的北端与皇城南墙没有连接关系，间距比皇城宽，暗示郭郭可能是今汉城与皇城外的墙垣的总和[58]。这也不失为一种可能。

③辽上京的特点及意义。辽上京是中国游牧民族在北方草原地区建立的第一座都城。尽管它是契丹民族在汉人影响和帮

助下创建的[59]，但在北方地区诸族中具有开创之功，对于其后的金、元、清诸王朝都产生了深远影响，在我国古代都城发展史上占有重要的地位。辽上京的建立，使北方草原地区出现了一个固定的政治、经济和文化中心，成为沟通东北亚地区与中、西亚地区的一个重要枢纽。

辽上京对后世影响最大的特点就是两城制。这是辽所推行的"以国制治契丹，以汉制待汉人"统治政策的产物。徐苹芳先生提出"辽上京城形制的最大特点是分南北二城，两城并列"。"从城市规划而言，辽上京也已恢复到一千五百多年以前东周时代的'两城制'"[60]。反思先秦时期的"双城制"，是按社会阶层来划分居住区的体制。宫城居住以血缘联系为主的贵族阶层，也包括一些贵族专控的手工业作坊；而郭城则是平民百姓的生活区和工商业区，是以地缘和行业关系划分的。辽上京的安排与此制度很相似。皇城居契丹皇室和贵族，大体是以血缘为纽带；汉城为汉人居住区、手工业和商业区，是以族属和业缘划分的。事实上，辽上京是在汉人的帮助下兴建的，可能参照了先秦的制度，但并不应视为完全是周代的复古，而是在新的统治环境下的产物。

辽上京十分注意防御。在皇城部分，马面、瓮城、护城濠等设施一应俱全。同时，对内部的防范也很明显，如将宫殿区建在全城的一处高地上，在皇城西南部的高岗上建立龙眉宫或日月宫这一组建筑，都带有防范和监视内部之意。在南城最重要的横街两旁建高大的市楼，则是为了监视汉人工匠和商人。上京城保留了一些契丹人旧有的习俗和游牧风习。例如，在大内之内的一些建筑和皇城西南部高台上的建筑保留了东向特点，在大内之中还保留有大片平地作为帐幕区等。

**2. 汴京的再现——辽中京的勘察与研究**

辽中京位于内蒙古昭乌达盟宁城县大明城。中京于统和二十三年至二十五年（公元 1005－1007 年）建城[61]。《辽史》卷三十九《地理志三》记载："辽中京大定府，虞为营州……圣宗尝过七金山土河之滨，南望云气，有郛郭楼阁之状，因议建都。择良工于燕、蓟，懂役二岁，郛郭、宫掖、楼阁、府库、市肆、廊庑，拟神都之制。统和二十四年，五帐院进故奚王牙帐地。二十五年，城之，实以汉户，号曰中京，府曰大定。"中京建成后，辽帝经常驻跸此城，接待宋朝和新罗、西夏的使臣[62]，举行祭祀仪式等，使中京成为辽中后期的一个重要的政治中心。但从"实以汉户"的记载和"大抵西京多边防官，南京、中京多财赋官"的记载看，中京的地位应不及上京。辽天祚帝保大二年（公元 1122 年），金军攻克中京。不久，辽亡。金代时最初沿用辽代旧名，海陵王时改称北京路大定府[63]。又是元代大宁路和明大宁卫城址。永乐元年（公元1403 年）撤消卫所，城废。有关辽中京的记载还见于一些宋人的笔记等，如路振《乘轺录》、王曾《上契丹事》[64]、沈括《熙宁使虏图钞》等。

对辽中京的考古工作从 20 世纪前半叶就已开始。最早的工作是法国神父闵宣化于 1912 年至 1920 年间对内蒙古东部辽代陵墓和城址进行的调查和盗掘，其中对辽中京作了记录[65]。此后，日本人也作了不少工作。如鸟居龙藏于 1927 年、1933年对中京遗址的勘测和盗掘[66]，1935 年京都帝国大学滨田耕作、三宅宗悦等所作的调查[67]等。

建国以来，内蒙古的考古工作者又多次对辽中京城开展了正式的大规模的考古调查与发掘。1959 年至 1960 年，内蒙古文物工作队对其进行了发掘、钻探，基本上勘探清楚了辽中京城的结构和主要的建筑布局[68]。1986年，内蒙古文物考古研究所又为了配合建设和维修大明塔的工程，对中京遗址进行了大面积的勘探与发掘[69]。1997年至1998年，中国历史博物馆等单位又对城址进行了航空摄影考古，弄清了元土山城和明大宁城的建制，还辨认出了外城中的一些建筑组群[70]。通过这些工作，使人们对辽中京城的基本情况有了初步的了解。

如上引《辽史》的记载，圣宗在建中京城时从燕、蓟调集了大批工匠，中京城的城郭、宫殿、楼阁、仓库、市场等全都仿北宋制度。从考古勘探的情况看，辽中京的城郭是仿北宋东京开封城的，有三重城墙，即外城、内城和宫城（图五）。

外城为矩形，东西宽4200米，南北长3500米，残存高度4-5米，基宽11-15米，夯层厚0.1-0.15米。西墙保存较

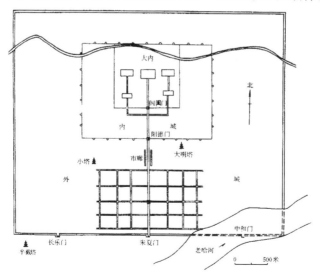

图五 辽中京遗址平面图（采自《大百科全书·文物博物馆》）。

好，墙上每隔 90 米有一楼橹痕迹[71]，四角还建有角楼。南壁正中有两个高达 6 米的夯土堆，呈正方形，西侧有豁口，应为文献记载的南门朱夏门，门设有瓮城。朱夏门向北为一条宽 64 米的大道，直通内城的正南门阳德门，长 1400 余米，路面弧形，大道两旁为排水沟，上用石板、木板覆盖，经石函洞将水排出城外。在距朱夏门 500 米处的大道中心，残存一马鞍形土包，可能是"市楼"。王曾《上契丹事》记载："南门曰朱夏，门内夹道步廊，多坊门。又有市楼四，曰：天方、大衢、通阛、望阙。"[72]在大道西边发现了南北向的长方形廊舍遗迹，残存方形石础和础基，每排四个夯土台，一共有二十五排，夯土台的分布南北长达 250 米，而且在大道东边也对称分布。根据《上契丹事》和《乘轺录》的记载，它可能是居民市集之所[73]。在阳德门西南 300 米处发现了官署建筑遗址。另外，在现存大塔附近和外城西南隅发现了庙宇遗址。在外城西南隅有一小山岗，辽将其辟为阶级台地，上有密集的寺庙遗迹。其中山顶上的一处于 1960 年进行了发掘，基址为正方形，边宽 37 米，面阔和进深都是五间，中间减二柱。在塌土中出土了佛像、菩萨像残片。在外城南部钻探，发现大道两侧各有南北向路三条、东西向路五条，路宽在 4－15 米之间，东西两面布置对称，井然有序。在大道两旁还发现了坊墙。据《乘轺录》记载，外城南部正中大道两旁各有三坊，共六坊；根据中京发现的墓志，有学者考证，在外城南部可能有八坊[74]，大道两旁应各有四坊。外城南部还保存有大塔、小塔和半截塔三座辽代砖塔。

内城在外城中部偏北，呈长方形，东西长 2000 米，南北长 1500 米，东、南、北三面城墙保存较好，残高约 5 米，基宽 13 米左右。内城墙上有马面，两马面间距近 100 米，无角楼。南墙正中有两个高大的夯基，相距 20 米，残高 6 米，为阳德门址。往北为一条宽 40 米的大道，直通宫城中门阊阖门。城内多是空旷的地方，未见遗迹。在阊阖门南 85 米处，从正中大道向东西伸出两条道，路宽 15 米，折向宫城，通往左、右掖门。参考辽上京的制度，此城应为文献所说的"皇城"，则城中还"有祖庙，景宗、承天皇后御容殿"等建筑。

宫城位于内城中间北端，与内城共用北墙，正方形，边长 1000 米，夯墙已被洪水冲毁。四角有角楼。南壁正中为阊阖门，凡三间。门内有一条 8 米宽的大道向北通达城中央的一处宫殿基址。在门东西各 180 米处发现两个缺口，与文献对照当为左右掖门。门内各有向北的道路，长 400 米，尽头有宫殿基址。东面的应为圣宗居住的武功殿，西面为萧太后所居的文化殿，在左右掖门北 80 米处发现了武功门和文化门的遗址。

通过对辽中京开展的考古勘察，可以看出，中京较上京更多地体现了北宋的制度。例如，采用了重城式的布局，平面上与开封城十分相似，在城市中央设置宫城，四周以民居缠绕，宫、皇城的布置与汴京相同。住宅区与商业区相交错，并占了城市的大部，这点也与汴京相似。这些反映了"澶渊之盟"以后契丹贵族封建化程度的不断深化。

同时，中京某些地方仍保留了一些唐制的痕迹或曰自身特点。最重要的是还有带坊墙的里坊。中京外城南部主要居住汉人，据《乘轺录》记载以带坊墙的里坊来居汉人，并有士兵把守坊门。这是上京两城制的延续，将外城南部辟为汉人区和市肆区，集中管理，体现了辽一贯的统治方式。中京还特别注意对居民的防范。为了对居民进行监视，把衙署，寺庙安插于坊市、居民区。尤其外城西南隅的寺庙，位于高岗之上，地势险要，极利于监视、防范市民。大街正中设市楼，文献记载这样的市楼有四座。商业中心设在了大路的两旁，但这并非是自由的临街贸易或沿街经商，而是严格管理的"市"。实际上是为了把汉人和其生产和活动限定在城南部，集中管理。中京建成后"实以汉户"，对汉人的管理自然十分重要。另外，内城中只探出了少量的基址，说明城中并未营建很多固定的建筑。路振说"街道东西并无居民，但有短墙以障空地耳"，并言内城有"穹庐毳幕"，可见这些空地应是留做搭设毡帐用的。这也表明入城的契丹贵族依然保存着一些传统习俗。

# （四）金上京与中都考古

金代先后建立过三个都城，而其变化正好体现了女真统治者不断接受汉族的先进文化，在统治方式上逐渐采用当时在汉族政权中高度发达的中央集权制度，强化帝王权力与威仪的过程。其中金南京是在蒙古军队的压力下被迫放弃中都，迁往开封的。其城市布局上大体沿用北宋东京的制度，少有改变。

## 1. 金源故都——金上京的勘察与研究

金上京会宁府遗址（俗称白城子），位于黑龙江省阿城县旧城南四里，左傍阿什河，是金早期的都城。自金太祖完颜阿骨打称帝的公元 1115 年，至海陵王完颜亮于贞元元年（公元 1153 年）迁都燕京止，以此城为都三十八年，历四帝。《大金国志》卷三十三"燕京制度"条记载："国初无城郭，星散而居，呼曰'皇帝寨'、'相国寨'、'太子庄'，后升'皇帝寨'曰会宁府，建为上京。"[75]约在太宗时上京的外城定型，升为府，正式定都[76]。

太宗时期（公元 1123－1135 年）是金上京大规模营建的时期。天会二年（公元 1124 年）在南城始筑皇城，奠定南北二城的制度。先后建起了乾元殿、庆元宫等建筑。熙宗时期（公元 1136－1149 年）主要是扩建上京皇城和创建宫室。上京建起了很多宫殿[77]。皇统三年建太庙和社稷。据《大金国志》记载：皇统六年（公元 1146 年）"以上京会（宁）府旧内太狭，才如郡治，遂役五路工匠，撤而新之。规模虽仿汴京，然仅得十之二三而已"[78]。通过不断的增修和扩建，使上京会宁府，尤其是皇城宫室具备了相当的规模，可与其他京府相比了。

海陵王弑熙宗即位，于公元 1152 年开始迁燕，贞元元年（公元 1153 年）正式定都燕京，称中都。削上京号，称会宁府。为防宗室贵族反抗，将他们大批强迁往中原。正隆二年（公元 1157 年）下令平毁上京宫殿。据《金史》卷五《海陵亮纪》记载，正隆二年"十月壬寅，命会宁府毁旧宫殿、诸大族第宅及储庆寺，仍夷其址而耕种之。"金世宗即位后，从大定二年（公元 1162 年）开始重建上京宫殿，以时荐享[79]。大定十三年（公元 1173 年），"复以会宁府为上京"，"大定二十一年复修宫殿"[80]，大定二十四年世宗巡幸上京时已恢复到相当可观的程度，但帝常居中都，到上京来仅此一次。无论如何，世宗大定年间是上京会宁府皇城宫室得以复建的"中兴"时期。

金贞祐三年（公元 1215 年），蒲鲜万奴叛金自立，多次抢掠上京，并焚毁宗庙[81]，上京再次遭到严重破坏。元初，金上京成为元水达达路的重要城站，元末设镇宁州[82]。明代这里成了通往奴儿干地区的重要驿站和东西水陆城站之一。清初城砖被运去建阿城县城，此城废。

　　进入 20 世纪，一些外国学者开始对金上京进行实地调查和小规模的发掘。最早进行调查的有日本人白鸟库吉，但主要局限于地面调查[83]。1925 年，旅居哈尔滨的俄籍学者 A.C. 道利马切夫对城址进行了小规模的盗掘，并发表了研究报告。鸟居龙藏也多次调查了金上京遗址，并进行了较详细的研究[84]。1936 年，园田一龟调查、盗掘了金上京遗址，主要盗掘对象是皇城和宫殿址，发掘规模较大[85]。1937 年，伪满阿城县长周家璧也对上京城址和周边遗迹做了考察[86]。这些工作获得并保存了重要的资料。

　　20 世纪后半叶，黑龙江省的学者多次对金上京城进行调查。一方面，实测了上京的城址，对上京城址有了进一步的了解[87]；同时还对周边地区的一些遗迹进行了调查和试掘，如在小岭一带发现了不少铁矿坑，在阿什河及其支流沿岸地区发现若干古代炼铁炉址等。另一方面，在上京城内还出土了一些金代遗物，如上京路的官印与腰牌、打有"上京翟家记"戳子的银镯、带有"上京"字样的银锭以及凿有"上京巡警院"等验记的铜镜，还发现了一些金墓和窖藏的铜钱、银器等[88]。

　　金上京由南北二城组成，从城市结构看与辽上京城的布局和功能十分接近，还带有金早期的一些特点（图六）。上京城址平面呈曲尺形。南城南北长 1528 米，东西宽 2148 米；北城长 1828 米，宽 1553 米。两城间筑隔墙，有门相通。两城周长10873 米，不到二十二华里，略小于辽上京城。夯土板筑的城垣残高 3 – 5 米，基宽 7 – 10 米。外城垣上现存马面八十九个，间距 80 – 130 米不等。全城发现了九个城门址，除腰垣东侧的一个以外，八个有瓮城。城周围有护城壕遗迹。

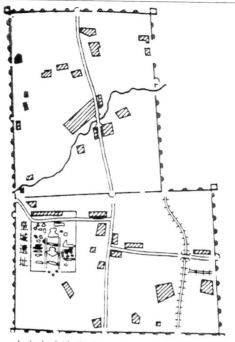

图六　金上京遗址平面图（采自《大百科全书·考古学》）

　　皇城又称为"大内"，位于南城北部偏西。这一点与辽上京不同，有学者认为这与女真人以西为尊的传统习俗有关。据文献记载，它是仿北宋东京和辽中京逐渐完善的。现在看到的皇城遗址应主要为世宗时重建的。南北长645米，东西宽500米，周长2290米，约合四．〇九宋里。皇城墙垣基宽约6.4米。现皇城南壁保存有午门遗址，午门前有阙，在午门后的中轴线上残存有五个台基，在后部形成两组殿基，由前后殿和中间的柱廊构成，平面呈"工"字。在正殿两侧有左、右廊基址，现各残长约380米，宽约11米。"工"字形殿基以及这种殿廊结构都是典型的宋代制度，与开封发现的"龙亭大殿"颇为相似，说明熙宗时"撤而新之"的"大内"，不仅规模接近北宋东京的大内，而且宫殿的营建亦多仿北宋的制度。城内的其他遗址比较散乱，看不出有什么规律。

上京的北城内有一条水沟斜穿城市，两侧推测为作坊区。在北城南部发现了炼铁渣和海绵铁块等遗物，表明北城有冶炼、加工铁的手工作坊，也表明这里应是手工业生产的区域。有学者认为，太宗时曾扩建北城和展筑南城，在南北城的隔墙中发现了大量的炼铁渣，估计是从北城取土时带来的。由此可见，北城的铁冶或作坊可能建立得较早。从北城现存的五处城门和缺口看，城内的街道应呈不规则十字街式，把城内划分成不相等的四块。南城街道的主体框架，据城门位置推测，应在皇城以东形成一个东向的"丁"字形街道。

金上京城的平面仿辽上京，分为南北城，南城居女真贵族，北城为工商业区。带有女真族和其他族分治的用意，说明女真族贵族在建国之初更易接受辽早期的都城制度。应该是北城先建（据隔墙瓮城的方位），稍有发展后又扩出南城作为女真贵族居住区。因此，南城具有开封内城的含义，北城相当于外城。宫殿使用了"工"字形台基，这是北宋以来发展起来的，表明金上京也接受了宋代的先进建筑技术。城内遗迹散乱，看起来没有统一的规划。根据文献记载，早期的居民是"自在散居"，因此这种无规划带有女真早期社会制度的遗风。

## 2．古城上的繁华新都——金中都

金中都遗址位于明清北京城外的西南部，在今北京市宣武区境内。金海陵王即位后借口旧都上京土地贫瘠，交通不便，不如长城以内的燕京"地广土坚，人物蕃息"，"乃天地之中"，因此，于天德三年（公元 1150 年）三月，征调民夫八十万、兵夫四十万，在辽南京旧城的基础上开始扩建。天德四年建成，自上京迁入。贞元三年（公元1153年）"改燕京为中都，府曰大兴，汴京为南京，中京为北京"[89]。

① 对金中都开展的考古工作。对于金中都的考察约始于50年代前后。1959年，北京大学阎文儒教授对金中都进行了调查，撰写了调查报告，并进行了复原研究[90]。有学者还对金中都部分遗迹进行了纪录[91]。1966年，中国科学院考古研究所对外廊城城垣、宫城、宫殿和街道等遗迹进行了勘测，掌握了金中都的基本结构，取得了重大的成绩。其成果如下：A. 弄明了外城的位置、走向并可推定其长度[92]。通过勘测，探明了外城各城门的位置，特别是探明了光泰门的存在，证实了《金史》中关于北城有四个城门的记载。B. 50年代在修沿河路时发现了宫殿基址，经调查勘探，确定了皇城的位置、长度，并对前朝大安殿址进行了钻探，由此清楚了金中都的中轴线。C. 经过调查、钻探，了解到金中都的部分街道系统[93]。1990年，在北京市西厢工程建设中发现并清理了金中都南城垣水关遗址，为人们了解宋金时期的"卷輂水窗"制度提供了例证，并为研究金中都城内水系流向问题提供了重要的实物依据[94]。同时，又对金中都的宫城区进行了钻探，发现夯基十三处，并对大安殿进行了发掘，证明大安殿是在辽代宫殿上扩建的。1996年，为配合"金王行宫"工程对金中都"太液池"进行了勘探发掘，确定了太液池早、晚两期的范围和变化，发现并发掘了瑶池殿和渔藻殿[95]。

② 金中都的建制。金中都外廊城略呈方形，四边不等长，西墙长4530米，东墙长4510米，南墙长4750米，北墙长4900米（图七）。城的东南角在今北京南站西南的四路通，东

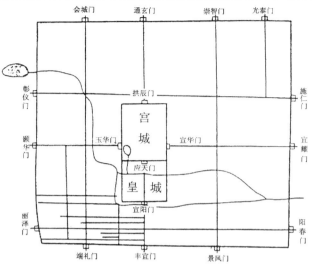

图七　金中都城复原示意图（采自《中国历史考古学论丛》）

北角在今宣武门内翠花街，西北角在今军事博物馆南的皇亭子，西南角在今丰台区凤凰嘴村。建国初期西墙和南墙尚有一些遗迹。在西墙南部的蝎子门还保存有高 6 米，基底宽 18.5 米，门宽近 30 米的遗迹，应为丽泽门遗迹。经过钻探证明外廓城有城门十三个，与《金史》的记载相同，与《大金国志》上的记载不同，其中少记了光泰门。城内的街道在北京旧城以内的大多延用了下来，在旧城以外的经过钻探也可确定下来。

宫城在全城的中央偏西，平面为长方形，皇城在宫城之南。宣阳门、应天门和大安殿的位置均已探出。前朝是大安殿，面阔八间，基址内还保存有放置柱础的磉墩。大安殿北有一条横街，将宫城分为两部，北边为内朝，正殿是仁政殿。宫城的位置在今广安门外的滨河南路，宫区整个地形都高，形成残高约 2 米的土台。探明了大安殿、仁政殿等的遗迹，范围东西宽约 60 米，南北长约 200 米。台基的夯层十分坚致，并且掺有大量的白灰。这是为了防潮和固基，白灰使用量之大，殊为惊人。1956 年修建的滨河南路从此台基上穿过，出土了大量黄绿琉璃瓦件。这些琉璃构件胎质细密，釉层凝厚，花纹精致。文献记载“燕京宫阙华丽为古今之冠”，从遗址的情况看所言不虚。在宫殿基址之西，有断续的河泊苇塘，长 1000 余米，为自古来燕蓟的游览胜地——洗马沟，金廷将其划入宫城内。皇城中建如此大的宫苑是前所未有的。金统治者对此仍意犹未尽，在今北海的琼华岛上又建造了一处离宫——大宁宫，将北宋汴京艮嶽的山石运来而兴建。

金中都的街道系统有两套，已钻探清楚的有丰宜门大街、端礼门大街到会城门大街之间的一些街道。在丰宜门与端礼门之间有许多东西向的小胡同，这部分是金中都在辽南京基础上扩出的部分，模仿北宋汴梁，采用了开放式的街巷。东面新扩出的部分，从现存北京街道看，大多数是南北向的街道，如宣武门大街，即金中都的光泰门大街，两旁有椿树胡同、陕西巷等也是开放式的。而在辽南京旧城范围内的街道则基本保留了方块式的坊制布局。辽南京析津府实际上只在唐幽州城的西南隅因旧州衙修建了一座凉殿作为皇帝的行宫。街道系统则沿用幽州的井字形街道格局，在主干街道间布置坊，坊内有十字街沟通四坊门，下面的单元仍用小十字街分隔。在悯忠寺（今法源寺）所在的坊中仍可看到这种情况。辽南京的街道又被金中都所沿用。封闭的坊制和开放式的长巷制共存，是金中都设计的特点之一，反映出我国的城市规划从隋唐时期封闭式的坊制向宋以后开放式长巷制的转化。

③ 金中都的特点。金中都在都城建设方面出现了一些新

情况：首先，中轴线得到强化，变得更清楚了，即丰宜门——宣阳门——应天门。中轴路左有太庙，右边是三省六部衙署。文献记载路两边有廊，廊上开门，即千步门。金中都的设计，有意使中轴线的最北端对着辽代的天宁寺塔。这是借用其他建筑或景观的对景设计。这种"对景"安排，在许多金代的大建筑群中都一再重复。这一方面是为了加强对重要建筑的防御，同时也含有尊崇佛教、选择风水的色彩。历代都城中轴的布置，到金中都有了新的发展。从丰宜门进入，经过笔直的御路，抵皇城内最大的大安殿，纵深达 800 余米，且殿基高耸，殿后有更高的阁，其势凌人，远眺其后，又有更高的佛塔，助其威仪。其目的是在强调皇帝的尊严，使都城除了加强其堡垒性以外，还带有加强思想性的意味。其次，宫殿中出现了阁。《金史》中多次提到香阁。在山西繁峙岩山寺主殿的后壁有一组宫殿壁画，反映的正是金中都的宫殿。从这组建筑图像中看到，最后一个建筑反映的就是香阁，为一座二层楼阁式建筑。这种设计到元大都发展成后宫的延春阁。第三，宫城的四边布置了苑林区，而且在宫中所占的比例很大，说明更注意了宫廷的园囿化。这一点在少数民族建立政权的宫城中常常出现，元上都也带有极强的园囿性，清代的避暑山庄也带有这种性质。

**注　释**

[1] 丘刚《开封文物考古工作的回顾与展望》，《开封考古发现与研究》，中州古籍出版社 1998 年版。

[2] 开封宋城考古队《北宋东京外城的初步勘探与试掘》，《文物》1992 年第 12 期。丘刚《北宋东京外城的城墙和城门》，《中原文物》1986 年第 4 期。

[3] 开封宋城考古队《北宋东京内城的初步勘探与测试》，《文物》1996 年第 5

期。

[4] 丘刚、董祥《北宋东京皇城的初步勘探与试掘》,《开封考古发现与研究》,中州古籍出版社 1998 年版。

[5] 开封宋城考古队《明周王府紫禁城的初步勘探与发掘》,《文物》1999 年第 12 期。

[6]《北宋古都面貌初步揭开》,《河南日报》1988 年 1 月 21 日。

[7] 李克修、董祥《开封古州桥勘探试掘简报》,《开封考古发现与研究》,中州古籍出版社 1998 年版。

[8] 李合群《北宋东京金明池的营建布局与初步勘探》,《开封考古发现与研究》,中州古籍出版社 1998 年版。

[9] 刘春迎《宋东京城遗址内蔡河故道的初步勘探》,《开封考古发现与研究》,中州古籍出版社 1998 年版。

[10] 丘刚《北宋东京三城的营建和发展》,《中原文物》1990 年第 4 期。

[11] 田凯《北宋开封皇宫考辨》,《中原文物》1990 年第 4 期。

[12] 李合群《北宋东京皇宫二城考略》,《中原文物》1996 年第 3 期。

[13] 丘刚《北宋东京皇宫沿革考略》,《史学月刊》1989 年第 4 期。

[14] (元) 脱脱《宋史》卷八五,《地理一》"京城"条。中华书局标点本 1977 年版。

[15] 同注 [11]。

[16] 辽中京发掘委员会《辽中京城址发掘的重要收获》,《文物》1961 年第 9 期。

[17] 孟元老《东京梦华录》卷之一《东都外城》,中国商业出版社标点本 1982 年版。

[18] 同注 [17]。

[19] 宿白《隋唐城址类型初探 (提纲)》,《纪念北京大学考古专业三十周年论文集》,文物出版社 1990 年版。

[20] 王溥《五代会要》卷二六《街巷》曰:"周显德三年六月诏……其京城内街道阔五十步者许两边人户各于五步内取便种树,掘井,修盖凉棚。其三十步以下至二十五步者各与三步,其次有差。"中华书局标点本 1998 年版。

[21] (宋) 李焘《续资治通鉴长编》卷二十一曰:"(太平兴国五年七月己巳) 八作使段仁海部修天驷监,筑垣墙,侵景阳门街,上怒,令毁之,仁海决杖,责授崇仪副使。"中华书局标点本 1979 年版。

[22] (清) 徐松辑《宋会要辑稿·方域》,中华书局影印本 1957 年版。

[23] (宋) 宋敏求《春明退朝录》卷上,中华书局标点本 1980 年版。

[24]（宋）李焘《续资治通鉴长编》卷五十一，中华书局标点本1980年版。

[25]《宋会要辑稿·舆服》记景祐三年八月三日诏指出"天下士庶之家凡屋宇非邸店楼阁临街市之处毋得为四铺作……"，表明了临街的邸店、铺度已是合法的了。

[26] 东京城内的各种集市包括：A定期集市。《东京梦华录》卷之三《相国寺内万姓交易》曰："相国寺每月五次开放万姓交易"。B季节性集市。如端午节的鼓扇百索市，自五月初一到端午节止，"在潘楼下，丽景门外，朱雀门内外，相国寺东廊，睦亲宅前"。还有七夕乞巧市，从七月初一至初五夜，以潘楼前最热闹，"其次丽景、保康诸门及睦亲门外亦有乞巧市，然终不及潘楼之盛也"。罗晔《新编醉翁谈录》卷四《京城风俗记》四月、七月条，辽宁教育出版社1998年版。另见《东京梦华录》卷之八《端午》《七夕》。C行业性集市有东西面市、肉市、牛马果子行等。参见《续资治通鉴长编》卷三〇〇，元丰二年九月丙子记事；卷三五八，元丰八年七月庚戌记事。

[27] 夜市经营的主要是饮食业。如《东京梦华录》卷之二《州桥夜市》曰："自州桥南，去当街水饭、熬肉、干脯……直至龙津街桥须脑子肉止，谓之杂嚼，直至三更。"此外，还有潘楼东夜市、南斜街、北斜街、马行街等。蔡絛《铁围山丛谈》卷四也对马行街夜市有极生动的描写，中华书局标点本1983年版。早市参见《东京梦华录》卷三《天晓诸人入市》："每日交五更……诸趋朝入市之人，闻此而起……酒店多点灯烛沽卖，每份不过二十文，并粥饭点心。亦间或有卖洗面水，煎点汤茶药者，直至天明。"潘楼街东的"鬼子市"，即以此而得名。

[28]《杭州市南宋临安城考察》，《中国考古学年鉴·1985年》，文物出版社1985年版；《南宋临安城遗址》，《中国考古学年鉴·1986年》，文物出版社1988年版；《南宋临安城皇城遗址》，《中国考古学年鉴·1993年》，文物出版社，1995年版。中国社会科学院考古研究所等《南宋官窑》，中国大百科全书出版社1996年版。

[29] 杭州市文物考古所《杭州发现南宋六部官衙遗址》，《杭州考古》1995年12月刊。

[30] 杜正贤《杭州发现南宋临安城太庙遗址》，《中国文物报》1995年12月31日第一版。

[31]（宋）吴自牧《梦粱录》卷八"德寿宫"条，浙江人民出版社1980年版。

[32]《杭州市南宋临安城考察》，《中国考古学年鉴·1985年》，文物出版社1985年版。

［33］《杭州吴庄发现南宋恭圣仁烈皇后宅遗址》，《2001 中国重要考古发现》，文物出版社 2002 年版。

［34］（宋）周淙《乾道临安志》卷二《廨舍》，丛书集成初编本，商务印书馆 1937 年版。

［35］杭州市文物考古所《杭州南宋临安府衙署遗址》，《文物》2002 年第 10 期。

［36］周子竞《发掘杭州南宋官窑报告书》，《国立中央研究院总报告》第四册，国立中央研究院文书处 1932 年编辑出版。

［37］《南宋官窑》，中国大百科全书出版社 1996 年版。

［38］杭州市文物考古所《杭州老虎洞南宋官窑址》，《文物》2002 年第 10 期。

［39］杨宽《中国古代都城制度史研究》，上海古籍出版社 1993 年版。

［40］周峰主编《南宋京城杭州》，浙江人民出版社 1997 年版。

［41］（元）脱脱《辽史》卷四十八《百官志四》，中华书局标点本 1974 年版。

［42］杨树森、王承礼《辽朝的历史作用初论》，载《辽金史论集》第二辑，书目文献出版社 1987 年版。

［43］（元）脱脱《辽史》卷三十七《地理一》，中华书局标点本 1974 年版。

［44］（元）脱脱《金史》卷二《太祖纪》，中华书局标点本 1975 年版。

［45］闵宣化著、冯承钧译《东蒙古辽代旧城探考记》，《西域南海史地考证译丛》第三卷，商务印书馆 1999 年版。

［46］鸟居龙藏著、陈念本译《满蒙古迹考》，商务印书馆 1933 年版。魏建猷《鸟居龙藏氏调查热河省境契丹文化的经过》，《燕京学报》第 15 期，1934 年。冯家昇《日人在东北的考古》，《燕京学报》第 19 期，1936 年。安志敏《九一八以来日人在东北各省考古工作记略》，《益世报史地周刊》第 32、33 期，1947 年 3 月 11 日、25 日。

［47］杉村勇造《辽の陶磁》，《陶磁大系》第 40 册，平凡社 1974 年版，东京。

［48］李文信《林东辽上京临潢府故城内瓷窑址》，《考古学报》1958 年第 2 期。

［49］汪宇平《昭乌达盟林东古城发现古代碑座等遗物、遗迹》、《昭乌达盟林东清理了十座辽代墓葬》，《文物参考资料》1955 年第 2 期。郑隆《辽代上京古城的遭遇》，《文物参考资料》1957 年第 7 期。

［50］辽宁省巴林左旗文化馆《辽上京遗址》，《文物》1979 年第 5 期。

［51］内蒙古文物考古研究所《辽上京城址勘查报告》，《内蒙古文物考古文集》第一辑，中国大百科全书出版社 1994 年版。

［52］中国历史博物馆遥感与航空摄影考古中心、内蒙古文物考古研究所《内蒙古东南部航空摄影考古报告》，科学出版社 2002 年版。杨林、雷生霖、徐为群

《内蒙古东部地区古代大型遗址航空摄影考古勘察初步收获》，《中国历史博物馆考古部纪念文集》，科学出版社 2000 年版。

[53] 中国社会科学院考古研究所内蒙古工作队、内蒙古文物考古研究所 2001 年发掘资料。参见董新林《辽上京城址的发现与研究综述》，待刊。

[54] 《辽史》卷三十七《地理一》引《薛映行录》曰："承天门内，有昭德、宣政二殿与毡庐，皆东向。"中华书局标点本 1974 年版。

[55] 王晴《辽上京遗址及其出土文物记述》，《文物通讯》1979 年第 8 期。

[56] 李逸友《辽代城郭营建制度初探》，《辽金史论集》第三辑，书目文献出版社 1987 年版。

[57] 李作智《论辽上京城的形制》，《中国考古学会第五次年会论文集（1985 年）》，文物出版社 1988 年版。

[58] 张郁《辽上京城址勘查琐议》，《内蒙古文物考古文集》第二辑，中国大百科全书出版社 1997 年版。

[59] （宋）薛居正《旧五代史》卷一三七《外国列传第一》契丹传曰："其俗旧随畜牧，素无邑屋，得燕人所教，乃为城郭宫室之制于漠北。"中华书局标点本 1976 年版。

[60] 徐苹芳《中国古代城市考古与古史研究》，载《中国历史考古学论丛》，（台北）允晨文化，1995 年。

[61] 关于辽中京城的始建年代或筹划建设年代的记载和认识并不一致。据《辽史》卷三十六《兵卫志下》记载："圣宗统和二十三年，城七金山，建大定府，号中京"，中华书局标点本，428 页；《辽史》卷三十九《地理志三》记为统和二十五年，中华书局标点本，481 页；有学者认为始建于统和二十一年，应是根据《辽史》卷一四《圣宗纪五》记载的统和二十年"奚王府五帐六节度献七金山土河川地，赐金币"（中华书局标点本，481 页），则次年圣宗决定在此建城（见李逸友《辽中京遗址》，《中国大百科全书·考古学》，中国大百科全书出版社 1986 年版）；也有学者认为统和二十二年酝酿，到兴宗初年才基本建成的（见《辽中京城址》，《内蒙古东南部航空摄影考古报告》，96－113 页）。

[62] 《辽史》卷三十九《地理志三》记载："大同驿以待宋使，朝天馆待新罗使，来宾馆待夏使"，中华书局标点本，482 页；王曾《上契丹事》等著录都是出使中京时所记。

[63] 《金史》卷二四《地理上》记载："大定府……辽中京，统和二十五年建为中京，国初因称之。海陵贞元元年更为北京，置留守司、都转运司、警巡院。"

中华书局标点本，557 页。

[64] 路振《乘轺录》，收于晁伯宇《续谈助》，丛书集成初编本第 3111 册，中华书局 1991 年版。王曾《上契丹事》，收录于《契丹国志》卷二十四，《辽史》卷三十七和《续资治通鉴长编》卷七十九。

[65]《东蒙古辽代旧城探考记附乘轺录笺证》，参见注 [45]。

[66] 同注 [46]。

[67]《九一八以来日人在东北各省考古工作记略》，参见注 [46]。

[68] 辽中京发掘委员会《辽中京城址发掘的重要收获》，《文物》1961 年第 9 期。

[69] 李逸友《宁城县大明城辽中京遗址》，《中国考古学年鉴·1987》，文物出版社 1988 年版；内蒙古文物考古研究所等《辽中京大塔基座覆土发掘简报》，《内蒙古文物考古》1991 年第 1 期。

[70] 见《辽中京城址》，《内蒙古东南部航空摄影考古报告》，科学出版社 2002 年版。

[71] 1961 年的报告指出外城无马面，而最新的航空摄影考古成果表明其有马面。参见注 [70]。

[72]《续资治通鉴长编》卷七十九引《上契丹事》，中华书局标点本，1796 页。

[73] 同注 [56]。

[74] 李逸友《辽李知顺墓志铭跋》，《内蒙古文物考古》创刊号，1981 年。

[75]《大金国志校证》卷三十三，中华书局标点本，470 页。

[76] 朱国忱《金源故都》，114 - 119 页，北方文物杂志社 1991 年编辑出版。

[77]《金史》卷二十四《地理上》，中华书局标点本，550 页。

[78]《大金国志校证》卷十二《纪年·熙宗孝成皇帝四》，中华书局标点本，174 页。

[79]《金史》卷三十二《礼志六》原庙条记载："世宗大定二年十二月，诏以'会宁府国家兴王之地，宜就庆元宫址建正殿九间，仍其旧号，以时荐享'。"中华书局标点本，787 页。

[80] 见《金史》卷二十四《地理上》"上京路"条记载，中华书局标点本，550—551 页。

[81] 见《金史》卷一○三《纥石烈桓端传》和《金史》卷一二二《忠义传二·梁持胜传》，中华书局标点本，2299 页，2665 页。

[82] 同注 [76]，195—196 页。

[83] 白鸟库吉《关于金上京》，《考古界》8 篇 9 号，1909 年 12 月 20 日。

[84] 鸟居龙藏《金上京城及其文化（上）》，《燕京学报》35 期，1948 年。

[85] 园田一龟《金の上京址·白城に就いて》,《考古学杂志》第 29 卷 7 号, 1939年。

[86] 周家璧《金都上京会宁府白城遗址考略》, 1937 年。

[87] 许子荣《金上京会宁府遗址》,《黑龙江文物丛刊》1982 年第 1 期; 敬斋《金代上京会宁府》,《黑龙江史志》1984 年第 1 期。

[88] 阎井泉《金上京故城内发现窖藏银器》,《黑龙江文物丛刊》创刊号, 1981年; 张连峰《金上京会宁府遗物》,《学习与探索》1979 年第 5 期, 封二; 王永祥《阿城五道岭地区古代冶铁遗址的初步研究》,《黑龙江省博物馆资料汇编》第一辑, 1964 年。

[89] 参见《金史》卷五《海陵》和《金史》卷二十四《地理志上》"中都路"条, 中华书局标点本, 91－120 页, 572－573 页;《大金国志校证》卷十三《纪年·海陵炀王上》, 中华书局标点本, 185－192 页。

[90] 阎文儒《金中都》,《文物》1959 年第 9 期。

[91] 王璧文《凤凰嘴土城》,《文物参考资料》1958 年第 8 期。

[92]《金中都的考古调查与发掘》,《北京考古四十年》第四编第二章第一节, 北京燕山出版社 1990 年。

[93] 徐苹芳《金中都遗址》,《大百科全书·考古学》卷, 238 页。

[94]《金中都南城垣水关遗址》,《中国考古学年鉴·1991 年》, 文物出版社 1992年。《中国考古学年鉴·1992 年》第 150 页, 文物出版社 1994 年。

[95]《金中都宫殿遗址》,《中国考古学年鉴·1991 年》, 文物出版社 1992 年版。《金中都"太液池"遗址》,《中国考古学年鉴·1996 年》, 文物出版社 1998年版。

三　元明时期都城的勘察与研究

元明时期的都城制度尽管与宋辽金时期一脉相承，但又有所不同。元大都的城市制度是对宋以来发生的城市变革的总结，在中国都城发展史上占有重要地位。同时，元代的陪都和离宫制度又特别发达，被清朝所承袭的制度颇多。因此。本书将元明两代的都城专门立章介绍。

## （一）兆奈曼苏默——元代的陪都上都遗址

### 1．元上都的营建及地位

元上都蒙古语称为"兆奈曼苏默"，意思是"有一百零八座庙的地方"，在今内蒙古自治区锡林郭勒盟正蓝旗"五一牧场"范围内。它座落在滦河上游（闪电河）的北岸，背靠南屏山（龙岗），南面是著名的金莲川平原。上都城曾一度为元朝的首都，元大都建成后成为夏都，直至元亡，在元朝政治、经济、军事和文化上都占有极为重要的地位。

蒙古宪宗元年（公元 1251 年），忽必烈以皇弟之名总理漠南汉地军国庶事。宪宗五年（公元 1255 年），忽必烈开府金莲川，广招天下名士，建立了著名的"金莲川幕府"，改变了蒙古汗国的传统统治方式，开启了以汉法治国之端倪。宪宗六年（公元 1256 年），忽必烈命汉族谋士刘秉忠选地建城郭，以为长期备略之地。刘秉忠择恒州东、滦水北的龙岗建城，历时三年，建成此城。大城背靠龙岗，南临滦河，放眼一望无垠的草原，气势格外恢宏，遂命名为"开平"。中统元年（公元1260年），忽必烈在此继大汗位，将开平府定为临时都城，置中书省，总理全国政务。中统四年（公元1263年），正式定名为上都，亦称上京、滦京，并以此为根据地，开始了统一中国的大业。为了控制中原，元至元四年（公元1267年），忽必烈下令开始营建大都城。中统六年八月诏："开平府阙庭所在，加号上都。外燕京修营宫室，分立省部，四方会同。"[1]至元二十四年（公元1286年）大都建成后，上都遂成为蒙元帝王、贵族夏季避暑、办公、游猎及与漠北诸王公会盟和会见海外使臣之地。元朝的主要行政机构，如中书省、枢密院、御使台、宣政院等，在上都都有分衙或下属官署。上都与大都同为全国重要的政治统治中心。

元上都城在至正十八年（公元1358年）和至正二十三年两次被红巾军攻破，将宫殿等建筑彻底破坏。至正二十五年（公元1365年），元顺帝曾准备重修上都宫室，但终因国力凋敝，心有余而力不足。元灭亡后，明洪武二年（公元1369年）削上京号，复名开平府。不久又废府为卫。宣德五年（公元1430年），迁开平府至独石口，此城遂废弃。

## 2．对元上都开展的考古工作

上都城自废弃后未再使用，保存较好，已成为一处游览胜地，也成为古代就已废弃的一类城址的代表。对其进行的考古工作是宋元明考古中开展最早，而且十分重要的工作之一。

1937年，日本东京帝国大学原田淑人、驹井和爱率众盗掘了元上都遗址，出土了大批遗物，并较快地刊布了报告书[2]。这项工作和报告书成为今天开展元上都考古的重要参考资料，因为许多当年记录的遗迹今天已废弃无存了。

1956 年和 1973 年，内蒙古文物工作队和内蒙古大学先后对上都进行过调查。通过考古调查、实测，基本搞清了上都的城市结构[3]。同时，调查了许多建筑基址和院落，如外城北部的御园大院，皇城四角的孔庙、华严寺、乾元寺和大龙光华严寺、宫城内的各种不同的建筑群落和阙式的穆清阁（原被认为是大安阁)[4]以及关厢的一些居住址与仓库址。

90 年代，内蒙古文物考古研究所曾组织专门的考古队对元上都进行了系统的调查、测绘和发掘。这项工作持续了多年，发掘了位于宫城中部的大安阁，实测了宫城北部的阙式的穆清阁，取得了许多重要的资料。在这些工作的基础上，1997－1998 年，中国历史博物馆遥感与航空摄影考古中心等单位又合作对元上都进行了航空摄影考古，也取得了重要的成果[5]。

### 3. 元上都的建制和特点

元上都遗址至今保存相当完好，由宫城、皇城、外城和关厢等部分组成（图八）。

宫城在内城中部偏北，长方形，东西宽 570 米，南北长 620 米。城墙夯筑，外表包砖。墙高约 5 米，基宽 10 米，顶宽 2.5 米，收分较大。四角建角楼，开三门，正南门为阳德门，另有东、西华门，无北门。在宫城外距城墙 24 米处有一圈石砌的夹城，底宽 1.5 米，很像羊马城。附墙外有一圈街道，为卫兵巡逻用的道路。宫城内的街道呈丁字形，分别通向东西南三门，在南北大街北端有一独立的殿基，方形，边长 60 米，基高 3 米。推测是宫城中最主要的建筑——大安阁，系拆金南京（今开封）熙春阁改建而成,是上都的标志性建筑,

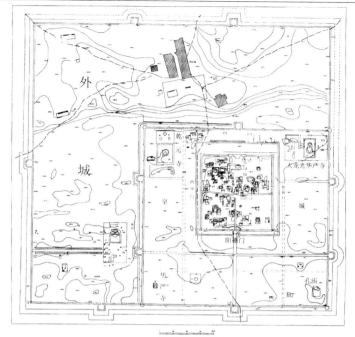

图八　元上都城实测图

也是大汗临朝议政及举行国家重大典礼的地方。当年，尼柯罗
·波罗及其子马可·波罗先后在大安阁受到忽必烈的接见。在中
轴线划分开的两部分里，毫无规律地错落地分布着一个个自成
一体的建筑群。在中轴线的北墙相当于北门的地方有一双出阙
式的大建筑，即上都有名的穆清阁。由于上都是按离宫的性质
设计的，因此建筑布局并不规范。

　　皇城在外城东南角，方形，每边长 1400 米，其东、南墙
分别是外城东、南墙的一部分。南北面各开一门，有方形瓮
城。东西墙上各有两门，使用马蹄形瓮城。城墙夯筑，外面有
石块包砌，基宽 12 米，上宽 2.5 米，残高约 6 米。墙外侧每

隔150米筑一个马面，四角有高大的角楼。皇城内的街道分布整齐，对称，宽窄不等，主次分明。宫城外的正南街宽25米，其两边各有一条贯通全城的南北大街，宽15米，将宫城之南分为四等分。在街巷两旁可隐约看出一些较大的庭院遗址，推测为官署建筑。

从文献中可知，在皇城内有很多官署和寺庙，但现在只有四角的寺庙遗址尚可与文献印证。东南角是孔庙，为前后两殿的遗址。西南角为华严寺，由于这里地基条件不好，在基槽内打了一排排木桩加固。西北角是乾元寺，为前后两进的院落，前院有带回廊的主殿。东北角为大龙光华严寺，规模很大，为并列三重院落，中院为主体，院内有一前有月台、后有廊道、中有佛台的殿基。在内城四角安排宗教或礼制性建筑，是很有特色的设计。

外城在皇城西、北两面，正方形，每边长2200米，城墙全部用夯土板筑。保存最好的城墙尚有5米高，下宽10米，上宽2米。南、西墙各开一门，西墙上的城门有马蹄形瓮城，北面开二门，南、北墙上的城门有方形瓮城。上都的城门建筑似有特殊的含义，所有南北向的城门瓮城均为方形，东西向的城门瓮城则是马蹄形的。外城城外西北角还保存有一段护城河，宽25米。外城的北部地区是一个东西向的山岗，没有街道。在北墙附近有一些小建筑基址。中部偏南有一长方形石砌大院，内无房基，推测是原来栽培奇花异草和豢养珍禽异兽之地，这里应是文献所记载的御园。南部从内城两西门有两条东西向大街通向外城城门和城墙，一条南北向大街。这几条街道构成了外城的主要街网，建筑基址都在街道两边附近，大都是一个个院落。外城南部应是官署、作坊区。

上都城外东、南、西三面有关厢，位于城门之外，面积都很大，分别延长约800米、600米、1000米。关厢中有密集的小型建筑基址，是庶民居住区和集市贸易区。据记载，东关是毡帐如云的居住区，有诗文形容"东关帐房乱如云"，主要供前来上都觐见大汗的王公贵族的随从居住。调查中在这里发现了个别较大的院落遗迹。南关为进入上都的御道。西关既是马市，也是商业区，调查发现这里密布小型的建筑基址。在关厢以外分布着一些大院落址。这些多是仓址、兵营和马厩等建筑遗址。例如，东郊的粮仓"广济仓"，西关外的粮仓"万盈仓"，经航测都是有围墙环绕的一圈大建筑构成。在西北郊发现了由厢房、围墙围绕三面的两座大型建筑，可与文献记载的"失剌斡尔朵"相对应。这座作为离宫的大型营帐，其形制似帐幕，上部或全部覆以棕毛，因此又称帐殿、棕毛殿。这是皇室贵族举行"诈马宴"的地方。《马可·波罗游记》描述上都有一条连接漠北与大都的宽阔驿道，驿道上商贾云集，店铺林立。现通过航测，在上都城南确有一条横贯东西的大街穿过西厢直通草原深处，证实了马可·波罗的记载。

综上可知，元上都是一个按离宫设计的都城，具有很强的园囿性。城内的安排很自由，并不严格对称，也没有明确的中轴线，是古都的一个特例，与之相似的只有清代的避暑山庄。同时，上都特别注意对宫城的保护，如宫城的墙采用羊马墙形式，外边还修一圈供兵士巡逻的道路，宫城四角还有角楼，防范之严在历代都城中是很独特的。在宫城外、皇城内四角设大型庙宇，亦是一种保护措施。居民区与工商业区都安排在城外的关厢，贸易场所甚至仓库也都在城外，使上都城又具有强烈的堡垒性。这在宋元时期的都城中是十分特殊的。这也说明在其初建时，还没有认识到城市作为经济、商业中心的作用，而只是当作堡垒和宫殿。

## （二）世界的大都会——元大都

元大都的考古工作是元代考古工作中最详尽，也是研究历史最长的一项工作。由于其保存下来的遗迹较多，文献材料也较多，所以有关的营建特点、布局及礼制等问题都比较清楚。又由于其是完全新建的，所以成为宋以来城市发展的一个总结，在我国城市发展史上占有重要的地位。

### 1. 元大都的兴建与考古工作

元大都位于北京市旧城及其以北的地区。至元四年（公元1267 年），元世祖忽必烈下令以金代离宫——大宁宫为中心开始兴建新都。由号为"聪书记"的汉人刘秉忠设计，经过数年建设。至元二十二年，忽必烈颁布从上都迁居新城的占地办法，开始全面营建大都。"诏旧城居民之迁京城者，以贽高及居职者为称，仍定制以地八亩为一分，其或地过八亩及力不能作室得，皆不得冒据。听民作室"[6]。所有贵族功臣，都得到一份宅地，广起邸宅。至元二十四年，筑城工程全部告成。有元一代，还有不断的建设和改建，但大都主要的工程是在元世祖时完成的。用考古方法对元大都进行勘查研究是从 20 世纪前期开始的。当时，奉宽在北平进行了许多地面调查，结合文献对辽南京、金中都、元大都和明北京城的建置、布局做了初步的研究[7]。朱启钤与阚铎根据元陶宗仪《南村辍耕录》、明萧洵《元故宫遗录》等文献，结合地面调查，力图复原元大都的宫苑布局和规划，进行了有益的尝试[8]。此后，朱偰也采用类似的方法对元大都宫殿和明清北京宫苑建置进行图考[9]。他们所做的研究主要是进行平面布局和规划的复原[10]。侯仁之在实地调查的基础上对元明两代金水河的走向及变化作了考证，并涉及城市布局的变化[11]。还有王璧文对元大都城坊和寺观进行的考察[12]。

50年代中期，赵正之对元大都的城市规划作了全面的研究，复原了街道系统和若干重要建制，注意了古城中的"印子"，提出了元、明、清三代北京中轴线未变的新论点，引起了学术界的重视[13]。1964～1974年，中国科学院考古研究所与北京市文物工作队组成元大都考古队，勘查了元大都的城垣、街道、河湖水系等遗迹。在当时尚存的北土城地区和配合明清北京城的拆除工作，发掘、勘测了城门、居址、水涵洞等遗存十余处，在此基础上对元大都的平面规划作了复原[14]。

本项工作根据从古至今一直延用的城市的特点，从现有城市布局出发，根据现存最早的城市地图，参考古代文献记载和前人研究成果，通过有针对性的大量钻探和发掘，成功地复原了元大都的城市规划，为历史时期城市考古树立了样板。取得的主要成就如下：①探明了元大都大城、皇城和宫城的位置、走向，实测了长度，探明了大城十一座城门的位置。在拆除明清北京城西直门箭楼时清理出元大都和义门瓮城城楼。1992年，对太平庄以北的元大都城墙进行了发掘，证明城墙由四种土质分层夯筑[15]。②通过对元大都东北部街道的钻探，并与明清北京城东直门到朝阳门间的街道系统比较，表明元大都的街道被明清北京城大量沿用。③在50年代赵正之的研究基础上，经过详细的钻探，证实了元大都的中轴线与明清北京城的中轴线相延未变。④勘探了元大都的给排水系统，探明了两水系的组成和在城内的走向，尤其是金水河的走向。其次是发现并清理了北城附近的三处水涵洞遗迹，在今西四一带发现了排水渠，对排水系统有了初步的了解。⑤在明清北京城北墙下和北墙附近发掘清理了十余处建筑基址，其中后英房胡同的是一处大型住宅，雍和宫后的是一处三合院院落，在建华铁厂发现的是统一修建的简陋的"廊房"[16]，在西绦胡同发现的则是一座类似库房的建筑[17]，为了解元代的建筑提供了有价值的资料。结合元大都中可以复原的一些大型建筑，为了解元大都内建筑的占地等级提供了依据[18]。

### 2．元大都的建制

元大都与金中都在辽南京旧址上改建不同，是在一片荒野上平地起建的，因此有统一的规划，各建筑及街道布局按计划施工，既有庞大的气魄，又有周密的考虑。

元大都，又名汗八里城，占地面积约50余平方公里，平面呈长方形（图九），东西稍长。经实测，南城墙长（除去弯度）6680米，位置在今北京市东西长安街稍南。北城墙长6730米，在今安定门小关和德胜门小关一线，在明清北京城北五里多处，至今尚存城墙遗迹。东西墙的位置与明清北京内城的东西墙相同。东城墙长7590米，西城墙长7600米，整个四墙略呈平行四边形。城墙全部用夯土建成，底宽24米，高12米，上宽8米；从剖面看其收分比例为3：2：1，收分较小。城外边有护城河。大都共有十一座城门，除北面仅有两门外，每面三门。各门初修时无瓮城，至正十八年（公元1358年）始修瓮城、吊桥。1969年，在拆除西直门箭楼时发现了压在明代箭楼之内的和义门瓮城城门（图一〇），门洞内有至正十八年题记，证明其兴建于元顺帝时期。城楼建筑已被拆

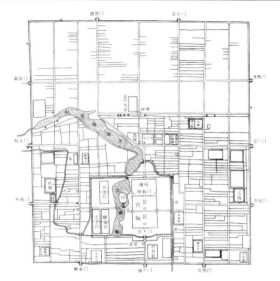

图九　元大都遗址复原图（采自
《大百科全书·考古学》）

图一〇　元大都和义门瓮城城门

去，仅余城门墩台和门洞。门残高 22 米，门洞长 9.92 米，宽 4.62 米，内券高 6.68 米，外券高 4.56 米。门楼上尚存有向城门上灌水的石算子等灭火设备。其仍为宋代流行的单洞过梁式城门。外城四角有角楼。

元大都中轴线的确定是考古工作的一项重要成果。按照传统说法，大都中轴线在今北京中轴线的西面。其理由是明清北京的中轴线后面正对钟鼓楼，所以大都的中轴线也应正对当时的鼓楼（在今旧鼓楼大街上）。《春明梦余录》中说：永乐时修宫城时"改建皇城于东"[19]。对此有二种看法：一曰在元故宫之东，则明宫较元宫东移；二曰此处非指元故宫，而是指明成祖的燕王府，即元隆福宫（今中海西部）。此说可证明宫城并未移动。1956 年，清华大学建筑系赵正之教授率先提出元明清北京中轴线未变，认为改建皇城于东的基点指的是明燕王府，并认为大都宫城后门并非正对钟鼓楼，而是对着元代大天寿万宁寺的中心阁。

1964—1965 年，元大都考古队对大都进行全面钻探，非常注意对中轴线的勘察。在宫城北寻找南北向的大道，在景山后面正对旧鼓楼大街处普探，未见路土。接着在景山公园正中钻探，在景山后面发现大路，宽达 28 米。又在景山北墙外铲探，大路通了过来，与地安门南大街重合。在景山北的"少年之家"，即清"寿皇殿"处发现大片夯土，估计为宫城的后门"厚载门"遗迹。景山下压的应是元宫城中的延春阁。由此证明，元大都中轴线为明清所继承。元大都的中轴线起于外城的丽正门，经皇城的灵星门、宫城的崇天门与厚载门，尽于大都中部的万宁寺中心阁。

大都皇城和宫城的范围也已探明。皇城位于大城的中心偏西南，南墙约在今故宫太和门一线，东墙在今南北河沿的西侧，西墙在今西皇城根，北墙在今地安门南。皇城的中部为南北连续的太液池，即今北海、中海，为御苑。太液池西南，也建有相当大的宫殿群，北部是兴圣宫，南部是太子宫和隆福宫。宫城在皇城的东部。宫城正南门是崇天门，位置在今故宫太和殿一带；北门是厚载门，位置在今景山北的"少年之家"前。宫城的东西墙与明清故宫的东西墙相同，但墙基已在明初被拆除改建，墙基铲探的最宽处为16米。元代的宫城承金制，为前殿后阁的布局，前朝为大明殿，后寝为延春阁。大明殿的位置在今故宫乾清宫等后三殿，明清故宫的后三殿平面作"工"字形，就是延用了元代大明殿的殿基。延春阁在景山下，明初拆元宫城城墙堆为景山，将其压在下边。前后朝之间有一横街贯穿东、西华门。宫城后面有御苑，面积较大。兴圣宫、隆福宫也各自有前后苑。宫城中主要的宫殿均为"工"字形，但也有畏吾儿殿、棕毛殿、盝顶殿、圆殿等特异形的殿堂。

大都的居民区区划整齐，基本建制也称为坊。全城设五十坊。每个坊内分了十个左右间距相等的胡同，每个胡同又通向大街。主干大街都是南北向，宽在35米左右，大街本身宽25米，路两旁各有一条泄水沟，沟外各有一条2.5米宽的小路。横向胡同一般宽7～9米。街巷的宽度与文献记载大街宽二十四步、小街宽十二步、胡同宽六步基本相符。

元大都考古队在北土城范围内进行钻探，从光熙门大街到北顺城街间共探出东西向胡同二十二条，距离相等，由此反推今东城区的胡同，发现齐化门（朝阳门）到崇仁门（东直门）之间的胡同也正好是二十二条，设计非常规矩。这种纵街横巷式的街网布局从宋代开始兴起，逐渐代替了唐以前的坊制。元大都的街道是最整齐划一的，是我国后期城市的典型代表。元大都内由九条南北大街和九条东西大街组成，合乎《周礼·考工记》中街道"九经九纬"的规定。两条南北大街之间平行地等距离地排列横向胡同，规划整齐，出入方便。

大都城内各类坛庙、衙署等的布置都很有讲究。首先，对古代都城中两个礼制性建筑太庙和社稷坛的安排很重视。按《周礼·考工记》的规定，应为"左祖右社"。元大都的太庙在齐化门内，即大都城的东南部，正当宫城之左；社稷坛在和义门内，即大都城的西南部，正当宫城之右。各衙署的安排是按星宿之位布置的。以宫城为中心，中书省在凤池坊，位于积水潭北岸，在宫城之北；枢密院在保大坊，位于宫城东面，距宫城较近；御史台位于肃清门里，即今学院南路附近，远离宫城，极为不便。由此可见，大都的中央官属最初安排得很分散，与唐宋以来把官署集中于皇城里、宫城前的安排不同。后来，由于这样不便于行政，只得进行调整。中书省南迁到宫城前面东侧，称为中书南省，旧址称为中书北省，后成为翰林院；改建后的御史台搬到文明门内的澄清坊，在皇城东面稍南。改变后的中央官署集中在宫城南侧和东侧，就比较方便了。

大都各种建筑的占地按等级都有一定的限制。如以二条胡同间的五十步为基本单位，则兴圣宫、隆福宫（都不含前后苑的范围）及社稷坛都是南北二百五十步，东西二百步，为第一等，长占据了五条胡同的范围，宽占四条胡同；太史院、大都路总管府、国子监等机构的占地则为南北二百步，东西一百五十步，为第二等，长占据了四条胡同的范围，宽占三条胡同。对于平民占地，严格限制在八亩之下，正好是长宽各为五十步，即不得突破胡同。严格的等级划分，是中国封建社会城市，尤其是都城建设的特点之一。

元大都有发达的商业，城内有三个主要的市场。①大都城内最大的市场形成于通惠河开通之后，漕运的船只进入大都城内，停泊于积水潭北岸的斜街一带，使整个北岸都成为繁华区，由此形成了海子斜街，是全城的商业中心。这里有米面市、鹅鸭市、缎子市、沙剌市（珠宝），也有穷汉市（劳动力市场）。这一区最大，在城北，符合于《周礼·考工记》所记王都的特点——"前朝后市"。②今西四丁字街一带，有羊市、马市、缸瓦市，传说元初还有人市。这里可称为西市。③东华门外的枢密院角头，即今灯市西口一带，包括今王府井大街，此为东市。有点像北宋汴京东华门外的繁华街巷。这些市场明清都延续了下来。此外，当时的金中都旧城也很繁华，是城外的一个集市。

从很多现象看，元大都的设计贯穿了《周礼·考工记》营建都城的规范。《周礼·冬官·考工记下》曰："匠人营国，方九里，旁三门。国中九经九纬，经涂九轨，左祖右社，前朝后市。"首先，宫城位于全城的中央；其次，道路大体是九经九纬；再者，在礼制性建筑的安排上遵从了前朝后市、左祖右社的规定。当然，这些应仅仅是个形式而已，从设计的目的和实际的城市功能看，并非是周代的复古。

大都在营建中首先考虑了排水工程，泄水渠的安排与地形、街道的安排和大建筑群相适应。在北城附近发现了三个泄水涵洞，学院路一处，花园路一处，明清北京城东北角稍北一处，都是石建。三个涵洞均经过正式发掘，三个互相补充可复原一个完整的水涵洞。2002 年，北京市文物研究所对学院路

的一个又进行了全面发掘，使人们得以窥见到宋元时期完整的
"卷輂水窗"的制度。文献记载元大都有七条泄水渠，其他的
四条目前方位尚不明。在今西四地下发现了大街两旁的排水
渠，采用石条砌筑明渠，宽 1 米，深 1.65 米，在通过平则门
内大街时，顶部加盖石条。

由于大都的日用所需，故在供水方面对水道进行了相当大
的建设，以解决给水问题。元大都的给水可分为两个系统：

一是漕运水系统。把温榆河上源的昌平白浮诸泉之水截流
入渠，西折过双塔，会温榆河、一亩泉，汇入瓮山泊（今颐和
园），通过高梁河引到大都西北隅，从和义门北入城，汇为积
水潭（海子），横贯大都西城中部，经海子桥下进入通惠河，
向东、南流出南城垣，东至通州，最后进入海河。进京的物资
可以经通惠河直抵海子停泊，解决了漕运问题。

二是宫苑用水系统。将玉泉山水从和义门南引入城内。至
元十三年，城内建成金水河，修建专门渠道，把玉泉水引进太
液池。金水河在大都城内的流向，文献一向记载不清，通过考
古钻探，将其揭示出来。金水河入城后沿北沟沿（今赵登禹
路）南行再转东，至政协礼堂向东，几经曲折后至甘石桥，在
今灵镜胡同西口内分为南北二支。南支经灵镜胡同在今中海处
注入太液池，从崇天门南的周桥下东流入通惠河。北支沿皇城
西墙北流，再折向东，从今北海北端入太液池。

元大都是在大一统的局面下，在荒地上起城，建立了都市
的规范。它为三重城墙的重城式结构，继承了北宋东京汴梁的
城市布局。元大都以《周礼·考工记》国都制度为蓝本安排城
内的布局，但在城市功能体现的街道系统上采用了标准的纵街
横巷式的街网布局。在城市的设计中建立了严格的等级制度，

除了大型的礼制性建筑和重要的官署外没有突破两条胡同的现象，表现出了较强的礼制性。这一点与元上都相比有了很大的不同，是蒙古人接受汉法，基本完成封建化的重要体现。

元大都又十分注意对内外的防范。例如，每个城门内的大街互不相通，护城河、角楼、瓮城以及城门上的防火攻设施等十分齐备。而且，这些设施逐渐加强，如瓮城就是至正年间才修建的，体现出元朝军力逐渐减弱的现象。元大都仿上都之制在皇城各角建寺庙和衙属，如皇城外西北不远是崇国寺，西南是大庆寿万安寺，东南有御史台，东北是大都路总管府。各主要官署也是零散分布于全城，体现了对城内居民严格的防范和加强对宫、皇城的防护的意图。以太液池为中心的三宫鼎峙的宫苑区组成皇城。又在皇城周围安排民居，以加强对宫、皇城的拱卫。在繁华的商业区建造高大的中心阁或鼓楼，都带有防范人民、保护宫城的用意。

## （三）明早期的都城——南京

明南京城是明代早期的都城，位于今江苏省南京市。元至正十六年（公元1356年），朱元璋率部攻占了集庆路，随即改称应天府。明洪武元年（公元1368年），诏以应天为都，名南京[20]。朱元璋从他称帝前的至正二十六年，就开始亲自主持设计建造南京城。大规模的建造自至正二十六年到洪武二年（公元1366－1369年），费时四年，主要兴建了新城和宫城。洪武二年至六年，城市又经过两次大规模的改建。到洪武十九年（公元1386年）初步完工，历时二十一年。洪武二十二年又加筑外郭城。如果连外郭城在内，明南京的范围堪称世界古代第一大城。南京作为明初都城使用了五十余年，直到永乐十八年（公元 1420 年）明成祖迁都北京止。内城遗迹在 50－60 年代都相当完好地保存着。对明南京城，尤其是宫城的考察和有限的发掘从 20 世纪前半叶就已开始了[21]。此后，相应的研究工作相沿不断。在 70 年代以后大规模开展现代化建筑以前，大体已用考古的方法或现代科学的方法做了记录，为以后的研究和保护保留了资料。南京城现在仍堪称保存最好的明城之一。

明南京城由外郭城、应天府城和皇城三重城墙构成（图一一）。外郭城是为了防御的需要，在应天府城的外围，利用天然的黄土丘建成，周长 60 公里，共有十八个门，正对宫、皇城正南门的是正阳门，城墙外有城濠[22]。外郭城与应天府城之间仍为耕地和村落。

内城，即应天府城，也即今南京城，周长 33.7 公里，位于外城的东部偏南，有十三座城门，均设有瓮城。其中以聚宝门（今中华门）、三山门（今水西门）和通济门最为坚固，有三重瓮城。南京城墙是一项伟大的工程，城墙平均高 14－21 米，基宽 14 米，顶宽 4－10 米，以条石做基，内外壁包砌大块城砖，以石灰、糯米汁加桐油粘接，中间用砖块、砾石和黄土填充。其中环绕皇城东、北面约 5 公里的一段城墙是用大城砖实砌而成。所用城砖是长江沿江各省一百一十八个县烧造供给的，砖上印有承制工匠和官员的姓名，质量都很高。城墙上设垛口一万三千个、窝铺二百余座。其防御设施之坚固完备为历代罕见。旧城区的街道仍沿袭元集庆路城的街道。又从全国调集工匠与富户来京居住，匠户按行业分编于各街坊，官府还成批建造"廊房"（铺面）和"塌房"（仓库）出租给商人，另外还在城外秦淮河一线水路码头附近地段起造酒楼十五座，使

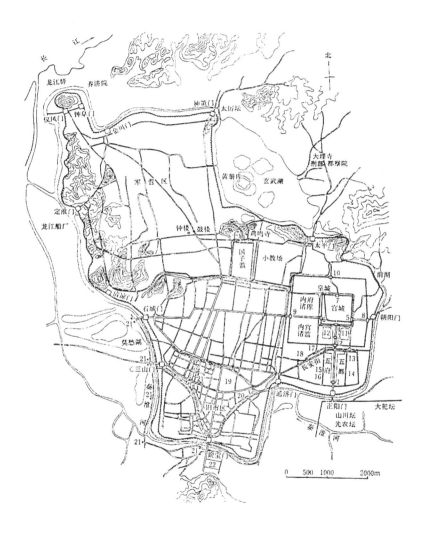

图一一 明南京城平面复原图 (采自《中国建筑史》)

南京更加繁华[23]。

皇城偏在应天府城的东南隅，为正方形。这里地势平坦，其间横亘着面积不大的燕雀湖，北依富贵山，南有秦淮河，是一片背山面水的吉地，西边紧靠市区，便于利用旧城的原有设施。因此，洪武帝不惜填平半个燕雀湖，取得了一个完整的宫城基地。皇城南面御街两旁是文武官署，一直延伸到洪武门。正阳门外还设有祭祀天地的大祀殿和山川坛、先农坛等礼制性建筑。宫城在钟山南麓，向南展开，南北长2.5公里、东西宽2公里，居皇城之中，正南门是午门，两侧有东安门和西安门。午门前的中轴线上有端门、承天门，旁列太庙和社稷坛，是标准的左祖右社的格局。宫城遗迹现仅存石柱础和琉璃瓦等。明清两代都城的式范形成于南京城。明成祖迁都北京，"规制悉如南京，壮丽过之"，就是指此而言。

南京地处江湖山冈交汇之处，地形复杂。根据实际地理形势和防守需要，将全城划分为不同功能的三大区域。城东是宫、皇城所在区域，城南是商业区和居民区，而西北部则为大片军事区域，可驻扎二十万军队。报时报警用的钟鼓楼设于三区中心，并把周围一些险要地形和沿江要塞都包括在城中。南京的建造比较随意，不太规范，但特别注重防御，与南方不规则形的地方城市相似。

## （四）封建帝国威武的绝唱——明北京城

明清时期的北京城是在继承历代都城建设经验的基础上创建的，是中国封建社会最后的都城，代表了封建社会后期的城市规划。其雄伟、博大、严谨、周备，体现了明清两代大一统帝国的气势，也是中国封建社会威武的绝唱。

## 1．北京城的营建及考古工作

洪武元年（公元 1368 年）明军占领元大都后，立即废弃大都城的北部，将北城墙向南缩回约五里，新建了北墙，全部拆除了元宫城，改大都为北平府。此后，朱棣以燕王之名、塞王之重就藩于北平府，以元隆福宫作为自己的藩王府邸——燕王府。永乐元年，靖难之役得胜后，朱棣在南京即帝位，将北平府改称为北京。永乐十五年营建新宫城，永乐十七年（公元 1419 年）展筑南城墙，永乐十八年新宫建成，正式迁都于此[24]。正统元年（公元 1436 年）为城墙内外包砖。嘉靖三十二年（公元 1553 年）增筑外城。清代北京城的范围、宫城及街道系统均未变更，但将内城一般居民迁至外城，内城驻守八旗兵并设营房，同时在内城建设了许多王亲贵族的府第。这些府第占据很大的面积，屋宇宏丽，大都有园囿。清代把主要精力集中在北京西郊的园林建设上，出现了许多闻名于世的皇家园林。

对北京城的考察随着清王朝的覆灭就已开始。如前所述，20 世纪前半叶就有学者在实地考察的基础上对明北京城和宫苑进行考证、研究[25]。当时北京城的基本结构都保存着，然而到了 50－60 年代，古城的遗迹破坏、消失极快，城门、牌楼、寺庙等被无情地拆毁。最终在 60 年代末期，整个北京城墙被彻底地拆除了。幸而在此之前，对城市的主体部分都已用考古学的方法或现代科学的方法做了记录，为今后的研究保留了资料。同时在 60 年代拆除北京城墙时，考古工作者对明清北京的城墙进行了解剖发掘[26]。许多学者对明北京城的规划也进行了研究[27]。

**2．明北京城的格局及城墙、城门**

明北京城平面呈"凸"字形，面积约为 25.4 平方公里，分外城、内城、皇城和宫城（图一二）。

内城，沿袭了元大都的基本格局。对元大都最大的改造就是东西位置的变化。元大都是以金中都的离宫大宁宫为中心建设的，皇城包括了这一片离宫区，大内和隆福宫等都沿湖设置，而明北京城是以中央的宫城为中心对称安排的。为避开金中都旧城，元大都尽量往北扩展，但直至元末，作为发展预留

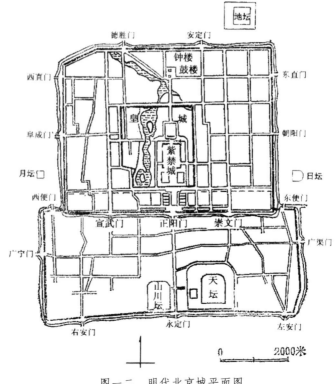

图一二　明代北京城平面图

地的北部仍相当空旷。明初决定将北部废弃，在原北墙以南五里另筑新墙，仍开二门，即德胜门（西）、安定门（东）。元大都东西墙原各有三门，至此也各剩二门。内城北缩的另一个原因是当时为防御元军反攻，所以收缩防守，明北京的北墙是在短期内突击扩建的。通过考古解剖的城墙，可知北城墙由四层构成。第一、二、三层均为明代夯筑，土质较松软。第一层为夯土，夯层厚薄不匀，夯窝大小不等，直径约7厘米。第二层是用砖瓦和黄土夯成的不规则层次，其间夹杂着各类瓦件，有的地段还包含有未经拆除与清理的房址（最高达1.8米）、帐柱及各种杂物，在元福寿兴元观址还立着观碑、观前旗杆。第三层的夯层约18-25厘米，层间夹筑一层厚约10厘米的碎砖头，应是正统年间包大城砖时加的夯层。第四层是一个草草夯成的堆积层，填满了碎砖破瓦和明代瓷片等灰碴土，也是在包大城砖时夯筑的。城墙顶面铺筑一层厚约20厘米的三合土，其上再平铺海墁大砖一层。墙内侧外皮包砖分两层，里层是厚约1.3米的小砖，用元代小城砖砌筑，用素泥浆砌筑，是洪武时所砌；外层是用明代大城砖包皮，厚0.7米，用掺白灰的泥浆砌筑，是永乐时所砌。墙外侧是用明代大城砖包砌，厚约1米，白灰浆砌筑，是正统时所加筑的。在内外墙皮包砖层下面，都垫砌二至三层衬基石。东西城垣系在元代夯土上包砌夹杂着碎砖的明代夯土，包砖情况与北城墙大致相同[28]。

由于金中都废弃已久，到明代不再是北京发展的障碍。元大都的皇城、宫城因利用金中都离宫区，偏在城市南部，与南墙相距过近，不便于城南部东西向的交通。永乐十七年（公元1419年）新建宫殿即将完工之际，又将元大都南墙拆除，向南推出近二里另筑新墙，仍开三门，为正阳门（中）、崇文门

（东）、宣武门（西）。因此，明北京内城共有九门。明英宗时土
木堡之变后，瓦剌曾围困北京，此后北边的威胁始终很大，所以
正统时加修城墙。正统元年（公元 1436 年）重修并新建各门瓮
城，以大砖砌墙，十分雄伟坚实。同时，修建九门城楼和各瓮城
城楼，城楼都是重檐木结构建筑，下层覆腰檐，上层覆重檐歇山
顶。在内城东南、西南二角，修建平面呈曲尺形的高大角楼。

外城，明嘉靖时为加强京师防卫，计议加建一圈外廓城。
先从人口聚居较多的南面开始，但由于财力不足，其他三面未
能修成，仅将南面的天坛、山川坛（清改为先农坛）和居民稠
密的工商业区围筑于外城之内。外城东西宽 7950 米，南北长
3100 米，也是砖包城墙，有护城河。外城修好后，北京成为
"凸"形。外城南面三门，中间为永定门，东边左安门，西边
右安门；东西亦各有一门，东为广渠门，西为广宁（广安）
门，东北、西北各开一便门。外城街道多为扩展前自发形成
的，比较零乱，东西都有一些趋向正阳门的斜街。

皇城，位于内城中部偏西南。明初出于君权归一的观念，
将元宫城全部拆除。成祖决定迁都北京，才又重新建造宫城和
宫殿。皇城在元大都皇城基础上向东、南两面各有展拓，南面
拓展约一里，原太液池也向南扩展，扩出部分即今之南海。皇
城东西宽 2500 米，南北长 2750 米。皇城除西部为西苑太液池
和东南隅为"南内"重华宫外，东部和北部都是为皇家服务的
内官衙属和作坊仓库等。皇城南门为承天门（清改称天安门）。
承天门前有红色宫墙围成的丁字型突出部分，称为皇城的"外
郛"。丁头正中为大明门（清改称大清门，后称中华门，现已
拆除）。门内有御路直通承天门，御路两侧为千步廊，两边安
排中央衙属，大致按左文右武排列。除了三法司（刑部、都察

院、大理寺），中央主要官属都集中在皇城前方两侧，改变了元大都官衙分散安插于城中的布局。皇城另有东安门、西安门和地安门三门。皇城没有护城河。

宫城，又名紫禁城，位于内城中央，即今故宫，其东西墙与元大都宫城相同，南、北二墙各向南移了 400 米和 500 米。宫城有四门，南门为午门，北门为神武门，两侧是东、西华门。宫城东西宽 760 米，南北长 960 米，较元宫略小，仅及唐长安太极宫的六分之一强。前朝为皇极殿（清改建后称太和殿），后宫为乾清宫，东、西华门在皇极殿前方左右，连接两门的横街首次推到了前朝之前。紫禁城正北，以拆除元宫的废土和开挖紫禁城护城河的土堆成一山，高约 50 米，称"万岁山"、镇山或景山。万岁山下正好压着元代的延春阁，取镇山之名含有镇压元朝王气之意。山顶建大亭，名万春亭，正在全城中轴线上，是全城的平面几何中心和最高点。万岁山之北，沿中轴线建筑了鼓楼和钟楼，与景山遥相对望。宫城前左方为太庙（今劳动人民文化宫），右方为社稷坛（今中山公园）。

### 3. 明北京城对中轴线的强化与坛庙、市场

明北京城与元大都相比，废北拓南，使内城居民分布比较均匀，也使皇宫更加居中，并在宫城前形成了很长的前导空间。从规划上体现了对宫、皇城和中轴线的强化。由于外城的扩建，大大加长了皇宫前的中轴线。同时又将城市北部的钟、鼓二楼建立于中轴线的端部，延长和稳定了轴线的北端，使中轴线全长 8 公里，是历代都城中较长的一条。有学者将北京的中轴线分为三段。第一段是从外城的永定门开始到正阳门，长达 3000 米。开端是永定门内的天坛和山川坛，到正阳门前的圆形瓮城及五开间的大牌楼，后接高大的箭楼和正阳门。这里

是繁华的商业区和大型坛庙集中的地区。第二段是正阳门到景山，为中轴线的核心。它既为全城中轴，也是宫、皇城的中轴，分布了皇宫、衙属和重要的礼仪性建筑，是皇权的极中体现。从正阳门，到"棋盘街"（天街，唯一东西相通的路），然后就是"大明门"，后接"千步廊"，进皇城的承天门、端门，后接午门，进宫城前三殿（皇极殿）、后三宫（乾清宫），经御花园出神武门，到万岁山。第三段是从景山到钟鼓楼，长2000米，为中轴线的收束。再往远看，有德胜、安定两个高大城楼，将气势发散到遥远的天际。

北京的坛庙布置既紧凑，又分布有致。外城南部东为天坛，西为山川坛（先农坛）。内城城外建地坛，东西墙外分建朝日坛和夕月坛，形成天地日月四坛，簇拥着皇城和宫城。元大都的太庙和社稷庙分别靠近东、西城墙，距宫城较远。明将其改建到午门前方左右，紧靠皇宫。衙属集中在正阳门内皇城外部的 T 形广场两侧，整体布局紧凑、均衡和对称。明北京城有四大商业中心。在内城东四牌楼、西四牌楼和鼓楼附近，承元大都之旧。在外城正阳门外还有一处，它是从元时金中都城内迁过来，即今北京的大栅栏。

#### 4．明北京城所体现的城建特点

明北京城在布局上继承了元大都所有的优点，如街道系统、市场安排以及按周礼安排的城市布局。同时，它又缩北拓南，将城市改造得更加紧凑、合理。北京城突出的特点是强化了宫城的位置，展开了纵深的布置，将五府六部置于宫城之前。把为皇家服务的内官系统全部集中到皇城里来。宫、皇城成为北京的中心，使东西城之间的交通受到阻隔，但却更显示了皇帝的至尊。强化了中轴线，修建外城以后将中轴线拉长、分段，各段的功能不同，又各自以高建筑作为结尾。

在城市的功能方面，处于商品经济高度发达的封建帝国后期，北京城特别重视商业的发展，全盘继承了元大都促进商业的措施，而且加修外城特别围起了工商业区，对其加以保护。外城的出现也反映了明朝中叶以后北京工商业者和市民阶层的日益强大。在外城修筑之前，南城已经是一个商业、居民聚居的地区。尽管由于没有统一的规划，外城街道显得很不规整，但其商业功能却得到了很好的体现。明清北京城的水资源缺乏，所以集中把玉泉山的水引到宫城。玉泉山的水从得胜门水关入城后，有专门水道引入宫内，剩余的水再返回积水潭。将元大都的两条供水系统合并，更加有效和节水。

## 注　释

[1]《大元圣政国朝典章》卷一《建国都诏》，收入《续修四库全书》，第 787 册，上海古籍出版社 1995 年版。

[2] 原田淑人驹井和爱《上都》（东方考古学丛刊乙种第二册），东亚考古学会，1941 年。

[3] 贾洲杰《元上都调查报告》，《文物》1977 年第 5 期。

[4] 叶新民《元上都宫殿楼阁考》，《内蒙古大学学报》（哲社版）1987 年第 3 期。

[5] 中国历史博物馆遥感与航空摄影考古中心等编著《内蒙古东南部航空摄影考古报告》，科学出版社 2002 年版。

[6]《元史》卷一三《世祖纪十》，中华书局标点本，274 页。

[7] 奉宽《燕京故城考》，《燕京学报》第 5 期，1926 年。

[8] 朱紫江、阚铎《元大都宫苑图考》，《中国营造学社汇刊》1 卷 2 期，1930 年。

[9] 朱偰《元大都宫殿图考（故都纪念集第一种）》，商务印书馆 1936 年版。朱偰《明清两代宫苑建置延革图考（故都纪念集第二种）》，商务印书馆 1947 年版。

[10] 王璞子《元大都平面规划述略》，《故宫博物院院刊》1960 年第 2 期。

[11] 侯仁之《北平金水河考》，《燕京学报》第 30 期，1946 年。侯仁之《北京都市发

展过程中的水源问题》,《北京大学学报》(人文社会科学) 1955 年第 1 期。

[12] 王璧文《元大都城坊考》,《中国营造学社汇刊》6 卷 3 期, 1936 年。王璧文《元大都寺观庙宇建制沿革表》,《中国营造学社汇刊》6 卷 4 期, 1937 年。

[13] 赵正之《元大都平面规划复原研究》, 载《科技史文集》第二辑, 上海科学技术出版社 1979 年版。

[14] 元大都考古队《元大都的勘查与发掘》,《考古》1972 年第 1 期。徐苹芳《元大都的勘察与发掘》, 载徐苹芳《中国历史考古学论丛》,(台北) 允晨文化, 1995 年。

[15] 《元大都城墙》,《中国考古学年鉴·1992 年》, 文物出版社 1994 年版。

[16] 元大都考古队《北京后英房元代居住遗址》,《考古》1972 年第 6 期。徐苹芳《元大都遗址》,《中国大百科全书·考古学》, 中国大百全科全书出版社 1986 年版。

[17] 元大都考古队《北京西绦胡同和后桃园的元代居住遗址》,《考古》1973 年第 5 期。

[18] 徐苹芳《现代城市中的古代城市遗痕》, 载《远望集 - 陕西省考古研究所华诞四十周年纪念文集》, 陕西人民美术出版社 1998 年版。

[19] (清) 孙承泽《春明梦余录》卷六, 文渊阁《四库全书》本第 868 册。○

[20] (清) 张廷玉等撰《明史》卷二《太祖二》, 中华书局标点本 1974 年版。

[21] 葛定华《金陵明故宫图考》, 中央大学出版社 1933 年版。朱偰《金陵古迹图考》, 上海商务印书馆 1936 年版。缪凤林《南京明故宫发掘古物记》,《史学杂志》1 卷 6 期, 1929 年 12 月。

[22] 罗宗真《明南京城》,《中国大百科全书·考古学》, 中国大百科全书出版社 1986 年版。

[23] 《中国建筑史》编写组《中国建筑史》, 中国建筑工业出版社 1993 年版。

[24] 《明史》卷七《成祖三》, 中华书局标点本。

[25] 参见注 [7]、[9]、[11]。

[26] 徐苹芳《明北京城》, 载《中国大百科全书·考古学》, 中国大百科全书出版社 1986 年版。

[27] 刘敦桢主编《中国古代建筑史》第七章第五节, 中国建筑工业出版社 1980 年版。徐苹芳《古代北京的城市规划》, 载徐苹芳《中国历史考古学论丛》,(台北) 允晨文化, 1995 年。

[28] 北京市文物研究所编《北京考古四十年》第四章《明代》, 北京燕山出版社 1990 年版。

四 宋元明时期地方城镇的考古

发现与研究

　　宋元明时期地方城镇的考古研究在中国古代城市研究中占有重要的地位。此期的地方城市在隋唐的基础上有了很大的发展。既有老城市得到了新的发展，也有许多新兴的城市。有些交通要道的河口、路口，本来是临时性的集市——草市，逐渐发展成为市镇，进而成为繁荣的城市。这个时期的城镇面貌发生了重要的变化，普遍打破了原来的封闭式的里坊制度，采用了开放式的街道系统。不同地区、不同类型城市之间的差异，是这个时期城市研究的重要内容。地方上的府州城在城市结构和功能上发生了根本的变化。这在许多城市的发展史上具有划时代的意义。宋、辽、西夏、金时期，中国境内同时存在几个不同民族建立的政权。北方少数民族本来属于"马上行国"，过着"逐水草而居"的生活。这个时期，他们普遍吸收中原农耕文化的文明，建造了许多城池，以维护自己的统治，从而使北方大地上留下了许多此期建造的城址。

## （一）地方行政建制城市

　　相对于都城的考古发现与研究，这个时期地方城址的考古工作显得较薄弱。除了内蒙古和东三省辽、金、元城址的调查与发掘，四川对宋代抗（蒙）元山城的调查，宁夏对宋元时期军事城堡的调查比较集中，其他地区这一时期的城址考古工作则只是零星地开展。

### 1. 从五国城到刺桐港——地方城市开展的考古工作

宋代地方城址的考古工作做得较少，其中扬州城的考古工作具有代表性。宋代扬州由大城、宝祐城、夹城构成。大城和宝祐城是分别利用唐代罗城的东南隅和子城为基础缩建而成。夹城位于两城之间，联系两城[1]。这种改建使得宋代扬州城的军事意味浓厚，与唐代扬州城有了很大区别。在扬州宋大城遗址上揭露的南宋门址，看不到排叉柱，推测已经在城门建造上采用了券洞式[2]。隋唐扬州受都城的影响，采取封闭式的里坊制度，宋代变为开放式的街巷。扬州城规划上的另一特点是在纵贯的南北干道旁，有河漕贯穿，适应当地水网密集的河道情况，从而有利于商业的发展[3]。

扬州城沿用至今，属于古今重叠型的地方城址。这种城址的研究之所以开展不多，与这种类型城市的研究缺少方法论上的总结有关。在这个问题上，宿白先生发表了两篇具有指导意义的重要文章，探讨了对古今重叠型地方城址考古中的几个重要问题，如这类城市在兴建以后范围怎样变化，其城门和主要街道的位置有没有变化，主要衙署和宗教建筑的位置是否变动，城垣本身有没有修补等[4]，并在青州城的考古复原中予以了具体的实践[5]。宿白先生从宣化城内发现的晚唐、五代和辽墓、窖藏、塔基遗址、古代建筑几个方面，确认不同时期的城区范围，进而探讨了唐代城区内的街道划分与部分建筑的规划布局[6]。徐苹芳先生也曾以元大都和南宋临安城的工作为例，探讨了对这类城市考古的方法，具有指导意义[7]。

宋代洛阳城依然是一座十分重要的城市，但多年来的考古工作则主要集中在对汉魏故城和唐朝东都城的考察和勘探，而较少涉及重要程度并不亚于这些故城的北宋西京城。然而，历代延用的城市，只要重视和认真考察，各代的遗迹都会有所发现。通过对洛阳城的考察，证实了陶光园东西两端的隔城为宋代所筑。洛阳城的主体结构为宋代所延用[8]。1984 年，在唐东都城东城发现了北宋时扩建的一座城门，属于《营造法式》中所述的在地栿之上立排叉柱的"过梁式"木构门洞。这样的基址还是首次发现[9]。特别是 1991 年到 1992 年，在隋唐洛阳东城的东南部，清理了一处衙署遗址。遗址的西半部似为庭堂类建筑，应为此建筑群的主体，但破坏过甚。而其东半部则保存较好，清理出了殿亭、廊庑、花榭、花砖通道和水池等遗迹[10]，应为衙署中"苑"的部分。这是对宋代衙署遗址的首次清理。2000 年杭州市发现并清理了南宋临安府衙遗址，清理的部分为主建筑群西侧的校场和书院部分[11]。两处衙署遗址的清理使人们对宋代大型衙署的认识进一步丰富。

　　江西赣州古城城墙保存基本完好。赣州城建于章、贡二水合流处，因地势而建，平面呈不规则的三角形。通过考古调查并与方志记载对比，今赣州街道走向基本保持了宋代几条主街的走向和布局。赣州城于五代后梁时由西北向南、东南拓建，以唐代北部的横街与阳街为起点，形成不规则形丁字街式布局。横街以北，在西北高地上有子城，为衙署区。经过宋代，又形成了四条主街，为阴街、斜街、剑街、长街，构成了今赣州城内六条主街的格局。主街间有众多小街相连，形成发达的街网系统。赣州城的布局，西北为衙署区；东部剑、长二街是商业区，与贡江平行，贡江沿岸当时有众多的商业码头，与之对应，城内则有许多行业性街道，如米市街、瓷器街、棉布街、纸巷、柴巷、烧饼巷等；北部涌金门内有寸金巷，为商业极繁盛之处；东南部开阔地带为军事驻防区，加上历代修建的寺庙、书院等，形成东南部宗教文化区，也是民居集中的地区。赣州在唐、五代时基本上是丁字街式较规整的城。其在宋代的发展主要是随着交通、商业发展形成的，由于章、贡二江的走向而呈不规则形[12]。

宁波是唐宋时期的明州，当时的四大名港之一。唐长庆元年修筑子城。1997 年起对其进行发掘，基本搞清了它的构筑方式与范围[13]。镇江古城进行过多次的考古调查和发掘工作，但离完全搞清楚古城的布局尚有距离[14]。对内地宋元明城址的调查，发掘工作还有一些，如对安徽凤台"连城"唐元时期城址的发掘[15]、山东冠县肖城宋至元代城址[16]、明代西安城及元代安西王府[17]、明代开封鲁王府的勘察[18]等。

对宋代平江城的研究主要通过古代的图像资料，结合文献考证和实地勘察，对古代城市进行复原研究。南宋绍定二年（公元 1229 年）所刻的"平江图碑"是研究宋平江城（今苏州市）的珍贵资料[19]。杜瑜指出文献中对平江府城及其子城范围的传统数据大部分有误，实际上大城周约三十二里，子城周长仅四里。全城有一条中轴线，左右基本对称。王謇对平江城坊内容一一做了考订，其中包括图碑以后续立的坊巷、官署。钱玉成对平江图的比例提出了自己的看法[20]。通过对图碑的研究，使人们对宋元时期的平江城有了基本的了解。

平江位于长江下游宋代经济最发达地区，又在大运河上，故而成为当时的一个政治、经济和文化中心，尤以经济地位更为重要，可作为江南府城的典型代表。平江图碑上所记之城应建立于北宋，平面大体呈长方形，南北长 4 公里多，东西宽 3 公里多。图碑所刻之图有所拉长变形（图一三）。城墙略有弯

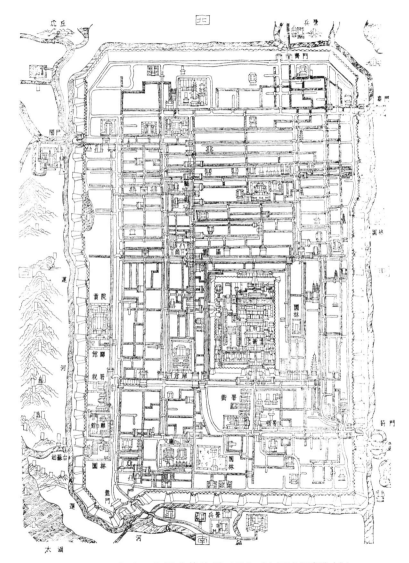

图一三 宋平江府图碑简绘图（采自《中国城市建设史》）

曲，共开五座门。城内的街道呈网状分布，南北向有四条主要的大街，东西向有三条主街。主要道路均呈井字或丁字相交。八条主干道路旁都有河道，二者走向一致，店铺往往是前街后河，船是主要的运输、交通工具，城市北半部尤其明显。这些河道均是人工开凿，筑有整齐的驳岸，河上架有许多联系街道的桥梁。在主干大街之间是许多较小的东西向（横向）的小巷，这样构成了城内方便而发达的街网布局，十分便利，是典型的纵街横巷式（长巷式）的街道系统。位于城中央略偏东南的子城是平江府治所，由一组院落、厅堂、廊房和花园组成，子城周围还有城墙包围。在城市中心筑有带围墙的衙城，是当时地区政治、经济中心的府州城市等重镇的特点。《平江图》是我国现存最早、最详细准确的城市平面图，在世界上也是较早的作品。碑图采用了中国古地图的传统画法，在平面位置上画出简洁的轮廓，考古勘测的结果与图碑上所记大体相符。

这类城还有一个著名的例子，就是桂林城。在今桂林市北鹦鹉山上的崖壁上，刻有一幅《静江府修筑城池图》摩崖石刻，表现南宋末桂州城的平面，在图旁还刻有重要的题记，记载了南宋末四任制置使经略增修桂林城以及用工、用料、用钱的数目，很有价值[21]。傅熹年[22]、张驭寰[23]对静江图碑都作了比较细致的考证。图中表现的是南宋末年的情况，结合历史可见，唐桂林州是长方形、双层很规矩的城，街道是方块的坊。到了宋将其改了。南宋末期为了防御蒙古兵增修了一些夹城。城市的布局是一条纵街贯穿全城，即今中山南路、中路和北路。在纵街旁有横街，与各城门相通。这种一条纵街、若干横街的布局一直保存到现代。另外，该城依托自然环境，东西南三面都有宽阔的河，唯有北面无屏障，因此特意修建夹城。

城市扩建的目的完全是为了加强防御。

对从宋元明时期一直延用至今的古代城址的调查和复原工作，还有对宋元泉州城（刺桐城）的调查研究[24]，对广州城的调查研究[25]，对湖南长沙城的调查研究[26]等。

在东北、内蒙古、新疆和南方的一些少数民族聚居地区发现了很多辽金元时代的地方城址。除了进行考古勘察，其中还有一些进行了科学的发掘。

辽代城址总数据最近的统计有五百六十余处，超过《辽史》和《契丹国志》记载的三分之一。项春松将辽代城市分为皇都、陪都、头下城、斡鲁朵、奉陵邑、边防城、五国部城、地方州军城八种类型[27]。契丹创造的在中心城堡周围修筑卫星城，形成相互依托的城防体系，是对古代城池防御战术的一个贡献。李逸友将辽代城市划分为都城、府州县城、头下军州、奉陵邑、边防城五种类型，并对其规划布局进行了分析。他认为早期的辽代城市保留着较多的游牧民族习俗，城市和建筑物以东南向为尊，耶律德光以后改为南向，城市中契丹和汉人的区划明显，体现了辽的统治特点[28]。

对辽代府、州、县城的考古调查与发掘，比较著名的有对辽懿州城、饶州城、长春州城、祺州城、宁江州城、永州城、绿州城等的考察。考古调查与文献相结合，考证辽代州、县的地望，是辽代城址研究的一个特色。这方面比较重要的工作有内蒙古翁牛特旗白音他拉古城的调查。此城应为契丹族发祥地并为后来冬捺钵所在地的辽永州城[29]。还有对吉林省前郭县他虎城遗址和怀德秦家屯古城遗址所做的考古工作[30]。前者为辽代的长春州，后者为辽代的信州。黑龙江泰来县塔子城古城即辽代的泰州，城中发现了大安七年（公元 1091 年）建塔题名刻石[31]。呼伦贝尔盟陈巴尔虎旗的浩特陶海古城为辽代的通化州。辽代的饶州则被认为可能是内蒙古林西县城西南60 公里处的一座长方形古城址，城内有很多建筑基址，并发现有大安七年（公元 1091 年）饶州安民县所立的经幢残石[32]。辽代利州、灵安州等城址也都可以确定[33]。其他还有辽宁阜新大巴乡古城为辽懿州城、五家子古城为辽顺州城[34]，辽宁康平小塔子古城为辽祺州城[35]、辽阳唐马寨古城为辽衍州城[36]，复县西阳台为辽宁州，喀左北公营子为辽富庶县、白塔子为辽潭州，建平房身为辽金源县，义县永宁铺为辽黔州[37]，法库南土城子为辽原州、三合城为辽福州[38]等。这些发现对研究辽代社会经济情况很有参考价值。

奉陵邑是专门为帝陵服务的小城。北宋皇陵也以永安县为奉陵邑，但其建于真宗景德四年（公元 1007 年），应是学自辽制。辽有五座帝陵区，因此也有相应的五座奉陵邑城，分别为祖州城、怀州城、显州城、乾州城和庆州城。其中以庆州城开展的考古工作较充分。庆州城位于内蒙古巴林左旗，创建于穆宗朝。辽圣宗葬于庆陵后，以此城为奉陵邑。城有内、外两重。外城遗迹现已很不清楚了，经实测，南北长 1700 米，东西宽 1550 米，是辽州城中最大的一座。内城长 1150 米，宽950 米，城墙土筑，残高 4 米左右，城墙上有马面。每面设城门一座，门有瓮城。城内的街道构成丁字形，在横街以北正中的中轴线上有一座大型建筑基址，为圣宗萧皇后守陵时所居住的行宫。行宫以东为苑，西部为民居，现存一座七层八角楼阁式砖塔，高 64 米，名为"释迦如来舍利塔"，建于辽重熙十八年（公元 1049 年），是著名的辽塔。塔内层出土许多重要的辽代文物[39]。奉陵邑在城市布局上与州城相似，但功能不同。

辽代头下军州的数目，根据《辽史·地理志》所记为十六个，其实不止于此[40]。即使是这十六个头下军州的地理位置，学术界的意见也不统一，冯永谦利用考古调查掌握的城址资料，对《辽史·地理志》所记的十六个头下军州的地理位置一一进行了考证[41]。

黑龙江境内有许多金代城址。最有特点的是在松花江到嫩江地区的一批金代地方城市。据报道，发现的古城共有两百多座。王永祥、王宏北对一百余座金代城址进行了归类，可以看出它们分布十分有规律。首先，这些城沿江河重点有秩序地排列，形成交通干线，如沿阿什河有十几座古城、拉林河右岸有十七座，城与城间距 5－7.5 公里，沿松花江排列着四十几座古城，说明交通主要依靠江河，包括水运和沿河陆运。其次，以金上京为中心，向四周扩散，上京周围最密集，形成政治、经济文化网。第三，在重要的山川隘口之地，筑城堡和山城，并且有较多的子母城，大城修筑于平地，小城则为山地城，从而共同构筑更为有效的防御体系[42]。

在这些城址中，松花江下游的奥里米古城和中兴古城[43]、克东县古城和肇东县八里城[44]、兰西郝家城子古城、青岗通泉古城、依兰土城子[45]，经过了详细的调查和部分发掘。这几座城代表了两类城市：奥里米和中兴古城代表了仍活动在金源故地的一些女真部落的城；克东古城是金蒲裕路治所，八里城则为金肇州治，依兰土城子为胡里改路路治，代表了地方的州城。值得提及的是位于黑龙江克东县的蒲裕路古城，它是金代北边重镇。1975 年、1979 年对这座古城进行了两次发掘，重点发掘了门址和衙署遗址，搞清了官署区和工业居民区分设的规划布局。这座城址是首次发掘的金代城址，城平面为不规则的椭圆形，有南北两门，门设有半圆形的瓮城，只有一个门洞，两壁立有十五根排叉柱，两门中间的大道将城址分为东西两部分。衙署遗址位于城内东北角，为一前有月台、面阔五间、进深八间的高台建筑，室内采用减柱法，殿内东侧设有火炕，西北部设厨房。这种布局符合女真人生活习惯的要求。城内发现不少金代中晚期的文物[46]。

这些城有一些共同的特点：①形制上并不统一。尽管大多数是方形，但仍有不少各种形状的不规则形城。②具有礼制等级的差别。以城的周长为例，金上京周长十五里以上，州府城周长八至十二里，观察州或府周长五至七里，县级或猛安城周长三．五至五里，谋克城周长二至三．五里。③所有的城都有很强的防御色彩。马面、瓮城、角楼、护城壕、烽火台等设施齐备，还有许多子母城。④较大的城附近常有大墓或墓群发现。这说明这些城有可能是一些大族的采邑。⑤在城外常有大面积遗址。它说明居民主要居住于城外，战时入城，城的功用是堡垒。

东北地区辽金城址极多，而且往往辽金连用，在分布规律、建制和特点上与黑龙江省的金代城址多有相似之处。通过文物普查，吉林省发现这样的古城多达二百六十多座[47]。1982年至1986年，吉林文物部门对这些城址逐一进行了调查，有一些还进行了发掘。1986年，吉林省发掘了德惠县后城子金代古城，城址平面略呈方形，面积不大，周长926米，突出了军事性建筑，遗址中出土了成批铁器[48]。辽宁省也发现一百余座[49]。其他经过勘查或试掘的城址还有黑龙江额右旗黑头山城址，其可能是成吉思汗长弟拙赤合撒儿的封地[50]。吉林省的乌拉古城和辉发古城，是明代海西女真乌拉部和辉发部的中心城市，调查中出土了不少有关的文物[51]。吉林前廓塔虎城是一座辽金城址，早年日本人曾进行过挖掘，70 年代进行过地面调查，1995 年再次发掘[52]。吉林农安县的农安古城为辽黄龙府和金济州城。此外，还有对吉林永吉地区的七座辽金古城和五个烽燧遗迹进行的调查研究[53]。

在内蒙古自治区查清了一批金代城址的位置，如西京路址是今呼和浩特东郊白塔古城，云南州城址是呼和浩特西郊西白塔古城。此外，这些路下辖的州县故城也有的被查清[54]。

蒙古初兴时，无城壁栋宇，初入中原地区时，对城市也只知道焚毁破坏。因此，草原城市的建造完全是接受汉文化影响的结果。马耀圻、吉发习对内蒙古境内地上的二十四座元代城址的调查也揭示了这一点。这些城市不论在规划布局上，还是在建筑物的组合上，都与中原城市极其相似[55]。李逸友将内蒙古元代城址分为完全沿用辽金旧城、改造辽金旧城和新建城市三种情况，将这些城址区分为都城、投下城和路、府、州、县城，对其城市布局和等级制度做了探讨[56]。

内蒙古对元代城址开展的考古工作中，较重要的有察右前旗巴音塔拉乡土城村的元代集宁路遗址。1958 年做了发掘，出土了大批生活用具[57]，还发现了城北部的文宣王庙遗址[58]。1976 年和 1977 年两次发现窖藏文物[59]。2002 年，再次进行了大规模发掘工作，清理了房基、道路、水井、集市等遗址。其中的二十四处窖藏出土了元代的几千件精美瓷器，证明这里是草原丝绸之路南端的一个重要起点[60]。呼和浩特东郊白塔村古城址是辽金时期的丰州城，城内万部华严经塔现存六块金代碑铭和金元明时代的题记中的街巷名称，反映出不同时期丰州城内街巷变化的情况[61]。托克托县托克托城"大皇城"遗址，为辽金元的东胜州城址。其平面略呈斜长方形，在西北部有两座小城，两城相连，分别称为大、小皇城。大皇城内辽金元时期的遗物丰富。小皇城建于金代，城内发现了大型建筑基址[62]。

元应昌路城是元代最重要的投下城，为弘吉剌部鲁王世居之地。其城址位于昭盟克什克腾旗经棚镇西，也称为鲁王城。元亡后（公元1368年），元顺帝北奔到此城，并终老于此。明洪武三年（公元1370年），明军攻占应昌。明前期，鞑靼曾一度据之，以后应昌城逐渐废弃不用。60年代初，内蒙古文物工作队进行了调查和勘测。1997年至1998年中国历史博物馆等单位又进行了航空摄影考古勘察，较清楚地了解了此城的结构和布局[63]。应昌路故城城址呈长方形，南北长650米，东西宽约600米，城墙土筑，残高还有3米多（图一四）。东西南三面正中各有一门，并有瓮城；城内主要街道是东西门大街与南门内大街形成的丁字街，横街的南部多小型建筑遗址，为民居和坊市区。在东门内路南有两群建筑，四周有围墙围绕，东部的一组大建筑为孔庙；西部的主要建物南部存有汉白玉质《应昌路新建儒学记》碑，为元代名碑，证明这组建筑应为儒学。主体建筑鲁王府位于丁字街北，正对中轴线，为一座四周有围墙的小城，东西宽200米，南北长300米，南面正中辟门。城内有宫殿基址和亭榭类建筑遗迹，深三层，两侧的建筑各自对称。王府内的主要遗迹有汉白玉柱础和琉璃瓦等。在王府两边另有几组用围墙围起的建筑，东西两侧约各有三组，形状和大小不一，应当是当时的官署；尤其是西北角的一组建筑，外有较高大的围墙,内有两座大型基址,均高约2米,残存有石柱础,从规模上看,应是当时的一处主要建筑。城内主要建筑为

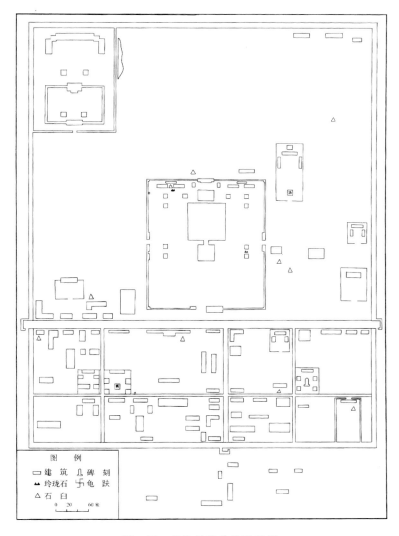

图例
- □ 建筑　Ⅱ 碑刻
- ▲ 玲珑石　卜 龟趺
- △ 石臼

0　20　　60米

图一四　元应昌路故城平面图

王府、官署、作坊以及寺庙,普通百姓的居址在南门外的大道两侧。此城的基本结构和布局与前述辽代庆州城相似,都属于在城内建有特殊的大型建筑。此外,还调查发掘了四王子旗城卜子古城、察右中旗广益隆古城[64]以及元净州路故城[65]。

内蒙古额济纳旗黑城遗址是西夏的黑水城和元代的亦集乃路遗址。如前所述,20世纪前期外国人和西北科学考察团多次对其进行发掘。1963年至1984年多次进行调查和发掘,解决了西夏黑水城和元亦集乃路城址的地层关系问题,探明了西夏、元城的城垣及城墙布局和内部结构,实测了长度。测定了元亦集乃路街道和房舍的分布,发掘了二百八十余座房址,出土了大量的文书、纸币和其他文物。黑城由大小两座城组成。小城位于大城的东北,即西夏的黑水城,城内有大小十字街。大城有东西两门,两门不相照,为丁字街式布局[66]。这种不同应是不同时期修筑所造成的,反映出两个时期城市布局规划的变化。这是西夏考古中最重要的工作之一。此外,还有对宁夏石嘴山市西夏省嵬城的试掘[67],1995年对内蒙古乌审旗、三贫河西夏至元代古城的勘测和试掘[68]等。

新疆也发现了一些宋元明时期的古代城址,有些经过了考古调查和发掘。例如,昌吉县城东的元代昌八里城,平面为长方形。在城内东南部发现一窖藏陶罐,其中装着一千三百七十枚阿拉伯文银币[69]。巴楚县脱库孜萨来古城,时代为北魏至宋末。元阿力麻里古城,城中发现了许多珍贵的元代文物。黄文弼根据出土的公元14世纪银币和叙利亚文石刻以及玛扎等遗迹,确定阿力麻里故城即克干山南阿尔泰遗址。1975年至1977年又先后在这里发现窖藏瓷器和阿拉伯文银币等遗物[70]。其他经调查的古城有霍城县麿河城址、伊宁县吐鲁番圩子旧城[71]和霍城县索伦古城。伊宁县布拉克把什、布拉那什和可坦买里三座城相距很近，而且均为周长 800 米左右的小城，时代约为元至准噶尔时期[72]。此外，还有察布查尔县海努力克古城、昌吉县昌吉古城、乌鲁木齐市南郊乌拉泊古城[73]等。

近年来在云南大理市、巍山、洱源、弥度和腾冲等县发现了多座属于南诏、大理时期的古城。其中腾冲县西山坝城址于 1994 年至 1996 年三次勘探，探明了城垣、面积、街道和一些房基，其时代为南诏晚期到元，是大理国的一座边陲重镇。此外，云南还调查确定了一些明代的少数民族王城，如瑞丽县的广贺罕城址、潞西的果朗王城、陇川县的近允城址等[74]。

西藏阿里地区札达县古格王国都城札布兰遗址自废弃后一直保存较好。1978 年和 1985 年进行调查，除古格都城外，还对托林寺、多方城堡等一批遗址进行了考古学调查[75]。1992 年至 1998 年又多次调查，1997 年还发掘了能够反映早期殿堂建筑特征的甘珠拉康（经书殿）以及两座窟前建筑遗址[76]。

**2. 宋元明地方城市的类型和布局**

徐苹芳先生将宋元明时期的地方城市遗址按城市的布局和街道系统分为四种类型[77]。这四类城市的发展状况与地区分布很好地反映了各地经济的发展状况，是将考古工作与历史研究相联系的主要体现。

第一类，方形十字街式布局。这是一种唐代盛行的城市布局式样。其特点是规整，利于管理。城一般是正方形，每面开一个城门，以十字街沟通四门，把城里分成四大块。宿白先生将隋唐城址分为五型，其中大州为Ⅲ型，占地十六坊，标准的坊边长 500 米；Ⅳ型为一般州城，占地四坊，又分为两个亚型

（ⅣA型为中下都督府城，周长一般为6.5公里；ⅣB型为一般州城，周长为4.5公里），衙属一般设于西北的坊中；Ⅴ型为小州和县城，占地一坊，周长2公里。他指出宋以后这类城多见于中原北方地区，"恰好给盛唐以降中原北方战乱频繁，人口流失，农业生产和城市经济，除个别地区外，一般陷于长期停滞不前的局势，提供了一个重要实证。反之，盛唐以后，经济重心南移，南方农业手工业日趋繁荣，城市急剧发展，因而自宋以来长巷式布局的地方城市比较多地出现在长江以南……"[78]上述的三型城市在宋元明时期都有延用，尤其以后两型为多，有一些被直接延用下来。例如，唐云州城（今大同市），即辽金西京城，是典型的方形十字街式的布局（图一五）。城大体为正方形，东西1.5公里，南北1.75公里，周长约6.5公里。四边城墙的正中各开一门，主要干道正对城门，形成十字形干道骨架，将城内分为四个坊。城内的西北隅是历代衙署的旧址。在现存横街以南的两个坊可见，坊内又用一般街道置十字街，将一坊又分成四个小区，其中东南一坊内这种情况尚清晰可见，更进一步在个别的小区中，又设有更小的十字街。这个现象很重要。它明确反映了这类方形十字街式布局的城市是一套大小十字街相套的区划法。如层层划分，每坊可分成三十二小区。如以0.5平方公里的标准坊来计算，这种最小的方块，面积约60平方米，构成这类城市中最小的单位。还有一些是宋元明时期新建立的，仍采用了这种制度。例如，北宋熙宁三年（公元1070年）所建的博州城（今山东聊城县旧城）。还有明嘉靖年间所建的奉贤县城，是为抗倭而建的城，防御色彩较浓，是一种军镇和地方行政建制城兼顾的小城。这类城在辽金地区尤其多见，一方面说明北方地区城市经济尚不

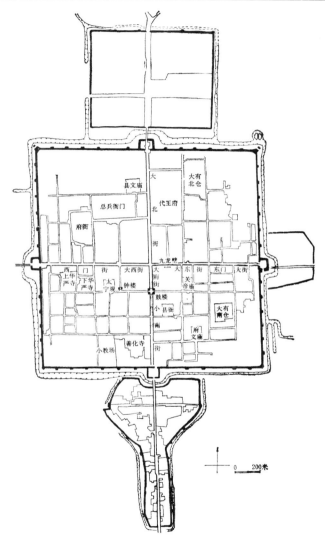

图一五 山西大同城图 (采自《中国城市建设史》)

够发达，另一方面，辽代继承唐的文化因素很多，许多地方像唐甚于像宋，这也是一个重要的例证。

第二类，方形或长方形丁字街式布局。这类城一般南北稍长，但只在东、西、南三面开门，有一条东西向的横街连贯东西门，在南门内有一条纵向的大街。这样城内的主街是丁字形，一般在横街的北面建衙属、庙宇和学校等；横街以南纵街的两侧为民居、市场和工场。因此，这类城的特点是在城中都建有较重要的衙署或礼制性建筑，城市的规模相对于这些建筑显得相对较小，但城市的实质与第一类是大致相同的。典型的例子有元应昌路城。辽代特殊的地方城市——奉陵邑城也采取这种形式，如辽庆州城。这种类型的城市在南方也有，如五代后周显德五年（公元 958 年）所建的通州城（今江苏南通市），宋代辖静海、海门两县。由于农业及盐业的发展，这里逐渐成为苏北长江口区的重要经济中心，海门县下设利丰监，掌煎盐[79]。南方地区流行这种长方形丁字街式布局的城市，主要强调的是城市中安排衙署的需要。尤其是中小城市，城市内主要安置衙署，一些重要的商业区和民居往往在城外发展。南通州在明清两代就主要在城外的东西两侧发展商业和手工业[80]。这在军事形势不很严峻的地区，并无不便之感。

第三类，长方形纵街横巷式布局。这种类型的城市多见于江南地区。一般衙属在中央或偏于一角。南北向有主干大街——纵街，有的不止有一条，而是好几条。南北主干大街（纵街）之间由平行的东西向小巷（横巷）构成街道网。大街常与小河道平行，形成河、路并行的水陆交通网，很有地方特色。典型的例子有宋平江府（今苏州市）城，是这类城市中最典型的例证。这类城中有一条纵街的例证有桂林城和前述的扬州城。这种纵街横巷的布局很开放，利于商业的开展，是商品经济发展和城市经济形成的重要表征。同时，利用大小河道运输财货，充分利用了江南水乡的便利条件，很适合于江南。

第四类，不规则形城市。这种形状的地方城市多分布在南方丘陵和滨水地区，主要随地形的变化，城墙和街道都随着地形如河湖等弯曲转折，看上去没有规律，变化很随机。很多这类城市的结构或入宋以后的发展，仍反映了当地经济的发展，尤其是商贸的发展。这类城址又可以分为两型：

Ⅰ型是在唐代较规整的城的基础上扩建出来的，指宋元时扩建。其原本可能就是较重要的府州城，但宋元时期由于商业、手工业的发展而有了较大的变化。典型的例证有宋泉州城和广州城。这两座城都是在唐代就建立了规整的城，经过宋、元的发展，尤其是由于商贸和手工业的发展，使城市不断扩充，到明代才定型的。这类城的形状由于河道等地形的限制，也由于经济的发展逐渐扩建，最终形成不规则的城市。

Ⅱ型是在水陆交通干线上发展起来的商业城市，原来没有城，是由集市或较重要的码头等交通枢纽发展而来的。代表的城市有湖北沙市。唐代时在今沙市范围内并无城市，但随着江岸码头的建立，在此形成了集镇。宋代时开始在此地建城，称为沙头市，市内有一条横街，即今天的北京路。历元明清，这种格局基本未变。其基本布局是沿长江呈不规则长条形发展，陆上交通主要是一条沿江的大道，城市也随着这条道路延伸。沙市的兴起和发展与交通运输和商业的发展密切相关。江西赣州城也属于不规则形的地方城市，但从其发展历史看，是介于Ⅰ、Ⅱ型之间的城市。

## （二）宋元明时期军事遗迹的考古勘察

军事遗迹包括边墙、堡寨、防御性工事和军镇。宋元明时期中原王朝与周边的少数民族政权长期对峙，民族间又连续发生征服战争，因此，遗留下来的军事遗迹较多。20 世纪对宋元明时期军事遗迹所开展的最重要的考古工作，就是对金代的界壕边堡和明代长城的考古调查与勘测。

### 1. 金代的长城——界壕边堡

界壕边堡是金朝为了防御北部、西部的部族，而后期则主要是为了防御蒙古族的袭扰所修筑的防御工事、堑壕和堡寨。这项宏伟的军事防御工程东北起嫩江右岸，西南抵大青山之北，横跨约 2500 公里，实际总长度约 7000 余公里。

对金代北边界壕边堡的调查、勘测和发掘，无疑是宋元明考古中对军事遗迹进行勘查发掘的最重要的工作之一。这项工作起始早，延续时间长。20 世纪 20 年代，王国维曾考释界壕的兴建延革和分布状况[81]。40 年代，李文信调查了金临潢路的界壕边堡[82]。1958 年以后，黑龙江、吉林和内蒙古等省区的考古工作队分别调查了各地的界壕边堡，使这项工作成为一项数省考古工作者共同努力、协同完成的考古工作。部分地点还进行了不同规模的发掘，如在吉林舒兰县西部和内蒙古哲里木盟霍林河矿区的发掘，了解了这些地段界壕的具体结构[83]。

经过这些工作，对金代北边界壕的走向、长度、不同地带壕堑的层数、界壕的结构及壕堑与堡寨的结合等情况有了基本的了解[84]。大体有以下几点：①金界壕边堡分为南、北两线。北线为天眷元年以前兴筑的界壕，东起内蒙古呼盟根河南岸，

经俄罗斯到蒙古共和国肯特山南麓止，长约 700 公里。南线是
金大定、明昌和承安年间三次兴筑的"界墙"，也是金界壕边
堡的主体部分。②基本清楚了南线界壕的起止点、走向、分支
和会合处以及途径的地区。这些以前已有过总结，不再重复。
③界壕的基本结构。界壕的主结构是挖一条堑壕，以防战马冲
越。堑壕上口一般宽 5—6 米，底宽 3 米，深 2 米，挖出的土
方堆在内侧形成长墙，壕底到墙顶高约 4—5 米。不同地段的
界壕组成不同。一般有主、副墙，由主墙、内壕、副墙、外壕
构成。有些地方为单层，个别地方为三层。④界壕上的防御工
事。在这条长墙上有马面、烽台和承安五年后建造的女墙等防
御设施。在主墙上建有戍堡和关隘。⑤附属于界壕的有边堡和
小城。边堡位于界壕内侧几米到 5 公里，约相距 10 公里一个。
边堡一般是边长 600 米左右的方形小城，一般开一门，有马
面、角楼和瓮城等防御设施，为驻兵和某级军官驻地。小城位
于边堡的更内侧，周长 1 公里左右，同样有完善的防御设施。
在北部 200 公里长的距离有三个小城。整个界壕又分属东北
路、临潢路、西北路和西南路四个招讨司，构成一套完整的防
御体系[85]。

**2. 跨越万里的明代长城**

明代的长城是明中后期为防御北方游牧民族而修建的防御
工事，规模宏大，绵亘万里，为人类历史上罕见的人间奇迹，
历来为考古工作者所关注。1949 年以前，一些学者就开始了
对明长城的研究，但大多停留在对文献史料的考证上，仅考察
了个别的关口、城堡[86]。1952 年，郭沫若先生提出要维修长
城主要遗址的意见，文物局遂派专家对居庸关八达岭、山海
关、嘉峪关进行勘察、设计与维修。1956 年对明长城各线进

行初步普查，公布重点地段和关隘为国家或省级重点文物保护单位。1981 年，国家文物局又组成四个小组，对明长城全线进行实地勘察。经过几次大规模的调查、勘测，对其分布、走向、结构和保存状况已有了基本的了解，逐步进入保护和少量修复阶段。河北滦平金山岭、北京怀柔慕田峪就是 1981 年普查发现并逐步修复和开放的[87]。近年来的一项重工作是对明代长城东端的虎山长城和辽东镇长城西端九门口长城的发掘。在长城东端起点宽甸县虎山乡鸭绿江边清理了一座用夯土筑成的方形台基，在绥中县李家堡乡九江河上清理出 7000 平方米的平整铺石，即"一片石"遗址，弄清了九孔城桥结构和外侧的两处围城[88]。

### 3．其他军事遗迹

除了前述的界壕边堡和长城，宁夏、陕西、四川、重庆等省市对宋元明时期军事城堡的调查也是城址考古工作的重要方面。另外，还有一些其他的军事遗迹较为重要。在河北雄县和邯郸市峰峰矿区发现并清理的宋末金初的地道，是当时抗金的防御设施，很有可能是金初两河地区抗金义军活动的遗迹[89]。对在河北省中部为防辽而开建的由塘堰池沼构成的所谓"水长城"进行的考察，也颇有成效[90]。

西夏从崇宁元年（公元 1102 年）开始在沿边大规模修筑城砦。宁夏文物考古研究所 1992 年组织力量对宁夏南部泾源、固原等县的宋元军事城堡进行了考古调查。这些城堡可以分为平地的和山地的两大类型。平地城堡多呈规则的方形和长方形，而山地城则据险而筑，平面形状不规则。固原县马园城址、胡大堡城址都是一些周长 1000－2000 米的小城，建制上马面、瓮城、角台等防御工事齐全，属北宋、金或西夏，可能是宋夏或金夏对峙时期的军镇。而宁夏泾原县永丰古城，可能是《武经总要》所记的"原州七关"之一的"制胜关"[91]。

　　陕西根据第三次文物普查统计的隋唐时期的州县城有三十多座，宋元时期的城址有近一百三十座，其中州县故城较少，多数是军事性的城堡、军、寨。比较重要的有敷政县故城、代来故城、开光县故城、连谷镇故城、麟州故城、府州城、吴堡故城、通秦寨故城、葭芦寨故城、太和寨故城、罗兀故城、怀宁寨故城、安达城故城、石城子遗址、丹头寨故城、万安寨故城、安塞堡故城、龙安寨故城、保安军故城、德靖寨故城、金汤故城、铁边城遗址和白豹故城[92]。类似的城堡还有甘肃陇山一带的宋代城寨遗址[93]。

　　重庆三峡库区有些行政建制的城市。据调查所见的三峡淹没区古城可以分为山城、平地与抗（蒙）元山城三大类。其中山城有着显著的自身特色，与中原地区的城址有着较大的差别，但平地城则与之有许多相同之处[94]。据初步调查，四川和重庆市有南宋修筑的抗（蒙）元山城五十余座，其中著名的有钓鱼城、金堂云顶山城、广安大良城、宜宾登高城、仙侣城、兴文凌霄城、剑门苦竹寨、万县天生城等。这些山城都进行了科学考察，其中云顶山城还进行了发掘。这些山城都据险而筑，多处于交通要道，棋布星连，在抵抗蒙元军队的进攻中发挥了重大作用。在建筑上也有所创新，如圆拱形城门的修造与静江图碑中的圆拱形城门可以互相印证，应是这一时期南方发展起来的新技术[95]。

　　通过对军事遗迹的调查与发掘，使人们了解了宋元明时期边墙、城堡的建筑特点。这些城堡一般较小，多采用方形或长方形十字街布局，或仅一条街，仅开一门，马面、瓮城、角楼等防御设施齐全。对这些城址的调查也为人们了解当时的作战兵力布置有重要意义。

　　总括而言，目前宋明时期地方城镇的考古发现与研究是比较薄弱的。目前，古今重叠型的地方城址都面临着建设与保护的尖锐矛盾。文物考古界在这方面的工作尚落后于实际的需要，应该引起更多的重视。

## 注　释

[1] 扬州城考古队《江苏扬州宋三城的勘探与发掘》，《考古》1990 年第 7 期。

[2] 扬州唐城考古队《扬州宋大城西门发掘报告》，《考古学报》1999 年第 4 期。

[3] 蒋忠义《隋唐宋明扬州城的复原与研究》，《中国考古学论丛》科学出版社 1995 年版。

[4] 宿白《隋唐城址类型初探（提纲）》，北京大学考古学系编《纪念北京大学考古专业三十周年论文集》，文物出版社 1990 年版。宿白《现代城市中古代城址的初步考察》，《文物》2001 年第 1 期。

[5] 宿白《青州城考略》，《文物》1999 年第 8 期。

[6] 宿白《宣化考古三题》，《文物》1998 年第 1 期。

[7] 徐苹芳《现代城市中的古代城市遗痕》，《远望集－陕西省考古研究所华诞四十周年纪念文集》，陕西人民美术出版社 1998 年版。

[8] 段鹏琦《汉魏洛阳城的几个问题》，《中国考古学研究》，科学出版社 1986 年版；王岩《隋唐洛阳城近年考古的新收获》，《中国考古学论丛》，科学出版社 1993 年版。

[9] 洛阳市文物工作队《洛阳发现宋代门址》，《文物》1992 年第 3 期。

[10] 中国社会科学院考古研究所洛阳唐城队《洛阳宋代衙署庭园遗址发掘简报》，《考古》1996 年第 6 期。

[11] 杭州市文物考古所《杭州南宋临安府衙署遗址》，《文物》2002 年第 10 期。

[12] 李海根、刘芳义《赣州古城调查简报》，《文物》1993 年第 3 期。

[13] 宁波市文物考古研究所《浙江宁波市唐宋子城遗址》，《考古》2002 年第 3 期。

[14] 镇江六朝唐宋古城考古队《江苏镇江市环城东路宋代遗存的发掘》，《考古》

1998 年第 12 期。

[15] 南京博物院《安徽凤台"连城"遗址内发现一批唐——元时代的文物》,《文物》1965 年第 10 期。

[16]《冠县肖城宋至元代城址》,《中国考古学年鉴·1997》,文物出版社 1999 年版。

[17] 西安市文物管理处《西安城墙》,《文物》1980 年第 8 期。马得志《西安元代安西王府勘查记》,《考古》1960 年第 5 期。

[18] 开封宋城考古队《明周王府紫禁城的初步勘探与发掘》,《文物》1999 年第 12 期。

[19] 钱镛《平江图碑》,《文物》1959 年第 2 期。

[20] 杜瑜《从宋〈平江图〉看平江府城的规模和布局》,《自然科学史研究》第 8 卷 1 期,1988 年。王謇《宋平江城坊考》补正本,江苏古籍出版社 1986 年版。钱玉成《宋刻平江图的比例》,《文物》1994 年第 4 期。

[21] 桂林市文管会《南宋〈桂林城图〉简述》,《文物》1979 年第 2 期。

[22] 傅熹年《〈静江府修筑城池图〉简析》,《傅熹年建筑史论文集》,文物出版社 1998 年版。

[23] 张驭寰《南宋静江府城防建筑》,《古建筑勘察与探究》,江苏古籍出版社 1988 年版。

[24] 庄为玑《泉州历代城址的探索》,《中国考古学会第一次年会论文集》,文物出版社 1979 年版。陈允敦《泉州古城址踏勘纪要》,《泉州文史》1980 年第 2、3 期合刊。

[25] 徐俊鸣《宋代的广州》,《中山大学学报(自然科学版)》1964 年第 6 期;《我国古代海外交通和贸易对于广州城市发展的影响》,《中山大学学报(自然科学版)》1979 年第 4 期。

[26] 黄纲正等《湘城沧桑之变》,岳麓书社 1996 年版。

[27] 项春松《辽代历史与考古》,内蒙古人民出版社 1996 年版。

[28] 李逸友《辽代城郭营建制度初探》,《辽金史论集》第 3 辑,书目文献出版社 1987 年版。

[29] 姜念思、冯永谦《辽代永州调查记》,《文物》1982 年第 7 期。

[30] 吉林省博物馆《吉林他虎城调查记》,《考古》1964 年第 1 期。陈相伟《吉林怀德秦家屯古城调查记》,《考古》1964 年第 2 期。

[31] 谔士《跋黑龙江省泰来县塔子城出土的辽大安残刻》,《考古》1960 年第 8 期。

［32］林西县博物馆《辽饶州故城调查记》,《考古》1980 年第 6 期。

［33］喀左县博物馆《辽宁喀左县辽代利州城址的调查》,《考古》1996 年第 8 期。贲鹤龄《内蒙古库伦旗发现辽代灵安州城址》,《考古》1991 年第 6 期。

［34］冯永谦《辽代懽州、顺州考》,《北方文物》1985 年第 2 期。

［35］冯永谦《辽代祺州探考记》,《辽宁师院学报》1981 年第 3 期。

［36］王棉厚《辽代衍州与鹤野探考》,《辽金史论集》第 3 辑,书目文献出版社 1987 年版。

［37］冯永谦《辽宁地区辽代建制考述(上)》,《东北地方史研究》1986 年第 2 期。冯永谦《辽宁地区辽代建制考述(下)》,《辽海文物学刊》1987 年第 1 期。

［38］冯永谦《辽代原州福州考》,《北方文物》1988 年第 2 期。

［39］田村实造、小林行雄《庆陵》,日本京都大学文学部,1953 年。《辽庆州城址》,载中国历史博物馆遥感与航空摄影考古中心等编著《内蒙古东南部航空摄影考古报告集》,科学出版社 2002 年版。

［40］冯永谦《辽代头下州探索》,《北方文物》1986 年第 4 期。

［41］冯永谦《辽志十六头下州地理考》,《辽海文物学刊》1988 年第 1 期。

［42］王永祥、王宏北《黑龙江金代古城述略》,《辽海文物学刊》1988 年第 2 期。

［43］黑龙江省文物考古工作队《松花江下游奥里米古城及其周围的金代墓群》,《文物》1977 年第 4 期。黑龙江文物考古工作队《黑龙江畔绥滨中兴古城和金代墓群》,《文物》1977 年第 4 期。

［44］黑龙江省文物考古研究所《黑龙江克东县金代蒲峪路古城发掘》,《考古》1987 年第 2 期。肇东县博物馆《黑龙江肇东县八里城清理简报》,《考古》1960 年第 2 期。

［45］吕遵禄等《黑龙江省的金代古城》,《辽金史论集》第 8 辑,书目文献出版社 1998 年版。

［46］黑龙江省文物考古研究所《黑龙江克东县金代蒲峪路古城发掘》,同注［44］。

［47］吉林省文物考古研究所《吉林省近十年的文物考古工作(1979～1989)》,《文物考古工作十年》,文物出版社 1991 年版。

［48］吉林省文物考古研究所等《吉林德惠后城子古城发掘简报》,《考古》1993 年第 8 期。

［49］辽宁省文物考古研究所《辽宁近十年来文物考古新发现》,《文物考古工作十年》,文物出版社 1991 年版。

[50] 黑龙江省博物馆等《黑龙江文物考古三十年主要收获》,《文物考古工作三十年》,文物出版社 1979 年版。景爱《黑头山古城考》,《吉林大学学报》1980年第 6 期。

[51] 吉林省文物管理委员会《辉发城调查简报》,《文物》1965 年第 7 期。吉林省博物馆《明代扈伦四部乌拉部故址——乌拉古城调查》,《文物》1966 年第 2 期。

[52] 何明《记塔虎出土的辽金文物》,《文物》1982 年第 7 期。《前郭县塔虎城辽金时期城址》,《中国考古学年鉴·1995 年》,文物出版社 1997 年版。

[53] 唐音《吉林省永吉县辽金遗址述略》,《北方文物》1992 年第 2 期。

[54] 内蒙古文化厅文物处《内蒙古自治区文物考古五十年》,《新中国考古五十年》,文物出版社 1999 年版。

[55] 马耀圻、吉发习《内蒙古境内的元代城址初探》,《内蒙古社会科学》1980年创刊号。

[56] 李逸友《内蒙古元代城址所见城市制度》,《中国考古学会第五次年会论文集》,文物出版社 1988 年版。

[57] 内蒙古文物工作队《元代集宁路遗址清理记》,《文物》1961 年第 9 期。

[58] 张驭寰《元集宁路故城与建筑遗物》,《考古》1962 年第 11 期。

[59] 潘行容《元集宁路故城出土的窖藏丝织物及其他》,《文物》1979 年第 8 期。

[60] 陈永志《集宁路古城发掘集市窖藏几千件瓷器囊括元代九大名窑》,《文物天地》2003 年第 11 期。

[61] 李逸友《呼和浩特市万部华严经塔的金代碑铭》,《考古》1979 年第 4 期。

[62] 李逸友《内蒙古托克托城的考古发现》,《文物资料丛刊》(4),文物出版社 1981 年版。

[63] 李逸友《元应昌路故城调查记》,《考古》1961 年第 10 期。《内蒙古东南部航空摄影考古报告集》第 204—217 页,科学出版社 2002 年版。

[64] 《四王子旗城卜子古城及墓葬》、《察右中旗广益隆元代古城》,《中国考古学年鉴·1996》,文物出版社 1998 年版。

[65] 郑隆《元代净州路古城的调查》,《考古通讯》1957 年第 1 期。

[66] 内蒙古文物考古研究所等《内蒙古黑城考古发掘纪要》,《文物》1987 年第 7 期。

[67] 宁夏回族自治区展览馆《宁夏石咀山市西夏城址试掘》,《考古》1981 年第 1 期。

[68] 《乌审旗三岔河西夏至元代古城和墓葬》,《中国考古学年鉴·1996》,文物出

版社 1998 年版。

[69] 新疆维吾尔自治区社会科学院考古研究所《昌吉古城调查记》,《文物参考资料》第 4 辑。

[70] 黄文弼《元阿力麻里城考》,《考古》1963 年第 10 期。

[71] 黄文弼《新疆考古的发现－伊犁的调查》,《考古》1960 年第 2 期。

[72]《霍城县索伦古城遗址》、《伊宁县布拉克把什城址》、《伊宁县布拉那什城址》、《伊宁县可坦买里城址》,《中国考古学年鉴·1990》,文物出版社 1991 年版。

[73] 新疆维吾尔自治区博物馆等《建国以来新疆考古的主要收获》,《文物考古工作三十年》,文物出版社 1979 年版。王炳华《盐湖古墓》,《文物》1973 年第 10 期。

[74] 云南省文物考古研究所《云南省文物考古五十年》,《新中国考古五十年》,文物出版社 1999 年版。《腾冲西山坝南诏至大理国时期城址》,《中国考古学年鉴·1997》,文物出版社 1999 年版。

[75] 西藏自治区文物管理委员会《古格故城》,文物出版社 1991 年版。

[76]《古格王国都城遗址》,《中国考古学年鉴·1997》,文物出版社 1999 版。

[77] 徐苹芳《宋元明时代的城市遗迹》,《中国大百科全书·考古学》,486－492 页。

[78] 参见注〔4〕。

[79]《宋史》卷八十八《地理四》,中华书局标点本。

[80] 董鉴泓主编《中国城市建设史》,中国建筑工业出版社 1989 年版。

[81] 王国维《金界壕考》,《燕京学报》1 期,1927 年。

[82] 李文信《金东北路界壕边堡调查》,《辽海引年集》1947 年。

[83] 李逸友《金代界壕遗迹》,《中国大百科全书·考古学》,第 233－234 页。哲里木盟博物馆《内蒙古霍林河矿区金代界壕边堡发掘报告》,《考古》1984 年第 2 期。

[84] 黑龙江省博物馆《金东北路界壕边堡调查》,《考古》1961 年第 5 期;庞志国《金东北路、临潢路吉林省段界壕边堡调查》,《中国长城遗迹调查报告集》,文物出版社 1981 年版。景爱《吉林舒兰县古界壕、烽台及城堡》,《考古》1987 年第 2 期。《内蒙古文物考古工作三十年》,《文物考古工作三十年》,文物出版社 1979 年版。项春松《巴林左旗金代临潢路边堡界壕踏查记》,《北方文物》1987 年第 2 期。景爱《关于呼伦贝尔古边壕的考察》,《博物馆研究》1986 年第 3 期。

[85] 贾洲杰《金代长城》，《中国长城遗迹调查报告集》，文物出版社 1981 年版。
"辽金城址的调查与发掘"，第六章、二、（二），《新中国考古发现和研究》
文物出版社 1984 年版。

[86] 王国良《中国长城沿革考》，商务印书馆，1931 年。寿鹏飞《万里长城考》，
《国学丛刊》第 1 期，第 2 期，1941 年。黄鹏霄、王作宾《明陵长城调查报
告》，《古物保管委员会工作汇报》，1935 年。

[87] 罗哲文《明长城》，《中国大百科全书·考古学》，第 332 – 334 页。

[88] 《绥中县九门口明长城遗址》，《中国考古学年鉴·1990》，文物出版社 1991 年
版。王晶辰《九门口长城》，《中国文物报》1994 年 4 月 3 日 4 版。薛景平
《明辽东镇长城东西两端的实地考察》，《北方文物》1996 年第 3 期。

[89] 夏清海《河北省雄县祁岗村发现古代地道》，《文物》1984 年第 6 期。峰峰
矿区文物保管所《河北邯郸市峰峰矿区宋代地道清理报告》，《考古》1990
年第 8 期。

[90] 高恩泽《北宋时期河北"水长城"考略》，《河北学刊》1983 年第 4 期。

[91] 《泾源县永丰唐宋古城》、《固原县马园宋城址》、《固原县卧羊山宋城》、《固
原县头营宋元城》、《固原县二营宋夏城》、《固原县胡大堡宋城》，均载《中
国考古学年鉴·1993》，文物出版社 1995 年版。

[92] 《重要古城址》，《文博》1997 年第 3 期。

[93] 陈守忠《陇山左右宋代城寨遗址调查》，《西北师院学报（社会科学版）》
1986 年增刊。

[94] 王然、邓辉《因寇准而著名了一千年——巴东旧县坪遗址》，《文物天地》
2003 年第 6 期。杭侃《重庆忠州城址调查》，《四川文物》2001 年第 4 期。

[95] 薛玉林主编《云顶山记》，四川省社会科学出版社 1988 年版；邹重华《金堂
宋末云顶山城遗址再探》，《四川文物》1988 年第 5 期；胡绍曦《南宋云顶
山石城遗址》，《成都文物》1984 年第 1 期；胡昭曦《广安县宋末大良城遗
址考查》，《四川文物》1985 年第 1 期；丁天锡《宜宾地区境内的三座抗元
山城遗址》，《四川文物》1985 年第 2 期；何兴明《南宋抗元遗址——剑门
苦竹寨》，《四川文物》1985 年第 3 期。

五

宋代陵墓的考古与研究

对于宋元明时期的帝陵和士庶墓葬的调查发掘一直是引人注目的。建国以后这类工作不断地开展并取得了不少成就。进入 70 年代中期以后，这类工作的规模更大，更系统化，一些早期工作的成果也被陆续整理刊布出来。其中北宋时期陵墓的考古发现与研究在宋元明各段中是开展较多的。

## （一）北宋皇陵—变革与传统的结合

### 1. 北宋皇陵的营建及开展的考古工作

北宋皇陵位于巩义市西南部，东距北宋东京（开封）约 122 公里，西距北宋西京城（洛阳市）约 55 公里，是两京往来必经之地。地理上位于嵩山与伊洛河之间的浅山丘陵区。陵区以今芝田镇（宋永安县治）为中心，范围东接青龙山，西抵回郭镇，南达芝田镇八陵村，北至孝义镇。东西长约 13 公里，南北宽约 12 公里，总面积达 156 平方公里。

北宋皇陵的营建始于宋太祖改卜其父赵弘殷的永安陵，即乾德二年（公元 964 年），至北宋亡，经营时间达一百六十多年。陵区葬有太祖（永昌陵）、太宗（永熙陵）、真宗（永定陵）、仁宗（永昭陵）、英宗（永厚陵）、神宗（永裕陵）、哲宗（永泰陵）七帝，加上宣祖赵弘殷（永安陵），共七帝八陵。宋徽宗死于金的五国城（今黑龙江省依兰县），绍兴十二年（公元 1142 年）送还南宋朝廷，葬于会稽上亭乡，但在巩义陵区建有衣冠冢永佑陵。钦宗死于绍兴三十一年（公元 1161 年），直到金大定十一年（公元 1171 年）金人以天水郡公旅梓"依一品礼葬于巩洛之原"，陵名为永献陵。如加上此二陵，又有"八帝九陵"和"九帝十陵"之说。据考证，此二陵应在今巩义市西 15 公里的回郭镇之清中、清西村南岭上[1]。另有祔葬后陵二十二座以及上千座皇室陪葬墓，构成一个极庞大的陵墓群。

　　北宋皇陵区可分为四个区（图一六）。① 西村陵区有永安、永昌、永熙三陵。其中永安陵葬有宣祖和昭宪杜皇后，是陵区内唯一的合葬陵，并祔葬四座后陵；永昌陵有两座祔葬后陵；永熙陵祔葬三座后陵，分别为太宗的两位皇后和真宗的一位皇后。② 蔡庄陵区有永定一陵，祔葬三座后陵。③ 孝义陵区有永昭、永厚二陵，各祔葬一座后陵。④ 八陵陵区有永裕、永泰二陵。永裕陵祔葬四座后陵，永泰陵祔葬一座后陵。徽宗的永佑陵和钦宗的永献陵也应属于此区。北宋皇陵分区的原因是由于按照宋皇室的堪舆观点，在某一地点已没有合适的坟穴，因此在大的陵区内另选合适的葬地而形成的。

　　北宋皇陵在金代初期遭到严重破坏。据文献记载，伪齐时曾专设"河南淘沙官"，发山陵中水银等物。《宋史》卷四七五《刘豫传》曰："时河、淮、陕西、山东皆驻北军，麟（刘豫子）籍乡兵十余万为皇子府十三军。分置河南、汴京淘沙官，两京冢墓发掘殆尽。"[2]另外，官盗之外民盗也很严重。元统治中原，宋陵再遭劫难。所幸明清两代统治者重视宋陵保护，将陵区土地划为官地，禁止采樵，不准种植农作物，并不时派官致祭，竖碑纪念，使地面的陵台、石刻等遗迹得到保护。60

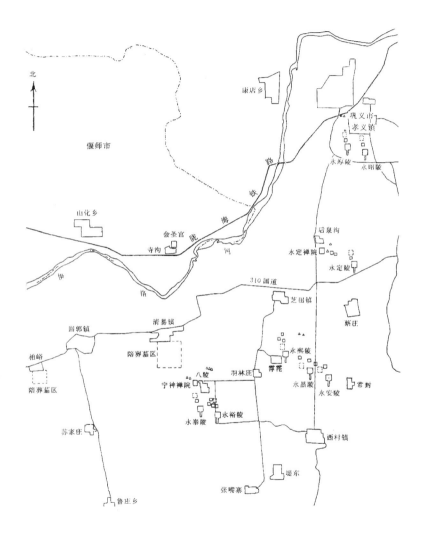

图一六　北宋皇陵陵区图

年代至 70 年代的农田改造对宋陵的破坏十分严重，近些年来已注意加强保护。1982 年宋陵被定为国家级重点文物保护单位，1983 年巩义市政府将永昭陵区范围的土地征为国有，并开展抢救保护工程，现已将地面建筑进行了部分复建。

对巩县宋陵所开展的考古工作约始于 20 世纪初。日本人关野贞曾对宋陵进行过实地调查，留下了一些资料[3]。建国以来，对宋陵也陆续做了一些工作。50 年代末至 60 年代初，南京工学院郭湖生等两次赴巩县调查，取得了较丰富的实物资料[4]。70 年代后期到 80 年代初，巩县文保所又对宋陵进行了一些细致的调查，收集了大量石刻、墓志等资料[5]。80 年代中期，发掘了宋太宗元德李后陵[6]。此外，还曾陆续发掘过三座亲王陪葬墓。也有学者从盗洞钻进过永熙陵地宫和永厚陵所祔葬的宣仁圣烈高皇后陵的玄室内调查[7]。1992 年至 1995 年，为了配合宋陵保护方案的制定，河南省文物考古研究所等单位对宋陵进行了大规模的调查、试掘和文物建档工作，对宋真宗永定陵上宫进行了勘察试掘，发掘了永定禅院[8]，使人们对宋陵有了全面、翔实的认识。2001 年，在巩义市清中村南地又新发现了一尊石虎，在附近发掘清理出大量的砖、瓦、瓷器残片，许多瓦片上还印有"官"字款，在清中村内调查了早年移入村中的四尊石刻。调查者认为这里有可能是钦宗永献陵或徽宗的衣冠冢永佑陵。这是考古工作首次发现此二陵的迹象[9]。

## 2. 北宋皇陵的建制

北宋皇陵诸陵园建制大致相同，平面布局上整齐划一，皆由兆域、上宫、下宫、祔葬后陵和陪葬墓组成。现以太宗皇帝的永熙陵为例分别介绍（图一七）。

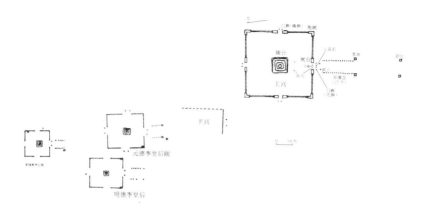

图一七 北宋皇陵永熙陵平面图

　　兆域，或称茔域，是由各陵周围栽植的棘、枳橘围成的"篱寨"或堆成的断续的土堆、土台围成的"封堠界"，作为域界、域标。兆域内应包括帝陵和后陵以及宗室子孙的陪陵墓[10]。目前，考古调查尚未发现兆域的遗迹。

　　上宫，即陵垣（神墙）以内的部分，包括神道石刻。陵台居上宫中心，夯土筑成。（宋）李攸《宋朝事实》卷十三记英宗永厚陵："陵台三层，高五十三尺，上宫方百五十步。"[11]永定陵陵台经过试掘，可知"陵台三层"是指陵台夯土由下至上内收两层，加上顶部平台共三层台阶。底部两层包砖，外用红粉设色。最上一层为覆斗形，不包砖，在土上直接涂红粉。永定陵上部表面红灰皮有十一层，表明经过多次修缮，每次都要给陵台施色并致祭。永定陵陵台底边长 51－53 米，顶边长 10－11 米，高 16.4 米。陵台南面有石雕宫人一对。神墙用夯土筑成，正方形，四隅有角阙，边长约 240 米，与前述文献所记"方百五十步"相合。四面各开一门，每门有两个阙台。唐陵的门阙阙台布置在四神门外 24 - 99 米不等。宋陵门阙阙台则与神墙相连，双凸字形，夯土包砖。推测其上应建有三出阙的阙楼。东、西、北三门外各有石蹲狮一对，南边正门门道内有一对宫人，另有奔狮和武士各一对。南神门外为神道。各陵均有独自的神道，自南往北依次为鹊台一对、乳台一对，乳台往北为神道石刻。依次为望柱一对、象及驯象人各一对、瑞禽石屏一对、角端一对、石马两对、控马官四对、石虎二对、石羊二对、客使三对、文武官各二对、上马石一对，总计六十二件。

下宫，亦称寝宫，是作为侍奉墓主魂灵日常起居之所和陈设死者衣冠并进行日常祭祀的场所。《宋史》记："周制有庙有寝，以像人君前有朝后有寝也。庙藏木主，寝藏衣冠。"[12]宋代下宫的含义和安排与前代有所不同。《宋朝事实》卷十三记：北宋下宫是一组独立的组群式建筑，"宫有正殿，置龙辒，后置御座。影殿置御容，东幄卧神帛，后置御衣数事。斋殿旁皆守陵宫人所居，其东有浣濯院，有南厨、厨南陵使廨舍，殿西使副廨舍"。另据《宋会要辑稿》记载，在永熙陵下宫内放置太宗神像，派五百卫兵守奉，朝暮上食，四时祭飨。关于下宫的位置，《宋会要辑稿》礼二九之二七记葬太宗时写道"今请灵驾先于上宫神墙外壬地新建下宫奉安"，表明下宫建于"壬地"。经调查，永安、永昌、永熙三陵的下宫位于祔葬后陵之南，另五陵则位在后陵之北，但都在帝陵西北，合于壬地。各陵的下宫均已毁坏。永熙陵下宫现只有南门狮一对，经钻探，可知下宫南北长 150 米，东西宽 125 米。

　　各陵的西北，在下宫的前后还有数量不等的祔葬后陵，再往后还有陪葬的皇室宗亲墓。

　　宋陵地宫，又称玄室或皇堂。地宫情况由于没有发掘过，所以不是很清楚。从已发掘的宋太宗元德皇后李氏的墓室可窥见后陵地宫的概貌（图一八）。此墓早年被盗过，盗洞长期开放。60 年代前期郭湖生从墓前的盗洞进入过墓室进行调查[13]，1985 年河南省文物考古研究所进行了抢救性发掘。李后陵是一座仿木结构单室砖墓，为近圆形的多边形，直径 7.95 米，高 12 米多，穹窿形顶。前有斜坡墓道，在斜坡上又有阶梯，券顶甬道长 9.1 米，宽 4.3 米，高约 6 米，平砖顺砌。墓门位于甬道中部稍偏南，石板门。两扇门扉上刻有武士像，十分精美，直额上有线刻飞天二羽。墓室后部有前档为须弥座式的棺床。棺床的前档雕有减地浅浮雕的花卉纹。墓室内

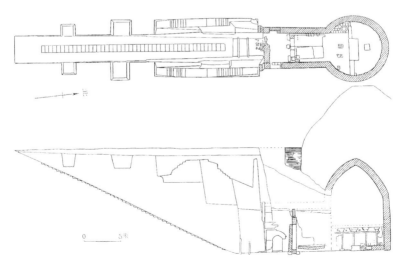

图一八　宋太宗元德李皇后陵地宫平剖面图

有十根砖砌椅柱，上承单下昂重栱四铺作斗栱。柱间的十一个空间，除四组壁面被毁，其余壁面用砖雕表现桌、椅、灯檠、衣架、盆架、梳妆台和门窗，砖雕的细部还有雕花，一般涂一层白粉，部分家具上涂有红色，有的还涂金。砖雕屋檐部以上为彩绘的宫室楼阁，60 年代尚可辨出板门、直棂窗、挟屋、四注屋顶及鸱尾等形。宫殿楼阁之间绘有白色朵云。墓顶部为彩绘"天象图"。表明在砖雕之上绘有烟云缭绕的宫殿楼阁图。李后陵被盗严重，长期开放，但仍出土了文物一百八十一件。尽管大多十分残破，但仍可见其一斑。计有残玉谥册三十六片、玉哀册四十一片，还有三件精致的越窑瓷器，堪称秘色瓷的代表。定窑白瓷三十七件，有些带有"官"字款，这也是"官"款定瓷最晚的纪年材料。另外，还有一些粗瓷器，属于当地的产品，有些是从墓道填土中出土的，推测为建墓工人的用品，共四十六件。还出土了石器三十件，包括石工具，墓道中出土石夯杵二十八件。还有铜器二十八件、铁器十八件、木饰十七件及一些建筑构件。

另外，在宋陵区还先后发现并发掘了魏王赵頵夫妇合葬墓[14]、燕王赵颢墓、兖王赵俊墓[15]。它们均陪葬于永厚陵。尤其值得注意的是燕王墓为上下两层，上层砖砌圆形墓室、穹窿顶、直径 8 米，下层为方形石砌棺室。

此外，有学者还曾从盗洞进入过宋太宗永熙陵的墓室和永厚陵祔葬的宣仁圣烈高皇后陵内，并留下简单记载：永熙陵地宫"系青砖砌成，七横砖七平砖，共十四层厚，极其坚固。顶部绘有天象图，天象图下绘宫殿楼阁，整个墓轮廓下方上尖"[16]，宣仁圣烈高皇后陵"全系长方石叠砌"[17]。根据发掘调查的情况，参阅文献中关于各帝陵和部分后陵"皇堂"的记载，可将宋陵地宫形制和结构的演变大致分为三个阶段：第一段为砖砌单室墓，约包括永安、永昌、永熙三陵及袝葬于三陵的后陵；第二阶段仍为单室墓，但改为石构，包括永定、永昭二陵及袝葬后陵；第三阶段的墓室分为上下两层，即在石砌墓室内又建造有石椁，包括永厚、永裕、永泰三陵及袝葬诸后陵。

北宋皇陵留下了丰富的石刻艺术，现存的望柱、人物、动物和上马石等达八百余件。另外，近年来在一些帝、后陵和陪陵墓的神墙以外四周的地下约 1 米左右各出土了八件生肖石刻。帝、后陵及陪陵墓出土的大小不同，帝陵周围出土的约高 40－50 厘米，后陵及陪陵墓出土的约 20－30 厘米。这与晚唐、五代时在墓室内安排十二时石刻或俑的意义相同[18]。

唐陵的石刻数目和位置都不确定，而宋陵的石雕数目固定。根据《宋朝事实》的记载，帝陵上宫石刻六十件，下宫前四件，后陵上宫的石刻较帝陵的少一倍，为三十件。《宋史》卷七七《礼二七》记载：勋戚大臣"坟所有石羊虎、望柱各二，三品以上加石人二人"[19]。按此记载应有八件，但目前在各陵陪陵墓前发现了望柱、虎、羊、文武官、马及控马官、狮子等石刻，如将其作为一个完整的组合，则应为十四件，又较后陵少一倍。各陵前的石雕数目相同，排列顺序划一，数量比唐陵为多，种类也有创新。如唐陵中位置并不固定的"番酋"，变为宋陵例设的六躯客使，角端代替了翼马，瑞禽石屏代替了高浮雕的鸵鸟。新增了象及驯象人、虎、羊、宫人、守门武士及上马石等。与唐陵石刻相比，宋陵石刻更接近于现实生活中的宫廷仪仗。这些石刻形象多样，线刻、浮雕、圆雕都有，反映了北宋石刻艺术的风貌和大型石刻发展的脉络[20]。

北宋皇陵祔葬后陵在帝陵西北部，皇室陪葬墓又葬于后陵的西北部，并相对集中埋葬。《宋史》卷七六《礼二六》记载：真宗景德四年，永安、永昌、永熙三陵的陪葬数目为"其三陵陪葬皇子、皇孙、公主之未出阁者及诸王夫人之早亡者，各设位次诸陵下宫之东序。安陵百二十一坟，量设三十位……昌陵十五坟，量设十位。熙陵八坟，量设五位……"这说明陪葬的都是皇子、皇孙、公主未嫁及诸王夫人早亡者。历年来皇陵区出土的墓志也证明了这点。除此之外，文献记载永安陵陪葬有昭宪皇太后之妹，追封为齐国太夫人。这是唯一的非宗室皇亲陪葬墓。永定陵区有"包拯墓"、"寇准墓"。关于此二墓，文献上的记载始于明代，墓前的碑则为康熙时所立，因此尚存疑。除上述八陵的陪葬墓区外，另有两个陪葬墓区，即清易镇墓区和柏峪墓区。它们位于陵区边缘，是北宋中后期所建。这两个墓区主要是安葬"卑丧"，指皇室中三代以下的旁系子孙和夫人以及未成年而夭折的殇子殇女。这些皇亲并无"葬期"之限，往往集中安葬，均为夫妻同穴合葬。

### 3．北宋皇陵的特点

通过对北宋皇陵的考古勘察、发掘与研究，结合汉唐帝陵的研究，人们可以看到宋陵与前代帝陵的一些明显的差异特点。

① 与历代帝陵居高临下，背山面水相反，北宋皇陵皆葬于嵩山少室山脉之阴，北依伊洛河，面山背水。陵园坐落在比较平缓的黄土岗地北坡，地貌呈南高北低、东穹西垂之势。从鹊台、乳台至上宫宫城逐渐斜降，陵台（中心建筑）位于全陵的低凹处。各陵从南到北都有数米至 10 余米的落差。这种特别的状况是受到了北宋时盛行的阴阳勘舆术的影响。司马光

《葬论》云："今人葬不厚于古，而拘于阴阳禁忌则甚焉……今之葬书乃相山川冈畎之形势，考岁月日时之支干，以为子孙贵贱、贫富、寿夭、贤愚皆系焉，非此地非此时不可葬也。"[21]仁宗时王洙等人奉敕撰《地理新书》，为官修阴阳术书，按"五音姓利说"对丧葬作出规定[22]。"五音姓利说"将人按姓氏分为宫、商、角、徵、羽五音，与土、金、木、火、水相对应。赵姓属角音，角音对应木行，木主东方，阳气在东。因此，赵姓在阴阳地理上是所谓"东高西下为之角地……南高北下为之徵地，角姓也可居之"。宋陵的地势与此相符，而与汉唐以来帝陵都要建在高爽之地的传统相违。

　②按"五音姓利说"选择吉地，安排陵位，祔葬后陵和下宫。上宫是举行大型祭奠仪式之所，下宫是供奉墓主魂灵衣冠和神像的处所。与唐陵下宫遗址多在陵墓西南、鹊台西北不

| 乾 | 亥 | 壬 | 子 | 癸 | 丑 | 艮 |
|---|---|---|---|---|---|---|
| 戌 |  |  |  |  |  | 寅 |
| 辛 |  |  | 穴 |  |  | 甲 |
| 酉 |  | 空 |  |  |  | 卯 |
| 庚 |  |  | 祖穴 |  |  | 乙 |
| 申 |  |  |  |  |  | 辰 |
| 坤 | 未 | 丁 | 午 | 丙 | 巳 | 巽 |

图一九　角姓昭穆葬图（天穴）

同，北宋皇陵下宫均建于帝陵上宫的西北部。这是按葬经选择的壬、丙吉地。《地理新书》卷七谓五音各有五向：角音大利向（最吉）为壬向，安坟坐丙穴；小利向（次吉）为丙向，安坟在壬穴；自如向（再次吉）为庚向，安坟坐甲穴；粗通向（不佳）为乙向；凶败向（最凶）为卯向，不宜安坟穴。由此可知，角姓埋葬方位利于壬向、丙向，以丙地、壬地为佳，丙地又尊于壬地（图一九）。因此，北宋皇陵在陵园布局上将帝陵下宫建于上宫的西北部，而且皇后陵、陪葬墓和寺院均位于帝陵的西北部。在同一陵区内，晚建的帝后陵都位于早建帝后陵的西北，由东南（丙地）向西北（壬地）依次排列。

③帝后同茔合葬，皇后单独起陵。北宋诸陵中除宣祖赵弘殷与昭宪杜太后合葬于永安陵外，其余帝、后皆为"同茔合葬"制。皇后单独起陵，祔葬于帝陵西北。这一点与西汉的制度有相似之处。《史记》卷四十九《外戚世家第十九》的集解引《关中记》曰："高祖陵在西，吕后陵在东。汉帝后同茔，则为合葬，不合陵也。诸陵皆如此。"[23]这与唐及宋以后的历代不同。另外，北宋不仅以数个皇后合祔一陵，而且不按辈分，早死的皇后也可祔葬先辈帝陵旁。如太祖王后、贺后祔于永安陵，真宗郭后祔于永熙陵等。只是埋葬方位上，同辈后陵自东南向西北排列，晚辈的则在上辈后陵之北。

④设陵邑，建寺院。唐陵无陵邑，宋陵有一个陵邑，应是受到辽代奉陵邑的影响。另外，在宋陵四个陵区旁均设有皇家禅院，均位于陵区西北部，计有永昌禅院、永定禅院、昭孝禅院和宁神禅院，用来豢养僧尼为陵主魂灵诵经。

⑤从总体上看，宋陵的规模远不如唐陵宏伟。这是由于北宋的制度，皇帝活时不营"寿陵"，都是在死后才营陵。由于

限定"七月葬期",皇后的葬期一般只有三、五个月,工期很短,而且都是平地起陵,不似唐昭陵、乾陵依山为陵,所以规模都小于唐陵,显得不够气派、壮观。

## (二) 攒宫石藏子—南宋帝陵的研究与复原

南宋的帝陵都葬在绍兴东南 12.5 公里的宝山,始建于绍兴元年(公元 1131 年)。其年哲宗昭慈皇后崩,"遗诏殓以常服,不得用金玉宝具,权宜就近吉地攒殡,候军事宁息,归葬园陵"。因此,南宋陵是权殡,故建造比较简单,称为"攒宫"。高宗永思陵、孝宗永阜陵、光宗永崇陵和宁宗永茂陵四座陵在山南高峻处,称为南陵,其中高宗、孝宗、宁宗的三陵各祔葬一后陵。理宗永穆陵、度宗永绍陵在山北,称北陵。人们常把南、北二陵合称宋六陵。

攒宫的建筑大体依北宋陵制度而加以简化,无陵台、象生、神墙,也无墓室,而只是将棺筑在一个石作的大匣子里,称"石藏子"。对于攒宫和石藏子的制度,有学者已根据周必大《思陵录》的详细记载作过复原研究[24]。南宋诸陵在元初受到严重破坏。至元十五年(公元 1278 年),元江南行省总统和尚杨琏真珈与丞相桑哥勾结,发掘宋陵,将六陵全部盗挖,并彻底破坏,废陵毁尸[25]。所以,南宋攒宫的遗迹已无存。60 年代对苏州张士诚之母曹氏墓的发掘为人们提供了一个石藏子的实例。张氏墓的时代是元至正二十五年(公元 1365 年)。其时张士诚已称吴王,因此其母的葬制依宋陵之制(图二〇)。其墓为正方形,无墓门、墓道,石圹,边长 3.79 米,沿土坑四壁砌擗土石壁,内用青砖和夯土起两道厢壁,厢壁中

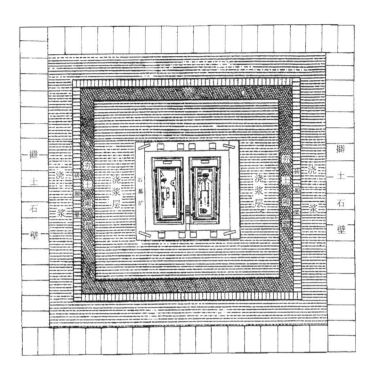

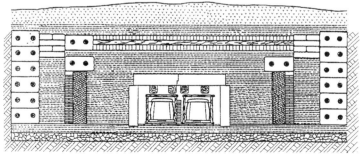

图二〇　元张士诚母曹氏墓平剖面图

央置正方形石圹，圹内置两具木棺、椁。在石壁、厢壁和石圹之间灌满三合土灰浆，上用石条封盖，使整个墓圹结为一体，非常坚固。由于其防潮性能好，曹氏尸体保存完好，随葬的丝织品、衣物、金冠、玉带及其他金、银、玉装饰品都保存很好，还出土了阴刻填金的象牙哀册一套[26]。

据文献记载，南宋陵在厢壁之上还铺有一层柏木板，其上才是盖顶石，石上再铺砖，直铺到与地面平。不起陵台，在上边直接盖献殿。殿呈凸字形，称为龟头献殿，石藏子压在下边。另外，还有下宫，据记载其有前后殿、东西廊。所以，南宋陵从外观上看不出陵的样子，而与殿一样，完全是临时性的，准备将来归葬巩县祖陵。明清以后的方城明楼之制，就导源于此。石藏子的制度对平民墓葬也产生了深远的影响。

## （三）充满世俗的中原北方地区宋墓

对一般墓葬的考古工作，最能体现宋元明考古本身的发展状况和受重视程度。70 年代中期以前，除了辽墓，这类墓葬发现和发掘的较少。有些发现了而未予重视，也有些清理了而未予报告。即便是刊布了材料的墓葬，也多以文物简讯的形式简报。70 年代中期以后，随着人们的重视，发现和发掘的墓葬急剧增加，工作也日益正规。各地发现的墓葬从数量和类型上已足以对其进行初步的总结和综合研究。

两宋墓葬具有鲜明的地方特色，在形制、装饰和随葬品上都有较大的差别，大体可以分为南方和北方两大区域。各大区下又可进一步分为若干小区。中原北方地区是指宋朝版图内长江流域以北的地区。其南界大体在淮河到汉中一线，北面与辽为界，西面与西夏为邻。在时间上大部分地区自北宋建立起就在宋王朝的统治下，"靖康之变"后迅速沦为金的统治区。这一地区也是五代时期中原地区五个短命王朝的实际控制区。

## 1. 中原北方地区宋墓概况及特点

北方地区宋墓特征较明显，面貌比较一致。尽管此区的宋墓上承晚唐和五代的墓葬风格，但在许多方面有新的发展，而且变化较快，使唐宋两朝间的墓葬显得差别甚大。中原北方宋墓有小型的土洞墓、砖室墓和少量石室墓。

土洞墓和竖穴土框墓在北方地区普遍发现。最有特色的是一种靴形土洞墓，即在竖穴墓道中向旁侧掘挖墓室，由于墓道底部低于墓室，从剖面上看呈靴形。北方土洞墓的使用者在北宋前后期有明显变化。早期的土洞墓中常常有一定数量的随葬品，少数墓葬中还出土有墓志。在西安市长乐东路发现的乾德五年（公元 964 年）的吕远墓，是一座品官墓葬，使用了方形土洞墓室[27]，与西安地区的晚唐墓葬相似。在太原市小井峪清理的近百座土洞墓，多随葬有几件瓷器，其中有三座墓中出土了墓志，墓主人的身份是"儒生刘方伸"和"并州右厢开食店王信之父母"等[28]。这些带墓志的墓均属北宋前期。这表明陕西地区北宋前期的墓葬还延用了一些唐墓的葬习，同时也说明北宋前期常有一些品官、城市平民、农村的自耕农和儒生等社会上较有地位的人使用土墓。到了北宋后期，土墓尽管在形制上没有大的变化，但基本上不再出土像样的随葬品，估计使用土墓的人身份降低，前期使用土墓的人大多转而使用了小型砖室墓。这种状况应与北宋社会经济迅速走向繁荣有关。北宋末期，主要是徽宗朝以后，在全国各地普遍发现了北宋政府官方出资集葬贫苦人民和无主骸骨的"漏泽园"墓地。在山西

吕梁发现的漏泽园墓，是最早发现的这类墓葬[29]。《宋史》卷
一五《神宗本纪二》记载：（元丰二年）"辛未，诏给地葬畿内
寄敤之丧，无所归者官瘗之"。《宋史》卷一九《徽宗本纪一》
记载：崇宁三年二月"丁未置漏泽园"。由此可见，漏泽园制
度大致产生于神宗元丰年间，而成熟并发展于徽宗朝[30]。现
在所见到的漏泽园纪年基本都是徽宗朝的，始于崇宁年间，下
至宣和、靖康年间。一般用陶或瓷罐放置骨灰埋葬，重要的是
这类墓葬在收葬死者时都有记录，并标示于墓中。较多见的是
在罐上或死者的身上盖一块砖，砖上一般划刻编号、籍贯、身
份、死因、收葬时间。各地多次发现了此类墓葬，如在河南南
阳、三门峡、洛阳、滑县、江苏丹阳、河北磁县，陕西岐山、
四川绵竹和郫县等地都发现过，有官办的，有寺庙办的。还有
在劳动密集地区，如窑址周围。各地的葬式也有所不同，如河
南洛阳发现的是土坑加志砖的葬式，相似的还有河南南阳发现
的漏泽园墓[31]，河北磁县观台窑址周围发现的漏泽园墓则有
木棺和刻字填朱的专用墓志，反映了劳动密集地区较高级的葬
式[32]。在河南滑县曾清理了一百五十余座，死者土葬，身上
下各放一块砖[33]。漏泽园墓中死者的身份有军人（包括厢军
中的士兵、下级军官及其家属）、劳动密集地区的雇工及其家
属、百姓、安济坊人、居养院人、狱内罪人及一些外地人和路
倒者。这些人应是宋代社会中最下层的人群。

　　北方地区发现的石室墓不多。由于墓主人的身份都较特
殊，因此倍受人们关注。目前所发现的石室墓均为品官墓葬，
或官吏家族墓。宋代官方有明确的政令禁止使用石墓室，《宋
史》卷一二四《礼二七》引《礼院例册》曰："诸葬不得以石
为棺椁及石室。其棺椁皆不得雕镂彩画，施方牖槛。棺内不得

藏金宝珠玉。"北宋时中原地区的墓葬大体遵循宋朝丧礼，尤其是品官，由于朝廷还派有监葬官，一般难以越制。考察北方发现的几座石室墓，都有较特别的含义。如河南密县发现的元祐九年（公元 1094 年）宣徽南院使冯京夫妇墓，是一座长方形并列四室石室墓，墓葬长度达 3.4 米。这种葬制在北方尚属孤例。考冯京乃鄂州江夏人[34]，而这种并穴合葬的石室墓正是湖北地区流行的一种葬制。山东嘉祥钓鱼山二号墓是一座双层长方形双室石室墓，为知齐州事晁无咎家人的墓葬。晁为四川人士，而这种双层墓葬仅在四川成都平原周围山区发现[35]。在河南方城发现的尚书左丞范致虚家族墓，使用了长方形砖室石顶墓，包括方城盐店庄村范致虚的继母彊氏墓、方城县金汤寨范致虚父亲墓和其弟范致祥墓[36]。范致虚为福建建阳人，其父母是从建州随范致虚到河南，在范致虚知邓州时，随寓于方城而殁[37]。这种砖室石顶墓正是福建地区流行的墓制。类似的情况还有河南郏县三苏坟清理的"宣和五年"（公元 1123年）承议郎苏适墓，为长方形并列双室砖墓。苏适祖籍四川，其墓与四川成都平原地区的宋墓形制相同。由此看来，各地品官墓形制的多样性与品官不同祖籍的葬俗密切相关。由于宋代选官和科举制度的发展，世代为官的情况减少，所谓"时取才唯进士、诸科为最广，名卿钜公，皆繇此选……登上第者不数年，辄赫然显贵矣"[38]。这些人起于布衣，为官四方，其本人或家人殁于任所，并葬于当地，采用原籍的埋葬习俗是可以理解的。这实际还暗示了宋墓的地区差异，不仅有地方经济、文化发展的原因，葬俗的不同亦为重要原因。

值得注意的是洛阳元丰八年（公元 1085 年）王梾辰墓，为方形三室石室墓，墓形与河南地区常见的砖室墓相同。王梾辰是东京人，因此使用了方形多室的石室墓[39]。此情况似可从另一角度考虑，北宋神宗时期，朝廷内形成了围绕变法的党争。王桄辰是旧党的重要人物，在哲宗初年旧党专政时下葬，可能受到了特别的礼遇。这在考虑冯京墓时，也应特别注意。

北方地区最值得注意的是砖室墓，发掘和报道出来的最多。砖室墓又可以分为两类，一类是简单型的砖室墓，即墓室没有仿木构建筑，也没有雕砖和彩绘的壁面装饰。另一类是仿木结构砖室墓，一般墓门做成仿木构的门或门楼，墓内有题材丰富的壁画和雕砖装饰。这两类墓葬自身的变化都很大，最重要的是墓主人的身份发生了一个完全的角色转变。

第一类是简单型的砖室墓。北宋早期发现的这类墓尺寸很小，壁面既无装饰，随葬品也不多。考虑到北宋前期许多有一定经济地位的平民主要使用土洞墓，这种小型简单型的砖室墓

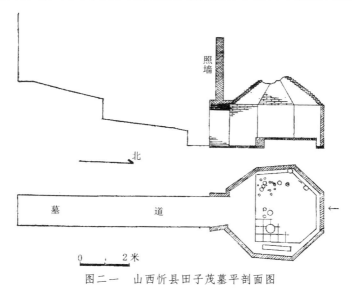

图二一　山西忻县田子茂墓平剖面图

也应是平民中较有经济地位的人使用的。如河北曲阳涧磁村发现的几座北宋早期的砖室墓，均为圆形，无装饰，出土了一些定窑瓷器，多者五件，少者一件[40]。神宗朝（公元 1068－1086 年）以后，开始发现较多的简单型砖室墓。不过，墓的尺寸变大，一般都有数量较多的随葬品。如山西忻县发现的政和四年（公元 1114 年）河东路第六将正将田子茂墓（图二一），墓长达 3.5 米，出土了包括青铜器在内的二十九件随葬品，但墓室无任何装饰[41]。前述宋陵区清理的魏王赵頵墓也是这种情况。从北宋后期开始，北方几乎所有的品官墓都是这种墓内无装饰的简单型墓。这大约与前述的宋代丧礼中"棺椁不得雕镂彩画，施方牖槛"的规定有关。

第二类是仿木结构砖室墓。这类墓在墓门和墓室内用砖砌出仿木构建筑的柱、枋、斗栱、檐槫和门窗等，将墓室装饰成居室或庭院的样子。墓室内还有雕砖和壁画装饰。墓内用砖雕饰仿木构建筑和家具，魏晋时期在甘肃和长江中下游地区就有零星发现，北魏时还在晋南发现有较复杂的雕砖墓，但都属个别现象。仿木构砖墓真正的流行约从晚唐大中年间开始，主要在河北北部和北京发现，都是品官贵胄墓，如北京海淀区唐大中元年（公元 847 年）游击将军纪制夫妇墓[42]。这种仿木构装饰历五代至北宋前期，一直在品官和帝后的墓葬中流行，如南京发现的南唐二陵、元德李后陵以及辽的永庆陵中都有仿木构砖雕。这时的斗栱都很简单，除了永庆陵和李后陵中做出单抄重栱四铺作斗栱，其余的都是简单的一斗三升式或把头绞项造式斗栱。但墓室都很大，壁面同时装饰一桌二椅、一门两窗、灯檠、箱、柜等题材的雕砖。

约在北宋中期，这类墓葬开始出现了身份的转变。大型的品官贵胄墓中不再使用仿木构装饰，逐渐变为壁面毫无装饰。同时，仿木构砖室墓开始被平民所使用。目前所知最早的墓例是河北武邑龙店村庆历二年（公元 1042 年）墓[43]。此后，在北宋中晚期仿木结构砖室墓成为北方地区最常见的墓葬形式，仿木斗栱和壁面装饰不断趋向复杂，约在金代后期达到顶峰，元代衰落，明代以后就较少见了。这类墓葬的尺寸都不大，随葬品极少，少者一、二件，多者也不过十件左右。

仿木构砖室墓在平民当中普及后，壁面装饰发展迅速，表现人们的生活、意识、文化和风俗方面的内容十分丰富，成为北方最具代表性的墓葬。从中可看出中原北方各地的区域差异，大体又可分为三个小区：A. 河南、山东地区，有方形、圆形、多角形墓，方形多于圆形。墓内装饰有一定的布局，以后壁做出假门窗，两侧壁表现墓主人夫妇对坐、伎乐、杂剧、

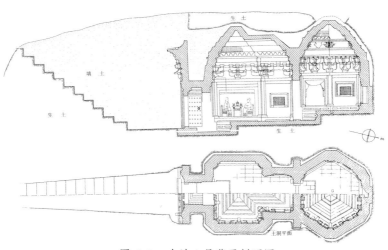

图二二　白沙 1 号墓平剖面图

孝行图和其他家居题材，似将墓室表现为一个居室。在壁面装饰中砖雕居于次要地位，常表现尺、剪、熨斗、刀等一组小型用具；桌、椅、箱、柜、灯檠、衣架、镜台等一套家具以及碗、盘、注子、盏托、瓮、经瓶等一套饮食器。随葬品一般极少，仅限于碗、罐等。以禹县白沙一号墓为代表（图二二）[44]。B. 河北、山西省中部和东部地区，墓形以圆形为多，墓室内装饰布局常采用后、左、右三面均做出假门窗或山花向前的门楼，似将墓室表现为一座院落。壁面装饰不如 A 区复杂，墓主人夫妇对坐、伎乐、杂剧等有完整情节的场面少见。装饰中砖雕的比重较大。随葬品多于 A 区，且以瓷器为多。C. 晋南、关中地区，绝大部分是方形墓，十分流行在方形墓框上做出八角形叠涩攒尖顶。多耳室，流行丛葬。壁面装饰十分华丽，分层装饰，砖雕占了绝对优势，常表现人物、花卉、动物和灵兽等。随葬品多于前两区，但以陶器为多。

以仿木结构砖室墓的发展变化为主线，结合其他墓类，也可看出中原北方地区宋墓从简到繁，从唐代那种颇具程式化的装饰向宋代世俗化方向发展的线索。大体可以将中原北方宋墓分为三期：第一期，北宋开国到仁宗天圣年以前（公元 960－1022 年），发现的材料很少。在陕西发现了使用土洞墓室的品官墓。未见有华丽壁面装饰的平民墓，只有一些随葬较高级器物的土洞墓和小型长方形壁面无装饰的砖室墓以及使用仿木构砖室墓的品官墓。第二期，仁宗天圣元年到哲宗元祐元年以前（公元 1023－1085 年），开始在平民使用的小型砖墓中做出仿木斗栱。砖室墓均为方形或圆形，斗栱都比较简单，主要是一斗三升托替木式或把头绞项造，有少量斗口跳式。壁面装饰比较简单，绝大多数仅表现家具和用具，神宗后期开始出现少量墓主人夫妇对坐、伎乐、出行和家居场面。砖雕比较简单，大型场面多用彩画表现。假门窗绝大部分是板门、直棂窗和破子棂窗。第三期，元祐元年到北宋末（公元 1086－1127 年），仿木构砖室墓大量出现，多角形墓和方形多角顶墓占了统治地位，壁面装饰变得极为华丽，仿木斗栱变得复杂，出现了四铺作、五铺作重栱斗栱。墓主人夫妇对坐、伎乐、杂剧、升仙、礼佛，孝行图和备宴、梳妆、书写等各种场景的装饰十分流行，假门窗多为较复杂的格子门和棂花窗。平民使用的石棺墓也多出现在这一期。徽宗朝开始在各地发现漏泽园墓。

**2. 中原北方地区宋墓所反映的宋代葬俗和社会问题**

仿木结构砖室墓中都有丰富的壁面装饰，通过对其的探讨，对于了解当时的葬俗及社会生活，提供了重要的材料。

早期在仿木构砖室墓中出现的雕砖和壁画，除了少量的家具和建筑彩画，主要有门窗和一桌二椅两种题材。一桌二椅装饰指在墓内某一壁面砌出一个方桌，两边放置一对椅子。这种题材在早期的墓葬中常见，通常有仿木雕砖的墓葬多有此装饰。约从北宋中期开始出现了变化，在桌面上出现了碗、盘、盏托、注壶、经瓶等饮食器；在桌下或附近出现了尺、剪、熨斗、刀、银铤等一组小型用具。约从神宗朝（公元 1068－1085 年）开始，椅上出现墓主人夫妇的形象，两人各据一边，相对而坐，身后还常立有侍者，在其上方常有帷幕，似在厅堂之中。此后，这种题材成为中原北方最流行的一种装饰，南方的部分地区也有发现。金代时，这种装饰进一步变化，在晋南地区出现了墓主人夫妇正面并坐场景，中间相隔的桌上摆放一大丛牡丹花，坐的位置也变成了在通壁的三开间格子门之前。宿白先生指出，将这一场景与对壁的伎乐场面合观，与文献中所记"厅前歌舞，厅上会宴"的"开芳宴"场面相合[45]。因此，在很长时间里都将这种墓主人夫妇对坐的场景称为"开芳宴"。然而，随着众多宋金墓葬的清理发掘，人们已可初步看出这种题材的发展变化情况。而且，既使在这种题材最兴盛的北宋末到金代，对坐场景与伎乐或杂剧题材正面相对的墓例也只占较少数。再看桌子上下摆放的器具，很难说是一组宴饮用具，而更接近一组祭祀用具。在山西晋光药厂发现的一座金大安二年（公元1210年）墓中，北壁做成堂屋状，内坐墓主人夫妇，男执念珠，女持经卷，后有侍童，中间桌上放置一大盆花卉。另在牛村发现的金天德三年（公元1151年）墓中的墓主人像龛上方书写"永为供养"四字[46]。再结合山西稷山马村M7金墓内的《段楫预修墓记》中所言"修此穴以为后代子孙祭祀之所"[47]。这些说明从早期的一桌二椅演变到晚期的墓主人夫妇对坐、并坐的场景，是墓中最重要的装饰，似乎是在墓中设置的墓主人夫妇的灵位。

在仿木构砖室墓中，常常用一个壁面表现伎乐，北宋后期十分流行（图二三）。这种伎乐场面人数不一，少者五六人，多者十余人。完整的场面由一、二名舞人和一组奏乐人组成，舞人当即《梦梁录》中所记的"舞旋色"，乐器有觱篥、横笛、笙、箫、排箫、拍板、大鼓、腰鼓、琵琶，通常以觱篥为中心，乐器的组合并无一定之规，但觱篥、横笛、拍板、腰鼓是必不可少的，单种乐器在乐队中的数量也可有多寡。据考证，这种组合与《辽史·乐志》中关于"散乐"的记载相符合。《辽史》中明确记载辽地的俳优伶官是后晋时从中原掠来，"辽之散乐，盖由此矣"。因此，《辽史》所记应与中原情况相同。表演的形式应是大曲。其曲式包括"散序"、"歌"、"破"。在宋

图二三　白沙 1 号墓东壁伎乐壁画

墓中，这几个程序基本都有反映，表明这种散乐在民间十分流行。宋代不仅有官方的教坊四部，还有地方政府应役性的"衙前乐人"，民间豪富也常常私畜乐队，更有民间的卖唱团队。《梦粱录》卷二十"伎乐"条记载："街市有乐人三五为队，擎一二女童舞旋，唱小词，专沿街赶趁"[48]。这些民间乐队也会时常参加民间的婚丧典礼。（唐）段少卿《酉阳杂俎》卷十三"尸穸"条记载"世人死者有作伎乐，名为乐丧"[49]。同治《稷山县志》卷之一《风土》中记载"诵经超度，扮剧愉尸，习为固然"[50]。在墓葬中出现伎乐场面，唐代即已开始，宋金元时期则在平民墓葬中大大流行，标示着这种演乐从宫廷正规的丧礼中转而被民间广泛吸收，是为了达成"乐丧"和"愉尸"。伎乐不仅在丧礼中使用，也被装饰在了墓内壁面，且大多出现在墓主人夫妇对坐题材的对壁，似与前述"永为供养"

的目的有所联系。考虑到这种场景并不是每墓必见，也不占主流，因此"应是根据墓主人生前习俗而定"有直接关系[51]。

散乐题材大量出现的同时，杂剧也出现在墓葬的壁面装饰中。目前看来，杂剧装饰在北宋神宗朝以后首先出现在以开封、洛阳为中心的两京地区，金代转入晋南地区，并达到了高峰，元代以后逐渐衰亡。流行的区域并不太广，但其生动准确的表现形式，使人们可以结合文献记载，复原出杂剧在宋金时期发展的具体情况。如河南偃师酒流沟水库发现的一座宋墓，在壁面上雕出杂剧场面，共有五个人物（图二四）[52]。南宋人耐得翁《都城纪胜》"瓦舍众伎"中记载，当时杂剧的角色分行"末泥为长"，另有"引戏色"、"副净色"、"副末色"，有时还加上"装孤色"。表演的形式是"每四人或五人为一场，先做寻常熟事一段，名曰艳段；次做正杂剧，通名为两段"；最

图二四　河南偃师酒流沟水库宋墓杂剧雕砖

后，可能还加上一场用以搞笑的"杂拌"[53]。酒流沟水库宋墓中的五个杂剧人物大体与上述五个行当相合，他们正在一起表演一场艳段或正杂剧。这说明杂剧的艺术形式在北宋后期就已相当成熟。到了金代，在角色分行、演出形式、乐队和舞台等方面都更趋成熟，为元曲的辉煌成就奠定了基础。

仿木构砖室墓被广大平民使用以后，也必然会反映出民间的各种思想意识。从北宋元丰年间（公元 1078—1085 年）开始，仿木构砖室墓中开始用雕砖或壁画，在壁面上用人物故事图像的形式表现成组的孝行图（孝悌故事）。孝行图在墓中的位置并不确定，什么地方有空隙都可以插入，如在一门两窗题材的窗下，在斗栱间的栱眼壁，有时也在墓门前的甬道旁。这表明其在墓中并无固定的作用，只是在表述一种观念和意愿。孝行图的数量亦不固定，少的仅四幅，通常是十五至二十四幅。孝行图一经出现就迅速流行，在辽地以及南方的四川、贵州等地的墓葬中都有发现，金代最为流行，至元代以后才逐渐从墓葬装饰中退出。宋代孝行题材的范围扩大了，涉及的人物上至帝王（舜、汉文帝）、官员（黄庭坚），下至贫苦百姓（董永、郭巨），男女老少都有表现。生活中的各种人都可以在其中找到自己阶层的代表。孝行图在平民墓中大为流行，有其特定的历史背景。唐代为了推行孝道，中国僧人就托佛祖之名杜撰了《父母恩重经》（始见于武周时期经目）。尽管此经作伪痕迹过于明显，因而在唐代未能入藏，但在民间仍有广泛的传写，并产生了许多变相[54]。这对孝子故事的传播和自身内涵的扩展起了重要的推动作用。敦煌发现的五代末宋初的《故圆鉴大师二十四孝押座文》[55]，表明公元 10 世纪中期孝行题材已有了很大发展。然而，孝行题材直到一百余年后的北宋后期才在墓葬中，尤其是平民墓葬中广泛出现，表明这时才在民间得到了普及和认同。宋代孝道的流行应与宋学、理学中强调"持敬"、"和乐"等修养方法，用于约束人们的举止和情感的义理有某些内在的联系。宋代理学主要奠基者之一张载在他阐发孝道的著作《西铭》中曰："生有先后，所以为天序；大小高下相并而相形焉，是谓天秩。天之生物也有序，物之既形也有秩。知序然后经正，知秩然后礼行。"明确地提出按长幼之序来约束道德行为，大力提倡恪守孝道[56]。这无疑是孝道流行的理论基础。同时，统治者也大力提倡孝道。北宋后期，政府和士大夫大力推崇时贤朱寿昌，最后使其入选元代编定的《二十四孝》。这使得民间力图彰扬孝行节义，以为家门族里之荣誉。道教也同样大力推崇孝道。宋金之际在北方兴起的全真道教，其教义也尊崇孝道[57]。由此可见，从北宋后期开始在墓葬中流行的孝行图，与民间孝道思想被广泛接受相关，而这一状况的形成又是儒释道合力推行的结果。宋代以后三教合流的趋势，在推行孝悌之道上找到了一个思想的交汇点。

中原北方的仿木结构砖室墓自从被平民广泛使用后，一个明显的特点就是随葬品极少，最常见的就是一、二件碗盏和少量陶瓷罐，其中盏多用做灯碗，罐也应有特定的含义，不是用作明器。这一现象似应从两方面来考虑：第一，有些器物，尤其是那些神煞俑类及一些大型器物，有可能使用了纸明器，这在文献中有所记述。（宋）赵彦卫《云麓漫钞》卷五记载："古之明器神明之也，今之以纸为之，谓之冥器，钱曰冥财。"宿白先生对纸明器也有过详细考订，引述了《东京梦华录》《政和五礼新仪》《辽史》《资治通鉴》等文献中的有关记载，论证纸明器应在埋葬时"当时焚化"[58]。第二，正如宿白先生在

《白沙宋墓》中所议，是借壁画器物或砖雕器物来代替实物。应该指出的是，壁面所替代的器物当不止剪、熨斗、尺一组用具。如前所述，如墓主人夫妇对坐题材可能是表示受祭祀的灵位，则当中桌上及桌下所表现的当是一组供器。北方发现的少数几座未被盗过的，并且墓内不带任何装饰的品官墓，在出土的器物中就有碗、盏、注壶、瓶等饰于桌上之器。典型的例子有河南方城县朱庄"荣国夫人"彊氏墓，墓内出土了数十件石俑及石制器皿，包括了上述几类器物，其至还有仿木构砖墓壁面常常出现的箱、柜等一组家具[59]。结合南方地区，约从北宋后期开始，将本来随葬于墓内的各种神煞俑，逐渐移到瓷堆塑瓶的颈部（详见后述）。由此可见，宋代人对明器已从汉唐时在墓内放置金属或陶瓷的实物或俑类，转为采用各种方式以示意。进一步说，宋人对其在阴界的实际用途已不在意，而只是追求生者对死者观念上的满足。人们追求的更多的是对习俗和观念的满足，以寄托对死者的追思。前述的品官客死他乡，仍持祖籍所在处的葬俗，也从一个侧面反映了这种倾向。这实际上代表了宋人对阴界和鬼神认识的进步。

## （四）坚固密封的南方地区宋墓

### 1.南方地区宋墓的分区与分期

南方地区是指长江流域以南宋朝统治的广大地区。这里的宋墓既具有一定的共同特点，又由于五代时期的割据局面使地方经济得到发展，从而形成了较明显的地方文化特点，使南方地区的宋墓又可以分为几个小区。

长江下游地区。此区包括今江苏省、安徽省淮河以南的地区、浙江省和上海市，五代时属南唐和吴越国统治区，两宋时期是全国经济最发达的地区。这一地区宋墓材料十分丰富，从中归纳出的发展变化规律，可大致代表整个南方地区。此区发现的宋墓材料比较多，有几种墓型：A. 长方形竖穴土坑墓；B. 长方形砖室券顶墓，其中又有单室和并列双室券顶砖室墓。双室墓两室共用一堵隔墙，并有小窗或其他方式相通。苏轼对这种葬制有详细的记载，称之为"同坟而异葬"或曰"同垅而异圹"。其目的是因为夫妇死有先后，葬后死之人时，如见先死之人尸首腐败，恐伤孝子之心。两圹之间留有通道则可以满足"殁则异室，死则同穴"的要求。苏轼称之"最为得礼也"[60]；C. 砖框石盖顶墓（砖室石顶墓）或砖石混筑墓。这是此区最流行的墓类，同样也分为单室和并列双室两种。D. 石室墓，数量不是很多，且多分布于山区地带。

长江下游地区的宋墓根据墓葬形制、类型和随葬品的变化，大体可以分成三期五段：

第一期为北宋建国到真宗朝（公元 960－1022 年），是南唐和吴越国统治的末期和北宋统治的初期。墓葬上承晚唐、五代时期的特点，有竖穴土坑墓、砖室墓和砖石混筑墓三种。南唐和吴越国统治区各自保持着自身的特点，南唐以长方形多耳室券顶砖墓为主，吴越国地区仍沿用晚唐以来形成的后室呈船形的双室墓。大墓多随葬越窑青瓷器，部分墓还有精美的白瓷器。随葬品主要有碟、碗、注壶等和陶四系罐及各种神煞陶俑，俑的形态和内容与晚唐、五代时一脉相承。有少量墓葬中出土带有"都省铜坊"铭文的铜镜。

第二期为北宋中后期，分为前后段。二期前段为北宋仁宗、英宗、神宗三朝（公元 1023－1086 年）。此时墓葬开始摆脱唐、五代的影响，形成宋墓的特点，吴越和南唐地区的墓葬开始趋于一致。有竖穴土坑墓和少量的券顶砖室墓，砖室石顶墓十分流行。随葬品发生了较大变化，越瓷不见了，而较多地随葬青白瓷。瓷器的工艺精湛，有带碗注子、粉盒和盏托等。许多墓还出土黑釉器物。陶罐和陶俑大大减少，普遍出土带有"都省铜坊"或"××钱监"铭文的铜镜。二期后段，哲宗朝到北宋末（公元 1087－1127 年）。此段有竖穴土坑墓和砖室石顶墓，券顶砖室墓增加，出现了石室墓。明显的变化是并列双室墓大大增加。随葬品中青白瓷占了统治地位，瓷质小盒成为最普遍的随葬品，开始出现黑釉瓷碗。铜镜仍很普遍，但多为素面镜，不再见"都省铜坊"和"××钱监"的铭纹，但私营制造的湖州镜也还不多见。

　　第三期为南宋时期。这是宋墓发展的盛期，又分为前后段。前段为高宗到宁宗时期（公元 1127－1208 年）。最主要的墓类是石顶砖室墓，底部多铺砖或石，一般都有壁龛，内中放置随葬品。随葬品中青白瓷的数量大减，而黑釉盏、罐增加，每墓必出湖州镜。陶、瓷、漆器减少，而较多地发现金银饰品和文具、铜器，开始用铁器镇墓和使用铁地券。后段为理宗朝到南宋末（公元 1209－1278 年）。其间仍以长方形双室砖墓为主，但石顶墓减少，券顶墓增加，墓底普遍铺砖。一些墓用松香、水银防腐，体现出对尸体保护的极其重视，可能是受到了帝陵"石藏子"的影响。随葬品中陶瓷器减少，有些墓中大量随葬锡明器、竹木器，少数墓中出现龙泉窑瓷器，但数量不多。

　　长江中游地区。此区主要是指今湖北、湖南和江西省，在宋代大体属荆湖北路、荆湖南路和江南西路，各地又有自身的特点。

　　湖北地区表现出一种作为一个交通冲要，其墓葬兼具周边地区墓葬风格的特点。鄂西北部地区主要受北方地区的影响，流行仿木构砖室墓，多为方形或长方形，也有一些多角形的，还有少量双室大墓。鄂东和鄂东南地区的风格与长江下游地区相近，流行砖室石顶墓，也分为单室和并列双室两种。长方形砖室墓的形制则比长江下游地区复杂一些，一般为长方形券顶砖墓，但有些受北部影响，在壁面做出一些门、窗类的砖雕装饰，双室墓有并列双室和错位双室之别。还有一些特殊形制的砖室墓，如船形、楔形和刀形等。湖北省东部的孝感、武汉和黄冈地区还发现石椁木棺墓，以条石砌出墓壁与墓顶，内置木棺，有些还在椁内做出仿木构的门、窗、斗栱等[61]。

　　江西省宋代主要属江南西路，两宋的墓葬在今浙赣线以北、鄱阳湖以东的地区。其面貌与长江下游的江浙地区比较接近，有竖穴土坑墓、长方形券顶砖室墓和砖室石顶墓，还有一些石室墓。南部和西部地区以券顶砖室墓为多，同时还流行石椁墓。随葬品较有特色，以俑类的变化最明显。北宋前期常随葬陶俑。北宋晚期到南宋中期流行随葬瓷俑，既有现实的人像俑，也有相当数量的神煞俑。南宋后期到元代，随葬的俑类减少，而四神、十二辰等神煞俑开始塑于堆塑瓶的颈部。除了俑，还有一些普通的随葬品。北宋前期常见陶罐、四系罐和多角罐。中期以后大量随葬青白瓷，器类丰富，数量众多，质量也较高。南宋时开始随葬一些黑釉罐、碗。南宋中期以后主要随葬吉州窑的器物，同时还随葬饶州生产的铜镜和用铁牛等物镇墓的四角。这里还多次发现道教题材的装饰和文物。

　　湖南省宋代主要属荆湖南路。这里发现的大型墓葬不多，以中小型墓为主。北宋时以长条梯形带小龛的竖穴土坑墓葬为主，有少量石椁木棺墓。南宋时开始较多地出现长方形砖室墓和石椁木棺墓。随葬品以陶器为多，多角罐和堆塑坛为其代表性器物，南宋时几乎每墓必出[62]。

长江中游地区的宋墓总体上看不如下游地区的变化明显。从墓葬形制的变化，尤其是随葬品的变化，可将这一地区的宋墓分为三期：第一期为北宋初到英宗至平年间（公元 960－1067 年）；第二期为神宗熙宁元年到北宋末期（公元 1068－1127 年）；第三期为南宋时期（公元 1128－1286 年）。这三期代表了晚唐五代风格延续期、宋墓风格形成与发展时期和宋墓的繁盛期。

长江上游地区。此区包括今四川省、重庆市和贵州省的部分地区。此区发现的宋墓数量众多，达数千座，大体有四类。从区域分布看，成都平原地区受长江中下游地区影响较大，墓葬的形制乃至随葬品都相当相似；而成都平原周围山区及重庆市到贵州的宋墓，则明显地受到北方地区宋墓的影响[63]。

第一类为土坑墓，各地普遍发现，应是身份较低的人使用，西昌地区还发现一种较特殊的墓葬，即在土坑中放置贴塑十二时和文史的骨灰罐。

第二类为长方形砖室墓，包括少量与长江中游地区相似的内壁无装饰的石椁墓，有的还带有简单的仿木结构砖雕，集中发现在以成都为中心的中部平原地区，有重券、单券和叠涩券三种墓顶。北宋时期多单室墓，南宋则多为并列双室或三室墓。南宋时墓葬的尺寸变小，流行火葬，出现上下双层墓，中间隔石板。这类墓北宋时期随葬品较少，主要是瓷器，随葬俑的较少。北宋中后期开始出现三彩俑，南宋时则大量随葬陶俑和三彩俑，有墓主人像、武士俑、侍俑、各种神煞俑和畜俑。这类墓中往往有墓志、买地券、敕告文、华盖文和镇墓真文，体现了较强的道教色彩。成都附近还发现一些较特殊的墓：一种是在长方形券顶砖墓中放置上百个骨灰盒，如在绵竹、郫县有发现，是北宋末期的漏泽园墓，但颇具四川的特点；还有一种是在一个很小的方形砖圹中放骨灰罐。

第三类为石室墓。长江上游地区的石室墓有两种：一种是带雕刻的石室墓，用石条砌筑，常使用券顶。南宋时多为双室，有并列双室，也有前后双室，墓内多做出石棺台、排水沟和壁龛。这些石室墓都有精美的石刻，内容有仿木构建筑构件；武士、四神、墓主人像或宴饮图、妇人启门及其他生活场景；各种花卉、吉祥图案；伎乐、侍女等人物图像以及各种动物与器皿等；重庆地区还发现有孝行图；一些墓中还用彩绘配合装饰。刻工精美，内容丰富。有些题材是北方晋南、关中地区流行而在河南、河北较少见的，表明四川地区此类墓葬的来源应主要是晋南关中地区。另一种石室墓主要分布在乌江以南的贵州中部，当地人称为"苗罐坟"或"仡佬坟"，是一种小型石室墓。或用四块长条石和两块方形条石立砌而成，或用条石砌壁，石板盖顶，狭长方形，地面有小封土。随葬品较少，主要是随身的饰件。在清镇干河坝发掘了八十四座，在平坝马场发掘了一百余座，被认为是仡佬族或苗族的墓葬。

第四类为悬棺葬，又可分为悬棺葬、岩棺葬和洞棺葬，均是不入土的葬俗，分别将棺木置于悬岩峭壁之上，或搁放在岩坎之上，或堆放在洞穴之中。这类墓分布的区域主要在四川的南部及重庆市的长江峡谷地区，向西则到贵州省的黔东、黔南、铜仁、安顺等地。贵州省发现的较多，已发现了数千座，并清理了一些。这类墓开始出现在宋代，一直延用到明代。经研究，认为其与文献记载的僰人（白族）的关系不大，而有可能是仡佬族和苗族的遗物。长江上游地区宋墓的分期情况与中游地区的大体相同，在某些方面变化更不明显。

闽广地区。此区包括今福建、广东和广西省。福建省与两广地区还有所不同。福建五代属闽国，继承了一些闽国的传统。如北宋时有一种长方形前后室的砖室券顶墓，墓形与闽国的墓葬相似。福建的宋墓总体上与江西地区宋墓相近，有券顶砖室墓、砖室石顶墓、砖石混筑墓和石室墓。南宋中后期还十分流行一种石室砖框木棺墓，并列三或四室。福州地区还发现了少量带仿木构石刻的石室墓。此外，还有一些墓室尺寸较小，使用陶棺或瓷瓮的火葬墓。随葬品中流行由多角罐、堆塑坛、模型类器物与龙虎瓶构成的谷仓类明器和生活用瓷器、文具及铜镜。大量随葬俑类是福建宋墓的一大特点。北宋和南宋前期流行陶制的十二时俑、各种盟器神煞、人物俑和畜俑，南宋时在福州地区还流行寿山石俑。南宋后期这些俑类大多改为塑在龙虎瓶上。南宋时流行用铁牛或铁猪镇墓[64]。墓葬大部分没有装饰，但在尤溪、南平、建瓯、将乐、三明等地流行砖室壁画墓，壁画内容丰富，有建筑、人物、各种生活场景、四灵、十二辰、仙人、福寿和吉祥图案[65]。

两广地区和海南的宋墓主要为长方形券顶砖室墓、砖室石顶墓和石椁墓。迄今发现的都是中小型墓葬。较有特色的是火葬墓，在尺寸很小的长方形或圆形砖框中放置盛放骨灰的陶坛，又被称为"魂坛葬"。这些陶坛的装饰十分有特色，时代较早的装饰较复杂，随时代发展而简化。例如，南雄县出土的绍圣四年（公元1097年）钟博士多角罐。这些陶坛堆塑的图像相当复杂，有蟠龙龟蛇、楼阁亭塔、乐舞人物等，有的还贴塑佛像[66]。雷州地区南宋以后的火葬墓多使用釉下褐彩绘画的瓷棺，棺长方形，后面有插板可以开启，棺上绘有十分丰富的彩画并书吉祥语。如雷城上坡 M1 出土的黄二公和刘氏两具瓷棺，棺上画道士、十二辰、四神，顶书"天门"、"地户"[67]。此外，流行随葬俑类和瓷器，如广东紫金县城郊发现的北宋墓中出土了很多石俑和景德镇瓷器[68]。另外，在广西的桂西南和西北地区还流行崖洞葬，从春秋、战国时期延续至清代，是当地土著的葬制。在南丹里湖一带也发现了宋代的崖洞葬[69]。

闽广地区的宋墓在分期上与长江流域的分期有所不同。这一地区北宋时期发现的材料不是很丰富，变化也不太明显，可分为一期。南宋时如以光宗朝为界，前后有较大的变化，可分为两期。这种变化尤其体现在随葬品上。这大约与南宋时期海上对外贸易的发达，引起闽广地区手工业产品和文化面貌产生了较快的发展变化有关。

### 2. 南方地区宋墓所体现的文化特点

南方地区宋墓最有特点的是普遍随葬各种俑类，包括墓主人夫妇坐像、男女侍俑和神煞俑。江西临川南宋庆元四年（公元 1198 年）朱济南墓中出土了一批瓷俑，在底座上写有题名，可窥见这些俑的具体含义。它们包括王公俑、王母俑、指路俑、引路俑，作用是指引和接迎死者升入仙界；另有手持罗盘、掌勘舆的张仙人俑；在买地券中常出现的充当"书契人"和"知见人"的张坚固俑、李定度俑，表契信；还有四神俑、十二辰俑、童子、金鸡、玉犬、俯听、仰观、大小二耗等神煞俑[70]。这些俑大多在《大汉原陵秘葬经·盟器神煞篇》中有所记述[71]。在表现神煞俑方面各地又有所不同，如江西地区发现的张仙人、李定度、张坚固，其他地方不见。四川成都平原地区随葬俑类最多，常达数十或上百个，应包括了《秘葬经》中所言的各司官员。另外，四川地区还常常出土一种独脚无身的魌头俑。据《酉阳杂俎》记载"魌头所以存亡者之魂气也"，这应是葬魌头的本意。四川宋墓还以盛放清水的陶罐表示契信，使用敕告文、镇墓真文表达道教的镇墓安坟之意。

明器神煞的表现形式，也随着时间而有所变化，各地不尽相同。长江中下游地区在北宋前期通常以实物的俑随葬，与晚唐五代一脉相承。北宋后期则极少随葬俑类，而在浙江部分地区和江西、福建地区出现了一种堆塑瓶。最早的例子是江西南城县嘉祐二年（公元 1057 年）墓中出土的一对堆塑瓶。此时还仅仅塑出龙、虎形象，但随后变得日趋复杂，用来堆塑的颈部越变越长。到南宋时，其在颈部塑出了相当完整的一套神煞，包括十二元辰、仰观、俯听、观风鸟、玉马、金鸡、玉犬、当圹、当野，并用朵云托起的日、月代表太阴、太阳。这种堆塑瓶在江西、福建的南宋、元墓中几乎每墓必出，成为最流行的随葬明器[72]。广东地区宋墓中的陶坛和后期出现的彩绘瓷棺是用堆塑和彩绘代替神煞俑。海康发现的一座元代砖室石顶墓中，在四壁嵌砌带有铭记的阴刻神煞形象，计有十二时、四神、勾陈、金鸡、玉犬、墓门判官、覆（伏）听、蒿理父老、左屈客、右屈客、东叫、西应、唤婢、川山、地轴、伏尸及墓主人坐像等[73]。这些说明了广东地区的明器组合与其他地区的差别，也是用壁面装饰代替实物明器的例证。

南方宋墓与北方最大的区别在于墓室的营建。北方追求的是近似阳宅的华丽居室，而南方则强调的是坚固密封以保存遗体的尸宅。长江下游地区常常以糯米汁和石灰拌成的灰浆灌注墓外以防潮。长江中游地区则在墓外填筑粗泥细砂和石灰防潮。广东地区的灰砂板墓也同样具有坚固和防渗功效。南宋时这种观念进一步强化，墓底普遍铺砖，有的甚至达到五层，在墓室与棺之间灌注松香密封，墓内或棺内加注水银以防腐。正如程颐《葬说》所述："既葬，则以松脂涂棺椁，石灰封墓门，此其大略也。"[74]这些精心保护的尸体上常带有精美的金银珠玉首饰和全套的服装。正因为加意的保护，南方宋墓中出土了许多漆器和丝织品等易腐朽的随葬品，为研究宋代的手工业和工艺技术提供了翔实的资料。最重要的一个例证是福州清理的淳祐三年（公元 1243 年）宋宗室赵与骏妻黄昇的墓葬（图二五）。此墓为石室砖椁木棺墓，墓室与椁间灌注松香，因此保存极好，墓中出土了大量的丝织品和服装，计有长袍短衣六十四件、裤二十三件、裙二十件以及成幅的各种面料一百三十四件。其中以罗居多，绢和绫次之，还有少量的纱和绉。罗和绫多是提花，绢和纱则为素织。有些面料上还押有"宗正坊染金丝绢官记"的官府手工业印迹，是当时最高水平的纺织品。另外，还出土了漆器七件和其他一些竹木器及梓质器，包括漆尺、笔架、文具盒等文具[75]。在福州北郊茶园村清理的端平二年（公元 1235 年）墓是一座石室墓，墓外用厚达 2 米的糯米汁灰浆封堆，亦保存了大量精美的纺织品、漆器、木器、骨角器和金银器，其水平之高亦令人叹为观止[76]。江苏武进清理的一批南宋墓，由于封闭良好，出土了一批带温州工匠款识的漆器。这些漆器制作精良，都带有精美的装饰，包括了剔犀、识文和戗金等工艺[77]。这一发现为宋代漆工史增添了重

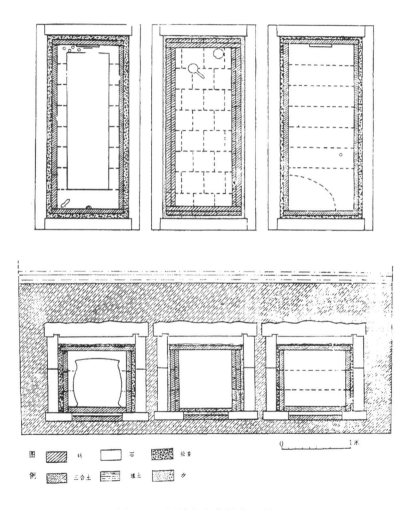

图二五　福州南宋黄昇墓平剖面图

要的材料，改变了过去认为宋代漆器多一色、不施装饰的看法。

## 注　释

[1] 傅永魁等《北宋徽钦二帝陵墓考》，《中原文物》1992 年第 4 期。

[2] 《宋史》卷四七五《刘豫传》，中华书局标点本，13796 页。

[3] 关野贞《支那の建筑と艺术》；关野贞、常盘大定《支那文化史迹》。

[4] 郭湖生等《河南巩县宋陵调查》，《考古》1964 年第 11 期。

[5] 傅永魁《巩县宋陵》，《河南文博通讯》1980 年第 3 期；傅永魁《河南巩县宋陵石刻》，《考古学集刊》第二期，中国社会科学出版社 1982 年版。

[6] 河南省文物研究所等《宋太宗元德李后陵发掘报告》，《华夏考古》1988 年第 3 期。

[7] 见 [4]、[5]。另见周到等《巩县石窟寺·宋陵·杜甫故里》，中州书画社 1981 年版。

[8] 河南省文物考古研究所等《北宋皇陵》，中州古籍出版社 1997 年版。

[9] 蔡全法《巩义发现北宋石刻》，《中原文物》2003 年第 5 期。

[10] 冯继仁《北宋皇陵建筑构成分析》，北京大学考古学系编《考古学研究（二）》，北京大学出版社 1994 年版。

[11] （宋）李攸《宋朝事实》，文渊阁《四库全书》本，史部册 608，台湾商务印书馆影印本。

[12] 《宋史》卷一〇六《礼志九》，中华书局标点本，2569 页。

[13] 同注 [4]。

[14] 周到《宋魏王赵頵夫妇合葬墓》，《考古》1964 年第 7 期。

[15] 傅永魁等《巩县石窟寺·包拯墓·北宋皇陵》，河南人民出版社 1989 年版。

[16] 周到等《巩县石窟寺·宋陵·杜甫故里》，中州书画社 1981 年版。

[17] 傅永魁《巩县宋陵》，《河南文博通讯》1980 年第 3 期。

[18] 宿白《关于河北四处古墓的札记》，《文物》1996 年第 9 期。

[19] 《宋史》卷七七《礼二七》，中华书局标点本，2910 页。

[20] 杨伯达《古代艺术瑰宝—巩县宋陵雕刻》，《河南文博通讯》1980 年第 3 期。

[21] 司马光《葬论》，《温国文正司马公文集》卷七一，《四部丛刊》初编本。

[22] （宋）王洙等奉敕撰《图解校正地理新书》，台湾集文书局影印金明昌三年钞

本，1985 年版。

[23]（汉）司马迁《史记》，中华书局标点本 1959 年版，1969 页。

[24] 陈仲篪《宋永思陵平面及石藏子之初步研究》，《中国营造学社会刊》第六卷第三期，1936 年。

[25] 全祖望《答史雪汀问六陵遗事书》，《鲒埼亭集外编》卷四十三，《四部丛刊》初编本。

[26] 苏州市文物保管委员会等《苏州吴张士诚母曹氏墓清理简报》，《考古》1965 年第 6 期。

[27] 魏遂志《西安市东郊后晋北宋墓》，《中国考古学年鉴·1987》，文物出版社 1988 年版。

[28] 觯希恭《太原市小井峪宋明墓第一次发掘记》，《考古》1963 年第 5 期。戴尊德《太原市小井峪宋墓第二次发掘记》，《考古》1963 年第 5 期。

[29] 杨绍舜《吕梁县发现了罐葬墓群》，《文物》1959 年第 6 期。

[30]《宋史》卷一七八《食货志上六》"振恤"条：（宣和二年，诏）"居养、安济、漏泽可参考元丰旧法，裁立中制。应居养人日给粳米或粟米一升，钱十文省，十一月至正月加柴炭，五文省，小儿减半。安济坊钱米依居养法，医药如旧制。漏泽园除葬埋依见行条法外，应资给若斋醮等事悉罢"。中华书局标点本，4340 页。

[31] 贺官保《西京洛阳漏泽园墓砖》，《文物资料丛刊》(7)，文物出版社 1983 年版。南阳市博物馆《河南南阳发现宋墓》，《考古》1966 年第 1 期。

[32] 磁县文物保管所《磁县发现北宋漏泽园丛葬墓地》，《文物春秋》1992 年第 2 期。

[33] 顿维善《河南滑县发现宋代墓群》，《史学月刊》1986 年第 4 期。

[34] 河南省文物研究所等《密县五虎庙北宋冯京夫妇合葬墓》，《中原文物》1987 年第 4 期。

[35] 山东嘉祥县文管所《山东嘉祥县钓鱼山发现两座宋墓》，《考古》1986 年第 9 期。

[36] 河南省文化局文物工作队《河南方城盐店庄村宋墓》，《文物参考资料》1958 年第 11 期。方城县文物工作队《方城县朱庄宋墓发掘》，《文物》1959 年第 6 期。南阳地区文物队《河南方城金汤寨北宋范致祥墓》，《文物》1988 年第 11 期。

[37]《宋史》卷三六二《范致虚传》："范致虚字谦叔，建州建阳人。举进士为太学博士。邹浩以言事斥，致虚坐祖获罪，停官。徽宗嗣位，召见，除左正

言，出通判郓州。"中华书局标点本，11327 页。关于其父母之事见杜绪赞、张家谋著《民国方城县志》，民国三十一年版。

[38]《宋史》卷一五五《选举志一》，中华书局标点本，3611 页。

[39] 洛阳地区文物工作队《北宋王拱辰墓及墓志》，《中原文物》1985 年第 4 期。

[40] 河北省文化局文物工作队《河北曲阳涧磁村发掘的唐宋墓葬》，《考古》1965 年第 10 期。

[41] 冯文海《山西忻县北宋墓清理简报》，《文物参考资料》1958 年第 5 期。

[42] 洪欣《北京市近年来发现的几座唐墓》，《文物》1990 年第 12 期。

[43] 河北省文物研究所《河北武邑龙店宋墓发掘报告》，《河北省考古文集》，东方出版社 1998 年版。

[44] 宿白《白沙宋墓》，文物出版社 1957 年版。

[45]（宋）罗晔《新编醉翁谈录》壬集卷一，《红绡密约张生负李氏娘》，辽宁教育出版社 1998 年版。

[46] 山西省考古研究所侯马工作站《侯马两座金代纪年墓发掘报告》，《文物季刊》1996 年第 3 期。

[47] 山西省考古研究所《山西稷山金墓发掘简报》，《文物》1983 年第 1 期。

[48]（宋）吴自牧《梦粱录》，中国商业出版社 1982 年版。

[49]（唐）段少卿《酉阳杂俎》，《四部丛刊》初编本。

[50] 收入《中国方志丛书》，台湾成文出版社 1976 年版。

[51] 徐苹芳《宋元墓中的杂剧雕刻》，收入徐苹芳《中国历史考古学论丛》，（台北）允晨文化，1995 年。

[52] 董祥《偃师县酒流沟水库宋墓》，《文物》1959 年第 9 期。

[53]（宋）耐得翁《都城纪胜》，第 8－12 页，中国商业出版社 1982 年版。

[54] 马世长《〈父母恩重经〉写本与变相》，载《中国佛教石窟考古文集》，觉风佛教艺术基金会 2001 年版。

[55] 收入王重民主编《敦煌变文集》，北京人民文学出版社 1984 年版。

[56]（宋）张载《张载集》，中华书局 1978 年版。

[57] 徐苹芳《关于宋德芳和潘德冲墓的几个问题》，《考古》1960 年第 8 期。

[58] 同注［44］。

[59]《方城县朱庄宋墓发掘》，《文物》1959 年第 6 期。

[60] 苏轼《东坡志林》卷七，子部，863 册，文渊阁《四库全书》本。

[61] 黄义军《湖北宋墓分期》，《江汉考古》1999 年第 2 期。

[62] 周世荣《略谈长沙的五代两宋墓》，《文物》1960 年第 3 期。

[63] 陈云洪《试论四川宋墓》，《四川文物》1999 年第 3 期。洪剑民《略谈成都近郊五代至南宋的墓葬形制》，《考古》1959 年第 1 期。

[64] 林忠干《福建宋墓分期研究》，《考古》1992 年第 5 期。

[65] 杨琮《福建宋元壁画墓初步研究》，《考古》1996 年第 1 期。

[66] 曾广亿《广东出土的古代陶罎》，《考古》1962 年第 2 期。

[67] 邓杰昌《广东雷州市古窑址调查与探讨》，《中国古陶瓷研究》第四辑，紫禁城出版社 1997 年版。

[68] 广东省博物馆《广东紫金县宋墓出土石雕》，《考古》1984 年第 6 期。

[69] 广西壮族自治区博物馆《广西考古十年新收获》，文物编辑委员会《文物考古工作十年》，文物出版社 1990 年版。

[70] 临川县文物管理所《临川温泉乡宋墓》，《江西历史文物》1986 年第 2 期。

[71] 《大汉原陵秘葬经》，载（明）姚广孝等纂《永乐大典》，中华书局影印残本 1959 年版。

[72] 杨后礼《江西宋元纪年墓出土堆塑长瓶研究》，《南方文物》1992 年第 1 期。

[73] 曹腾非等《广东海康元墓出土阴线刻砖》，《考古学集刊》2，中国社会科学出版社 1982 年版。

[74] 程颐《葬说》，载周必大《皇朝文鉴》卷一百零八，《四部丛刊》初编本。

[75] 福建省博物馆《福州南宋黄昇墓》，文物出版社 1982 年版。

[76] 福州市文物管理局《福州文物集萃》图版 85—119，福建人民出版社 1999 年版。

[77] 陈晶等《江苏武进村前南宋墓清理纪要》，《考古》1986 年第 3 期。

六 辽代的陵墓——不同族属
共创的文明

契丹族统治者在与中原的交流与对抗中逐步封建化。同时，辽代的文化也对中原地区产生了重要的影响。契丹族的封建化进程，辽王朝的政治制度、经济发展、文化状况、思想意识以及民族关系等在辽代墓葬中均有所反映。因此，对辽代墓葬的研究，对于辽代历史研究具有重要意义。同时，对辽代陵墓所开展的考古工作，也是宋元明考古中开展时间最早、工作做得最多、材料最丰富和最成体系的一项工作。

## （一）辽代墓葬的发现与研究

### 1.20 世纪前期

这一时期，有关辽代陵墓的发掘与勘察大多是一些外国学者所做的。中国的一些学者也积极参与了辽代墓葬的考古工作。这些工作包括了对辽代墓葬、帝陵、都城和一般城址的勘察与研究。在陵墓方面，以对辽陵的勘察和对部分墓葬的发掘以及葬具的收集尤为重要。

① 对辽陵的勘察。1914 年和 1922 年，林西县长与法国神父闵宣化（Joseph L. Mullie）对辽庆陵进行了调查和盗掘。他们盗掘了中陵，发表了平面图[1]。1922 年，比利时传教士梅岭蕊（L. Kervyn）探查中陵并摹写发表了兴宗帝后契丹文哀册[2]，引起学界对契丹文的关注。1930 年，军阀汤玉麟对庆

陵的三座陵墓进行了盗掘，三陵的石刻哀册被掘出土。同年，鸟居龙藏第一次调查庆陵，引起对东陵壁画的关注[3]。1933年，他再次调查庆陵，将壁画照片、摹本等资料以图录形式发表[4]。1939年，京都帝国大学田村实造、小林行雄等又对庆陵三陵进行了详细的实测、摄影和记录，并临摹了东陵壁画，还掠走部分文物。随后，发表了专本报告书[5]。此书是目前关于辽代庆陵最为完备的材料之一。另外，鸟居龙藏还调查、盗掘了辽宁北镇附近暨巫间山的辽东丹王陵[6]。

② 这一时期辽代城址考古和墓葬考古是同时进行的，皆处于考察测量阶段。对辽代的贵族和平民墓葬的考察大多比较零散，较重要的有如下几项：1923年，在鞍山铁路附近发现辽代画像石墓。1927年，鸟居龙藏在大连图书馆考察了这批画像石，此后多次前往鞍山进行发掘调查，对画像石所反映的契丹风俗、西方圣经故事、佛教信仰、二十四孝故事、西游记故事等内容进行了研究[7]。1930年，沈阳发现开泰七年（公元1018年）铭孙允中石棺，金毓黻等对其加以刊布[8]。中国学者李文信还对沈阳昭陵附近的辽墓进行了调查[9]。1939年，在叶柏寿满铁医院内两度发现了辽金墓，由三宅宗悦主持清理[10]。次年，李文信等前往进一步发掘调查[11]。1940年，喀喇沁右旗和乐村发现郑恪墓，三宅宗悦、李文信等前往接收出土品，并对墓葬测量调查[12]。这一时期还发现了内蒙古林西、辽宁建平、沈阳、辽阳等地的零散墓葬[13]。

③ 对葬具的著录。对于辽墓中发现的银铜面具，岛田贞彦的收集著录颇多[14]。关于辽代葬俗的研究业已发端，如刘铭恕对契丹丧葬制度变迁和特点的研究[15]。北川房次郎也有相似的文章[16]。许多日本学者则注重对辽代陶瓷的研究，如

鸟居龙藏、田村实造以及江上波夫分别于 1930 年和 1931 年考察庆陵后，对辽代陶瓷进行了初步的识别[17]。后奉天博物馆对庆陵出土的器物进行整理[18]。同时，日本人三宅宗悦和岛田贞彦还对鸡冠壶进行专门的研究[19]。

**2.20 世纪 70 年代末以前**

新中国建立以后，辽代墓葬考古蓬勃发展，得到科学的发掘和记录。1953 年赤峰县大营子乡辽驸马卫国王萧沙姑墓的发现，轰动了学术界[20]。另外，还有许多大中型墓葬被发现和清理，如故耶律氏墓[21]、北大王耶律万辛家族墓[22]、北三家辽墓[23]、二八地辽墓[24]、张世卿墓[25]、邓中举墓[26]、解放营子壁画墓[27]、法库叶茂台 M7[28]、库伦旗辽墓群[29] 等。1961 年前后，在调查辽上京、中京故城时，清理发掘了近百座辽代中小型墓葬[30]。70 年代后期，赤峰地区考古工作者陆续清理并公布了一批中小型壁画墓材料。后来由项春松将这些材料汇集成图录出版，成为研究辽墓壁画的重要参考资料[31]。这一阶段的工作以考古发掘为主，日趋规范化，是大量积累资料的阶段。同时，学术界对辽代的丧葬制度、文化风俗的研究也开始了。50 年代末，李文信先生对辽代陶瓷进行了类型学研究[32]。随后，冯永谦先生对鸡冠壶的类型分析提出了有益的补充意见[33]。

**3.20 世纪 80 年代以后**

辽代墓葬考古与研究在这一时期进入了新的发展阶段。科学发掘与综合研究同步进行，取得了诸多成果。新墓葬不断发现，如 1986 年在奈曼旗发现的陈国公主墓[34]，1992 年在阿鲁科尔沁旗清理的耶律羽之墓及其家族墓[35]。1994 年在阿鲁科尔沁旗宝山墓地发掘、清理的两座贵族墓葬，不仅时代最早，其中一座还有"大少君"的题记，在墓室和石房上发现绘制极其精美的壁画[36]。1998 年清理的巴林右旗庆陵的两座陪葬墓，即耶律弘世和耶律弘本墓，出有完整的汉文、契丹文哀册和墓志，木椁所绘壁画保存十分完好[37]。此外，一些大型墓地和辽统治区内的汉人墓葬的发现也十分引人注目。大批中小型墓葬的发现，则标志着对辽墓的考古工作得到了全面发展。其中重要的有从 1972 年起持续发掘的库仑旗前勿力不格后族萧氏家族墓地中的八座大中型墓葬[38]，并结集报告[39]。2001 年在阜新关山发掘了辽代最为显赫的一支后族，即萧和家族的九座墓葬，其中五座墓主身份明确，发现大量精美的壁画[40]。在河北宣化，继 70 年代中期清理了张世卿墓以后，80年代至 90 年代又清理了张氏和韩氏家族的十余座墓葬，为研究在辽地保持着汉人风格葬制的墓葬提供了重要的资料[41]。2000 年在巴林左旗白音罕山发掘了韩匡嗣家族墓，清理包括韩匡嗣墓在内的三座墓葬[42]。在此基础上，辽代墓葬所涉及的相关的研究工作亦得到较充分而深入的开展。

有关辽墓的分期、分区以及葬俗、族属等方面的研究开展较早，近些年来发展很快，取得了重要的成果。例如，对墓葬壁面装饰的研究。王秋华在 80 年代就对壁面装饰做了分期研究，将辽墓壁画分为两期：辽初——兴宗年间（公元 916—1055 年）和道宗初——辽亡（公元 1055－1125 年），并总结出晚期比早期题材更加丰富，墓葬布局更加程式化[43]。这是在墓葬编年框架内以类型学思想为指导的专题讨论。很多学者利用辽墓壁画丰富的材料，结合文献进行社会史研究。例如，对辽墓壁画具体题材的研究有李逸友的著文[44]；林沄论述了旗鼓仪仗和契丹女子髡发问题[45]；冯恩学分别对车马类型反映的社会问题进行了探讨[46]；邵国田结合辽墓壁画对辽代马球的考证等[47]。一些大型墓地，由于有丰富的壁画遗存，也成为研究的热点。例如，杨泓讨论了宣化辽墓壁画中的点茶图[48]；孙机对宣化辽墓壁画中的发式及什物做出细致考证[49]；郑绍宗对宣化辽墓中壁画题材的研究和散乐图的考释[50]；周新华对墓中表现的茶具的考证[51]；伊世同对墓中天文图的探讨等[52]。项春松对昭乌达地区发现的辽墓绘画资料进行了归纳总结[53]。郑隆、金申对库伦旗前勿力不格墓地发现壁画的研究[54]。宝山大墓发现以后，吴玉贵从文献角度对壁画加以重新解读定名[55]。此外，有学者也从绘画史的角度进行了研究，如罗世平对辽墓壁画中若干题材的考察[56]。综合性的研究则有李清泉以宣化辽墓壁画为中心的一系列论文，包括对壁画粉本运用的分析[57]、对备茶图备经图所涵宗教意义的分析[58]以及车马出行图涵义的诠释[59]。另外，李逸友[60]和郑绍宗[61]就画像石题材以及绘画与壁画的关系进行了研究。

辽墓中大量出土的器物，也是学者们关注的研究题目。例如，田广林对葬具的研究[62]；杜承武、马洪路、木易、刘冰[63]等学者对辽代特有的面具和金属网络及相关葬俗进行的研究；朱天舒对以辽墓为主出土金银器的研究，是对辽代金银器的总括性研究[64]。80年代末至90年代初,辽代陶瓷的分期与类型研究十分活跃。杨晶、乔梁认为辽代瓷器可分为前期(盛唐到晚唐)、初期(太祖到太宗)、早期(世宗到圣宗统和初年)、中期(圣宗统和初到兴宗)和晚期(道宗到天祚帝)五个阶段[65]。梁淑琴则认为陶瓷演变规律与墓葬的三段分期相吻合[66]。这些研究初步建立了辽代陶瓷器的年代序列。彭善国的研究更为全面而细致,提出不少新的认识[67]。辽代陶瓷中的鸡冠壶是具有时代标志性的器物,备受众学者瞩目。已有众多的研究论文发表,以杨晶、冯恩学、马沙等人研究最具深度[68]。通过众多学者的研究,已使鸡冠壶的历史发展演变轨迹逐渐明晰,但在鸡冠壶的渊源、变化的致成因素等方面仍有不同见解。

国外的一些学者也进行了许多有价值的研究。日本学界注重对辽瓷的探讨,先后出版了数本图录,但仅限于调查资料的整理。直到最近才出现了今野春树对契丹墓的一系列研究论文[69]。欧美学界对辽墓的研究多置于艺术史框架中,少数研究考虑到了社会史。梁庄爱伦(Laing, Ellen Johnston)在概述宋辽金时期装饰墓时涉及关于辽代墓葬壁画的介绍[70]。约翰逊(Linda Cooke Johnson)对库伦辽墓壁画加以研究,认为所反映图景与公主婚仪有关[71]。罗雷克斯(Robert Albright Rorex)将辽墓壁画和《文姬归汉图》等反映北方游牧民族生活的传世绘画加以比较研究[72]。90年代,梁庄爱伦在关于辽代花鸟画的论文中涉及墓葬壁画内容[73]。艾利瑟夫(Danielle Elisseeff)发表了关于宣化下八里辽墓妇人启门壁画的分析[74]。夏南悉在名为《辽代建筑》的专著中以近一半的篇幅讨论墓葬材料所反映的建筑传统与丧葬习俗[75]。库恩(Dieter Kuhn)连续出版两本关于辽墓研究的专著,涉及对墓葬建筑传统的探讨[76]。夏南悉撰文泛论辽代墓葬及其反映的意识形态[77]。2000年,宣化辽墓和井陉宋金墓材料在美展出,曹星原在展览图录中撰文,将辽墓壁画与宋金墓壁画加以对比[78]。

## (二)辽代的帝陵

辽代传国二百余年,历经十帝。其陵墓按分布区域可分五

区：内蒙古巴林左旗的祖陵，葬有辽太祖；内蒙古巴林右旗的
怀陵，是太宗的陵地，穆宗祔葬于此；辽宁省巚巫间山东丹人
皇王显陵，世宗亦葬于西山；辽宁北镇西南的乾陵，葬有景
宗，天祚帝祔葬于此；内蒙古巴林右旗白塔子北大兴安岭的庆
陵，包括了辽最兴盛时期的圣宗永庆陵、兴宗永兴陵和道宗永
福陵。目前，开展工作较充分的是庆陵。

　　辽圣宗耶律隆绪和仁德皇后、钦爱皇后的永庆陵，辽兴宗
耶律宗真和仁懿皇后的永兴陵，辽道宗耶律弘基和宣懿皇后的
永福陵，总称庆陵。它位于今内蒙古巴林右旗白塔子北约十余
公里的大兴安岭中。陵墓分布在一座东西横亘的大山南麓，即
辽代的永安山，后改称庆云山，俗称王坟沟。三座陵东西排
列，相互间距约 2 公里，通称东陵、中陵和西陵[79]。

　　庆陵在辽世宗时即开始修建。太平十一年（公元 1032 年）
圣宗崩于上京东北三百里大斧河之行帐，葬于上京西北二百里
赤山，同年建庆州城于庆陵之南充奉陵邑，十一月葬于庆陵。
此后，兴宗于清宁元年（公元 1055 年）、钦哀皇后于清宁四
年、道宗和宣懿皇后于乾统元年（公元 1101 年）相继入葬庆
陵。庆陵在金初遭到金兵破坏，20 世纪 30 年代遭日伪军阀盗
掘。

　　庆陵的三座陵墓都有陵门、享殿和神道，均为东南向。在
庆陵三陵中，以永庆陵保存最为完好。前有神道，神道后接享
殿，享殿自成院落。前有一门三洞式的陵门，两侧有角楼，边
上为回廊，后边 1300 米处为一设有月台的、进深和面阔均为
五间、中间减二柱（可能有像）的享殿，殿两边各有一座三开
间的朵殿，享殿后边即陵墓。

　　三陵的墓室都是有前、中、后室及四个侧室的七室墓，用

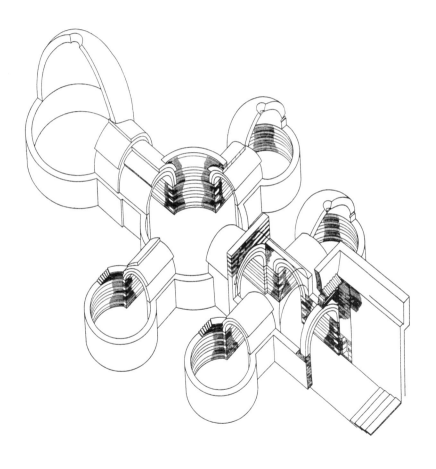

图二六　辽永庆陵透视图

沟纹砖石灰浆砌筑，墓壁用砖三层，墓顶用砖两层，墓内及墓门皆抹石灰并彩绘壁画。其中东陵永庆陵保存较好（图二六），为圆形七室砖墓。前为阶梯墓道，宽 2.58－2.86 米，长不详；后为砖筑券顶甬道，长 2.21 米，宽 2.36 米；前室长方形，长 3.27 米，宽 2.4 米；左右各有圆形耳室，直径 3.27－3.36 米；圆形中室，直径 5.6 米；中室亦有左右耳室，直径约 3.3 米；圆形墓室（后室），直径 5.14 米。各室之间有长甬道相连。永庆陵从甬道至后室全长 23.17 米。各室均为穹窿顶，壁上有仿木构建筑砖雕，柱头和补间均为一斗三升式斗栱。在墓室里还出土了一些小木作梁柱，如斗栱、枋、槫等，有彩画，估计为床帐或棺盖。

　　三座陵墓内都有壁画，现仅东陵保存了摹本和照片资料。自墓道至主室，绘有壁画，内容有装饰图案、人物和山水等。墓门及墓内砖砌仿木结构建筑上以及墓壁上方满绘彩画，用工笔彩绘龙凤、花鸟、祥云、宝珠，底纹是华丽的锦纹，可能象征皇帝的帐。在墓道、前室及东西侧室、中室和各甬道壁面上彩绘真人大小的人物。墓道两旁绘十五个戴圆帽或髡发、穿圆领窄袖长衫、执骨朵的仪卫和鞍马一匹。前室前部两壁各绘六人乐队，为汉装的伎乐队。前室后部东边为契丹装大臣，西边为汉装大臣，皆拱手或叉手侍立，反映了契丹南北两院大臣的情况。前室还有两幅侍女图。人物画上方皆墨书契丹小字榜题。前室的两耳室中满绘着契丹装、髡发、手持骨朵和弓箭以及船櫂（桨）的契丹侍从。中室各门之间的四个弧形壁面画春、夏、秋、冬四幅大型山水画，有水禽和鹿，构图严谨，形象生动，应是反映辽帝四时捺钵的景色。东陵壁画是辽墓中最高等级的壁画。全部壁画与墓室相呼应，似象征一座捺钵行宫。由此可见，契丹上层在形式上还保有原来的游猎习惯。

中陵和西陵均已塌毁，亦为七室墓，但墓室都是多角形的，前室呈十字通道状。这三座墓正好为辽中晚期提供了大型墓形制的范例。三陵出土的遗物大部分已经遗失，仅存部分石刻哀册。其中有五盒为汉文哀册，两盒为契丹文哀册。

# （三）辽代墓葬

根据族属、风俗、经济发展以及历史沿革的不同，可以将整个辽统治区分为南、北两区。

## 1. 契丹葬俗发展的进程——北区的辽墓

北区的范围为长城周围及其以北的地区，包括今内蒙古自治区、黑龙江、吉林和辽宁省等。此区的墓葬以契丹族大、中型墓葬的发展变化最为显著。其阶段性变化最能反映契丹贵族在建立封建政权后逐渐走向封建化的进程。

分期分区研究是其他相关研究的基础。20 世纪 80 年代初，王秋华认为辽地契丹人的墓葬可分三期：一期为景宗以前（公元 983 年以前）；二期为圣宗至兴宗时期（公元 983－1055 年）；三期为道宗至天祚帝（公元 1055－1125 年）。这是分期分区研究最早的工作，对辽墓按区域进行了初步的探索[80]。不久，杨晶发表《辽墓初探》一文[81]。该文对随葬品的分析较王秋华更为细致，但分期结果没有不同。杨晶还对墓葬类型与等级、墓葬装饰、丧葬习俗等方面进行了简要论述。80 年代中期，徐苹芳先生按族属的不同，把北区辽墓划分为三期：早期为穆宗应历八年至圣宗太平十一年（公元 958－1031 年）；中期为兴宗重熙时期（公元 1032－1055 年）；晚期自道宗清宁元年至辽亡（公元 1055－1125 年），与其他分期略不同[82]。
90 年代初，李逸友分别讨论了契丹人和汉人墓葬的特征和阶
段性变化，总结了契丹墓葬制度特征[83]。此后，冯恩学也进
行了分期研究。这是迄今为止对辽代墓葬所作最为系统而深入
的综合性研究。该文从遗物类型学研究出发，通过细致的排比
确定其分期与年代，以公元 969 年和公元 1055 年为断限划为
三期，并进一步分成七段。其结论大致同王秋华关于北区墓葬
的分法，但工作更细致，证据更可靠[84]。近些年来，由于宝
山大墓和耶律羽之墓等早期墓葬的发现，以往定为早期的墓葬
又可以进一步划分为前后两段。

　　早期前段，即太祖、太宗时期（公元 907－930 年）。这个时
期的墓葬以阿鲁科尔沁旗宝山墓地清理的两座贵族墓葬为代
表，其中 M1 有"天赞二年"（公元 923 年）的墨书题记（图二七）。

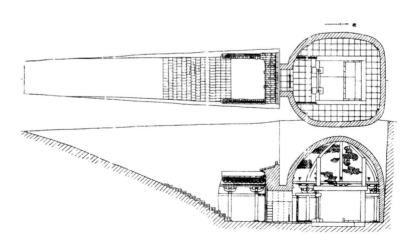

图二七　宝山 1 号辽墓平剖面图

墓葬采用斜坡墓道，主要是方形或圆角方形砖筑或石筑单室墓，墓门前有庭院式天井，墓内安置石房，石房内砌出棺床，可能还置有床帐。墓地有封闭式茔墙等地上建筑。尽管仅发现了两座大墓，但却有从以东向为尊向以南向为尊转化的迹象。壁画装饰的内容有备马和侍奉图、妇人启门和厅堂图、花鸟屏风和人物故事图等，主要装饰在墓室和石房的壁面。这些题材一部分具有强烈的汉地风格，一些甚至应当直接取自汉地图画粉本，也有一些具有契丹民族特点。大体上与唐代墓葬制度相似处较多。此期的中小型墓葬以土坑竖穴的墓为代表。从这两座墓葬可见，契丹建国前后初创的贵族葬制，整体上有着浓厚的唐代风貌，局部表现的内容则与河北北部地区晚唐墓葬有密切的关联，但就整体设计思想而论又尊重了契丹民族特点，总的来说创新重于借鉴。这是辽代贵族墓葬的初创时期。

早期后段，从太宗后期到圣宗以前（约公元930－983年）。这个时期的墓葬以耶律羽之墓（图二八）和驸马萧沙姑墓为代表。中小型墓有土坑竖穴墓，在科尔沁沙地以西、辽河以东的辽宁北部地区发现的一些砖室或石室的单室无装饰的墓葬，如他本扎兰乡白玉都墓、旧庙乡海力板墓[85]等；在今内蒙古赤峰西南部地区发现的一些单室中型壁画墓，如克什克腾旗二八地M1和喀喇沁旗上烧锅M1[86]等。这个时期大型墓葬的形制由单室变为多室，以方形为主，有少量圆形，流行斜坡墓道，葬具用木制小帐与木制尸床配合使用，墓内放置成套的生活用具，有马具及部分铁制工具、兵器，数量多二四成双，说明男女墓主各有一套。出土具有强烈原始皮囊风格、有高鸡冠耳或双穿的鸡冠壶和经瓶（鸡腿瓶），有明显凤首的凤首壶和长颈注壶（图二九）。墓的装饰一般位于墓门外侧、耳室及

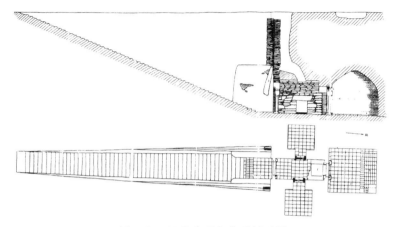

图二八　辽耶律羽之墓平剖面图

| 年代 | 分期 | 鸡冠壶 | | | | | 凤首瓶 | 鸡腿瓶 | 盘口长颈瓶 | 海棠花式长盘 | 方盘 |
|---|---|---|---|---|---|---|---|---|---|---|---|
| | | A | | B | C | | | | | | |
| | | a | b | | a | b | | | | | |
| 辽早期 | 辽太祖时宗期 | 海力板墓 | | | 耶律羽之墓 | | 北票水泉 M1 | 韩伕墓 | 磉磙科墓 | | |
| | 辽世宗宗期时 | 剌马墓 | 沙子沟 M1 | | 奈林稿 M1 | | | | | | |
| 辽中期 | 辽景宗时期 | 巴扎拉嘎墓 | | 叶茂台 M7 | | | 清河门 M2 | 陈国公主墓 | 安辛庄墓 | | |
| | 辽圣宗时期 | 清河门 M4 | | 安辛庄墓 | | | | | | | |
| | | | | 耿延毅墓 | | | | | | | |
| 辽晚期 | 辽兴宗时期 | | | | 清河门 M1 | 清河门 M2 | 北岭 M4 | 范杖子 M101 | 龟山 M1 | 库伦 M3 | 小刘杖子 M4 |
| | | | | | | | | | | | 房山北郑村塔墓 |
| | | | | | | | | | | 喀左北岭 M3 | |
| | 辽道宗天祚帝时期 | | | | 北岭 M3 | | | 乌兰哈达墓 | | | 小龙匠沟墓 |

图二九　辽墓出土器物演变图

甬道和前室，内容为人物肖像及男女侍者，棺壁装饰为在棺外雕刻或绘画四神为主的图像，也有的画出契丹游牧图和游牧生活小景。在贵族墓葬中开始使用墓志。本期墓葬仅能在墓葬形制方面看到河北地区五代墓葬的影子，墓志使用可以说是仿自汉族传统，而其他方面，如壁画限定在前室，以人物侍奉为主，兼有契丹民族特色的游牧场景；敛葬方式形成木制小帐与尸床的组合，以金银饰品、玛瑙璎珞和串饰配合葬服使用等，已经形成规制的表现内容，减少了对汉族文化内容的直接模仿，更多地体现出了创新性。这是契丹贵族葬制的形成时期。

中期为圣宗至兴宗时期（公元 983－1055 年）。大型墓以奈曼旗陈国公主墓（图三○）、怀陵陵区发现的床金沟 M5 为代表[87]，也包括圣宗的永庆陵。中小型的墓葬这时期大量出现，可以水泉 M1、叶茂台 M9[88]和解放营子墓为代表。在墓葬形制方面，其特点是圆形墓盛行，还有少量的方形墓，开始出现多角形墓。大部分变成阶梯墓道，木护墙较流行，天井的设置也比较普遍，甬道部位开始出现对称的小龛。多数墓葬有木制小帐和石棺作为葬具，并在中小型墓中普及。二期正值辽盛期，贵族墓乃至中型墓中开始在尸体上着金、银、铜的丝网络和面具，陈国公主墓出土的鎏金银冠、金带具、錾花银靴等，形成一套十分完整的丧葬专用服装。随葬器物的类别和摆放方式与前一阶段相比没有太多变化，由陶瓷生活用具、马具和少量铁制工具构成，均是成套配置，后室配备金银漆玉玻璃所制饮食盥洗用具和少量弓箭武器。随葬的马具开始明器化，有用银制的，有的仅用几个镳、衔、镫等示意。兵器减少，只有随身的刀、剑等。出土的鸡冠壶形体上与一期较晚的相同，形体变得较高而不似早期丰满。高体的提梁壶、双穿耳的鸡冠

图三〇　辽陈国公主墓平剖面图及天井、前室壁画

壶较多见。另外，还出土经瓶、长颈壶等。墓室壁画以庆陵的
比较完整，陈国公主墓等也发现了较完整的壁画。壁画布局较
有规律，墓道基本不设壁画，天井部分一般绘制仪仗侍卫备马
备车内容，前室和甬道是壁画绘制的重点区域，大约以主室的
方向为中心，两侧对称布置男侍侍卫和女侍侍盥或侍者奉物的
内容，墓顶一般有流云、飞鹤、莲花等内容，主室和耳室内一
般不绘壁画。整个壁面的设计思路是以墓主所居主室为中心，
在前室及甬道部分安排室内生活内容，侍者均面向主室方向呈
立姿站立，墓门内外置有门吏或门神守卫，天井部分安排室外
活动所需车马仪仗，侍者一致面向墓室或墓道方向，并列站立
作等候主人状态。有较多的中型墓葬中饰花鸟画、契丹装的侍
者、鞍马构成的备行场面、四神、墓主人对坐图、家具和用具
等。不少墓中开始使用仿木构建筑雕砖，如雕出门楼、直棂
窗、灯檠、桌、椅等家具。棺壁绘游牧景色。从这些特点可
见，契丹贵族的葬制与前一阶段相比较，继承与发展并存。这
一时期的贵族墓葬的制度化稳步发展，契丹贵族葬制在此时得
到了初步的确立。

后期为道宗到天祚帝时期（公元 1055－1125 年）。大型墓
以库伦 M1（图三一）和耶律弘本墓为代表，与这两座墓等级
相当的墓葬还有二十余座。中小型墓葬的数量亦很多，包括许
多望族家族墓地中的中小型墓，如叶茂台、库仑旗前勿力不格
墓地的一些墓葬，以萧孝忠墓和豪欠营 M6 为代表[89]。显著
特点是多角形墓开始大量流行，同时还有相当数量的长方形小
墓并存，也有少量圆形墓的遗存。多室墓的主室规模与前阶段
相比普遍较大，前室普遍退化为券顶长方形，但与甬道仍有所
区别。多数墓葬不设天井或从属于墓道，墓道则常有以砖铺底

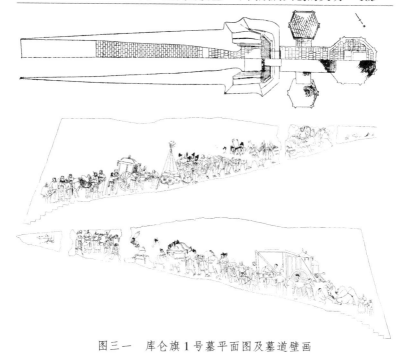

图三一　库仑旗 1 号墓平面图及墓道壁画

甚至垒砌两壁。墓室内壁十分流行镶嵌木护墙，许多墓葬连同前室和耳室均使用，并且以木材结顶，构成藻井形式。葬具以在砖砌尸床上铺设木板或以木棺敛葬比较普遍，木制小帐和石棺不再流行。敛葬服饰与前阶段大体相同，网络和面具在中型墓葬中较多地使用。本期还流行火葬，用小石棺盛放骨灰，石棺上常刻梵文经咒。这说明与佛教有关。它也反证了火葬的流行与佛教流行有关。中小型墓葬中较少装饰壁画。随葬品有鎏金铜马具、铜制生活用具、铁制生活用具和瓷器等。此期可以看到契丹人游猎风习的消失和强烈的汉化。在墓葬中马具和兵器都已消失，经瓶也已极少见。鸡冠壶类的器物只剩下了高体提梁壶一种，体形变得高而瘦。三彩器开始大量流行起来。墓葬壁画以墓道部分表现最为突出，部分墓葬主室和耳室木护墙上绘有壁画，前室壁画不够普遍，局限于墓门内的甬道部分。通行的特征是墓道两壁对称布置备马、驼车及仪仗侍卫内容，墓道两侧壁画人物车马都呈现相同的方向，两壁所画内容多采用互相补充的方式加以表现。例如，备马与驼车相对应，分别为男女墓主提供；两壁分绘二或三套旗鼓，合而观之即成五套之数；墓门部分设有门神；天井至甬道部分两壁一般对称安排女侍侍盥和男侍侍奉内容，也有准备饮食场面。墓室内壁画常见墓主人夫妇对坐、伎乐等场面，并有花鸟、蜂、蝶、湖泊、云朵点缀其间，出现孝行图。壁面装饰在主室和耳室以外的总体设计是以主室为中心，甬道天井部分简单布置预备外出前的服侍情景，重点在墓道部分展现等候主人外出的车马仪仗等各项内容。仿木构建筑流行。从此期墓葬的特点可见，辽墓的特点已基本定型，缺乏进一步发展的动力。契丹贵族的葬制经过一百多年的孕育，已经完全成熟。

**2. 不同族属葬制的融合——南区的辽墓**

南区指长城两侧以及长城以南地区，南界为白沟——雁门关——繁峙一线，与北宋相邻。包括今北京周围、河北东北部地区、以宣化为中心的河北与内蒙古交界地区以及以大同为中心的晋北地区，是辽政权统治下最大的汉人聚居区。

①分区。根据各地墓葬特征所显示出的文化差异性，将南区分为四个小区：A. 以北京为中心的地区。此为燕云十六州中的檀、蓟、涿、顺、妫、儒等州。这里发现了一定数量的辽墓[90]，以圆形和方形单室砖墓为主。随葬品中陶器种类较多，大体形成一套较有规律的陶礼器。瓷器也是主要的随葬品，既

有中原乃至南方输入的瓷器，也有当地龙泉务窑或辽内地所生产的仿定瓷器和三彩瓷器。B. 河北东北部地区。此指朝阳地区和燕云十六州中的儒、妫、武、顺、檀、幽、蓟、涿、莫、瀛等州，即今北京以北的承德、围场、平泉、丰宁一带。这里是连接燕与朝阳地区的一个重要环节，在辽代的地位尤其重要。以多室和单室砖室墓为主，还有一些多室和单室的石室墓。本区基本不用陶器随葬。常见的随葬品主要是瓷器和铜铁质器物，其中瓷器又以辽北区生产的器物为特色。墓壁装饰并不普遍，而且题材比较贫乏。但有些墓葬使用砖雕装饰，内容和布局与河北地区宋墓颇相似。C. 宣化地区，包括燕云十六州中的武州和新州，辽时称奉圣州、归化州。以宣化辽墓群的资料为最丰富。有人对这里的辽墓进行了分期研究[91]。此区以圆形、方形和多角形主室的双室砖墓最有特点。宣化地区的随葬品以陶器为大宗，品种繁多，形成一套有相对固定组合的器物。另外，此区还使用大量的木器随葬。大多墓葬都有壁面装饰，多采用砖雕和壁画配合装饰，内容丰富多彩。D. 以大同为中心的地区，包括燕云十六州中的云、应、朔、蔚等州，在辽代辖于西京道。此区以圆形砖室墓最多。北部接近辽内地的地区还发现不规则圆形和多角形石室墓。随葬品并不十分丰富，且无规律可循。品种多为陶瓷器。最有特点的是壁面装饰，布局严谨，形成一定的模式，通常北壁为三扇花卉围屏以及旁立侍女；南壁为门吏或侍立侍女图；西壁车马或骆驼出行图，个别加绘伎乐；东壁绘衣架上挂花衫等三件衣服，旁立侍女或老翁；墓顶则是粉色星球，东侧绘日或金乌，西侧绘月或桂树和兔。装饰题材的发展规律也清晰可见，地方特色较明显。

② 分期及文化影响。燕云地区墓葬的发展，总体上不如北区墓葬变化明显。这应当与当时的社会背景相关。由于材料的零散和多样，单凭任何一个小区都难以完成分期研究。只有综合四个小区的发展变化，互相补充，才能看出变化的规律。根据现有材料，可将燕云地区的墓葬分为三期：

第一期，太祖至圣宗统和元年以前（公元 916－983 年）。本期壁面带装饰的较少。从少量墓例总结，壁画题材以侍女为主，还有马和骆驼；砖雕则多表现为门、窗和桌。但二者并不同时出现。一般装饰于墓室的东西壁面。较大型墓葬的随葬品主要有两类：一为各种实用器物，尤其以瓷器为多；另一类是一套成组的陶明器。这类陶器十分有特点，其应是上承晚唐时北方唐墓中的陶明器，但器类从成套的盟器神煞改为一套近似日用器物的礼器。在宣化地区的辽墓中此时大量随葬三足器、注壶、勺、罐、盆等陶炊具组合，这是其地域特色。与辽畿内地区，尤其是昭盟的一套铁明器相同[92]，许多又与中原北方地区宋墓的壁面装饰相似。由于其保存十分完整，对研究宋代礼器的发展变化很有意义。

第二期，圣宗到道宗清宁元年以前（公元 983－1055 年）。本期北京地区以圆形单室墓为主；河北东北部地区仍使用土坑墓，新出现砖室墓和石室墓；宣化地区和大同地区砖室墓和石室墓并行。壁面装饰除了河北东北部地区，普遍淘汰了早期的装饰题材和布局。各地较普遍的装饰为壁画仍以侍女为多，但侍女多与花卉、衣箱、桌以及画屏等同时出现，马和骆驼等也是与相关辅助因素共同构成有情节的画面，并趋向程式化。墓顶有天象图和莲花图。出现门吏等新内容。砖雕仍表现门窗桌等，出现椅、灯檠。砖雕和壁画开始共同出现于同一墓中。布局开始固定，如画屏绘于墓室北壁，灯檠则一般出现于南壁近墓门处。随葬品除了形制的变化，种类上与早期相似。在北京地区日用瓷器类随葬品成为大宗，但前述的的马具或工具等小件器物仍在小墓中继续使用。宣化地区则趋向随葬成组的陶明器为主，陶器的品类极大丰富，形成了三足器、釜、罐、盆、注子、熨斗、勺、剪刀和水斗等一套固定的组合，而且器物的尺寸都约在 10 厘米左右，在组合和尺寸上都已制度化。这套明器不仅影响了北京地区，而且在辽北区从道宗至辽亡的阶段也成为习用的明器[93]。由此可以看出这种陶器组合是以宣化地区为中心，向四周发散式传播。由于砖雕的发展，一些器物被雕刻在壁面，退出了随葬品的组合。大同地区随葬品数量不多，但各类随葬品皆有，并出现木质桌椅等，壁面装饰从此期开始形成固定的模式。值得注意的是，在大同十里铺 27 号墓中[94]，位于棺床东西两壁下，发现腐朽的纸灰两堆，推测应是焚烧纸明器所遗留的痕迹。宿白先生对纸明器有过详细的考证，认为纸明器应在埋葬时"当时焚化"[95]。十里铺 27 号墓从考古实物资料印证了文献记载。

综观这一时期燕云地区墓葬的特点，它是在对历史传统保留的同时，受到毗邻地区文化风俗影响强烈地冲击。这种影响的程度制约于此种因素在起源地的发展情况。同时，出现了新的因素，各地区形成了较鲜明的区域性特点，如宣化地区的类型完备的陶明器组合和大同地区的模式化的壁画题材及布局。

第三期，道宗至辽末（公元 1055－1125 年）。除了河北东北部地区继续使用圆形单室砖墓，其他三区墓葬形制都发生了变化。北京地区墓葬形制增添了长方形和方形。宣化地区出现了多角形墓和双室墓。大同地区则是圆形、多角形和方形单室

砖墓并行，且棺床占据墓室的整个北部，另外还存在多角形积
石墓和土洞墓两种形制。但总体而言，仍是圆形墓葬占优，为
70%；多角形次之，占22%；方形最少，仅占8%。与中原宋

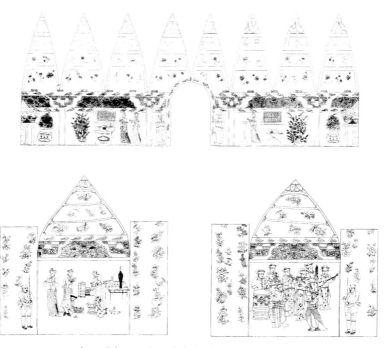

上：后室；　　左：前室右壁；　　右：前室左壁

图三二　宣化辽张匡正墓壁画

墓和辽内地大量流行多角形墓的时代特点相比，燕云地区的传统因素保留得更多和更强烈。各地普遍出现了新的装饰题材和布局。首先是壁画题材增多，内容趋于复杂。出现孝行图。在二期基础上的画面更加复杂，立意更加突出，有故事场景性，即通常所讲的"宴饮"、"备宴"、"出行"、"伎乐"图。宣化发现的 M10 张匡正墓就是很好的代表（图三二）。相应内容的壁画位置也相对固定，形成一定的布局。砖雕仍然是局限于门窗桌椅和灯檠。画屏和灯檠位置与二期相同，但西壁固定地用来绘车马图，东壁绘宴饮图。这种布局在大同地区二期就已经出现，三期时成为极有规律的定式。随葬品以成组的陶明器为主，组合更加丰富，尤其在宣化、大同地区更为流行。也有一些日用瓷器类随葬品。大同周边地区墓葬中从此期开始木质随葬品大量出现，品种有桌、衣架、盒、杵、刀鞘等。

　　综观燕云地区的辽墓、临近的中原宋地、辽畿内地区以及朝阳地区的墓葬，可以看出燕云地区的墓葬习俗在历史传统的保留、毗邻地区风俗的熏染以及当时社会经济文化的影响等诸多因素的混合作用下，形成了相当独立的地方特色。燕云地区的四个小区，由于地理因素和人文因素的影响，又各有相对独立的特点。可以看出，各个小区在不同阶段都接受与其相邻的地区，如辽畿内地区、北宋河东路以及河北东、西路的影响较大，本地因素的影响次之，区际之间的相互影响最弱。除了河北东北部地区继续使用圆形单室砖墓外，其他三区墓葬形制都发生了变化：北京地区墓葬形制增添了长方形和方形。宣化地区则出现了多角形墓和双室墓。大同地区则是圆形、多角形和方形单室砖墓并行，且棺床占据墓室的整个北部，另外还存在多角形积石墓和土洞墓两种形制。由于特定的地理位置，又受

异族统治的燕云地区，其墓葬文化表现出强烈的地域特色应是
当时特定的时代产物。


## 注　释

［1］ Joseph L. Mullie, "Les Anciennes Villes de L'empire des Grands Leao au Roy-
aume Mongol de Barin", T'oung Pao, Vol. XXI, 1922, pp. 105 – 231. Joseph
L. Mullie, "Les Sepultures de K'ing des Leao", T'oung Pao, Vol. XXX, 1933,
pp. 1 – 25.

［2］ L. Kervyn, "Le Tombeau de L'empereur Tao – Tsong（1101）", Le Bulletin
Catholique de Pékin, Vol. 118, 1923, pp. 236 – 243. "Le Tombeau de
L'empereur Tao – Tsong des Leao, et les Premières Inscriptions Connues en
ècriture K' itan", T' oung Pao, Vol. XXII, 1923, pp. 292 – 301.

［3］ 鸟居龙藏《辽代の壁画について》，收入鸟居龙藏、鸟居きみ子《满蒙を再
び探る》，六文馆，1932年，东京，302 – 350页。

［4］ 鸟居龙藏《考古学上より见たる辽之文化图谱》3 – 4册，东方文化学院东京
研究所，1936年；鸟居龙藏《辽の文化を探る》，章华社，1937年，东京，
172 – 198页。

［5］ 田村实造、小林行雄《庆陵——东モンゴリアにおける辽代帝王陵とその壁
画に关する考古学的调查报告》，座右宝刊行会，东京，1952 – 1953年。田
村实造《庆陵の壁画——绘画・彫饰・陶磁》，同朋舍，京都，1977年。

［6］ 金毓黻《东丹王陵考察记》，《满洲学报》3卷，1934年。

［7］ Ryuzo Torii, Sculptured Stone Tombs of the Liao Dynasty, Harvard – Yenching
Institute, 1942, Peking.

［8］ 金毓黻《辽金旧墓记》，杂俎1 – 3页，《东北丛刊》7期，1930年。

［9］ 李文信《奉天昭陵附近出土之石棺》，《满洲史学》2卷4期，1939年。

［10］ 三宅宗悦《鸡冠壶を出土せる最初の古坟》，《国立中央博物馆时报》5号，
1940年。

［11］ 李文信《叶柏寿行纪》，《国立中央博物馆时报》9号，1941年。李文信《沈
阳市塔湾发现之古坟》，《满洲中央博物馆时报》第5号，1940年。三宅宗
悦《满洲国热河省叶柏寿附近の遗蹟に就て》，《考古学杂记》32卷1号，
1942年。

[12] 李文信《汐子行纪》,《国立中央博物馆时报》12 号,1941 年。

[13] 三宅俊成著,李莲译《中国东北地区考古学概说》"船桥",东北亚细亚古文化研究所,1989 年。

[14] 岛田贞彦《满洲国热河建平县発见の古银铜面》,《史林》20 卷 1 号,1935 年 1 月。岛田贞彦《满洲考古栞(其二)》,《满蒙》16 卷 6 号,1935 年 6 月。岛田贞彦《满洲国热河省新出土の古银铜面》,《考古学杂志》27 卷 1 号,1937 年 1 月。岛田贞彦《满洲国新出の古银铜面及二三の青铜遗物について》,《考古学杂志》28 卷 2 号,1938 年 2 月。岛田贞彦《考古学上より见たる热河》(满洲国古迹古物调查报告第二编),三《辽时代の热河省》,民生部,1940 年,长春。岛田贞彦《满洲発见古银铜面について》,《考古学杂志》31 卷 3 号,1941 年 3 月。岛田正郎《辽の死面》,《考古学杂志》36 卷 5 号,1950 年。Masao shimada, "A Death – mask of the Liao Period", Artibus Asiae, Vol. XIII, 4, 1950, pp. 250 – 253.

[15] 刘铭恕《契丹民族丧葬制度之变迁及其特点》,《中国文化研究汇刊》1 期,1941 年。

[16] 北川房次郎《辽の金面缚肢葬小考》,《书香》16 卷 10 号,1943 年。

[17] 黑田源次《辽的陶瓷》,《陶瓷全集》14,平凡社 1958 年版。

[18] 三上次男《世界陶瓷全集》13,小学馆 1981 年版。

[19] 三宅宗悦《关于最早出土鸡冠壶的古墓》,《国立中央博物馆时报》第 5 号,1940 年。岛田贞彦《考古随笔——鸡冠壶》,1944 年。

[20] 前热河省博物馆筹备组《赤峰县大营子辽墓发掘报告》,《考古学报》1956 年第 3 期。

[21] 昭乌达盟文物工作站等《内蒙古山嘴子"故耶律氏"墓发掘报告》,《文物资料丛刊》第 5 辑,1981 年。

[22] 马俊山、项春松《辽北大王万辛墓》,孙进己等主编《中国考古集成·东北卷》第 15 册,北京出版社 1997 年版。

[23] 敖汉旗文物管理所《内蒙古昭乌达盟敖汉旗北三家辽墓》,《考古》1984 年第 11 期。

[24] 项春松《克什克腾旗二八地辽墓》,《内蒙古文物考古》1984 年第 3 期。

[25] 河北省文物管理处等《河北宣化辽壁画墓发掘简报》,《文物》1975 年第 8 期。

[26] 项春松、吴殿珍《内蒙古宁城辽邓中举墓》,《考古》1982 年第 3 期。

[27] 翁牛特旗文化馆等《内蒙古解放营子辽墓发掘简报》,《考古》1979 年第 4

期。项春松《解放营子辽壁画墓发掘报告》,《松州学刊》1987 年第 4、5 期合刊。

[28] 辽宁省博物馆、辽宁铁岭地区文物组发掘小组《法库叶茂台辽墓记略》,《文物》1975 年第 12 期。王秋华《惊世叶茂台》,百花文艺出版社 2002 年版。

[29] 吉林省博物馆等《吉林哲里木盟库伦旗一号辽墓发掘简报》,《文物》1973 年第 8 期。王健群、陈相伟《库伦辽代壁画墓》,文物出版社 1989 年版。

[30] 金永田《辽上京城址附近佛寺遗址和火葬墓》,《内蒙古文物考古》1984 年第 3 期。王未想《辽上京城址出土的墨书铭文骨灰匣》,《北方文物》2002 年 1 期。内蒙古自治区文物工作队《辽中京西城外的古墓葬》,《文物》1961 年第 9 期。

[31] 项春松编《辽代壁画选》,上海人民美术出版社 1984 年版。

[32] 李文信《辽瓷简述》,《文物参考资料》1958 年第 2 期。

[33] 冯永谦《叶茂台辽墓出土的陶瓷器》,《文物》1975 年第 12 期。

[34] 内蒙古自治区文物考古研究所等《辽陈国公主墓》,文物出版社 1993 年版。

[35] 内蒙古文物考古研究所等《辽耶律羽之墓发掘简报》,《文物》1996 年第 1 期。

[36] 内蒙古文物考古研究所等《内蒙古赤峰宝山辽壁画墓发掘简报》,《文物》1998 年第 1 期。

[37] 巴林右旗博物馆《辽庆陵又有重要发现》,《内蒙古文物考古》2000 年第 2 期。赵晓华《辽宁省博物馆征集入藏一套辽代彩绘木椁》,《文物》2000 年第 11 期。

[38] 哲里木盟博物馆等《库伦旗第五、六号辽墓》,《内蒙古文物考古》1982 年第 2 期。内蒙古文物考古研究所等《内蒙古库伦旗七、八号辽墓》,《文物》1987 年第 7 期。

[39] 王健群、陈相伟《库伦辽代壁画墓》,文物出版社 1989 年版。

[40] 华玉冰、万雄飞《阜新辽代萧和家族墓地发掘出土精美壁画及墓志》,《中国文物报》2002 年 5 月 3 日 1 版。

[41] 河北省文物研究所《宣化辽墓——1974～1993 年考古发掘报告》,文物出版社 2001 年版。

[42] 内蒙古文物考古研究所等《白音罕山辽代韩氏家族墓地发掘报告》,《内蒙古文物考古》2002 年第 2 期。塔拉等《白音罕山辽代韩匡嗣墓地发掘报告》,政协巴林左旗委员会编《大辽韩知古家族》,内蒙古人民出版社 2002 年版。

[43] 王秋华著、高桥学而译《中国辽代の墓葬に於ける壁面装饰の样式とその时

期について》，《古文化谈丛》第 20 集（下），1989 年 7 月，233 - 267 页。
王秋华《近十年问刊的辽代墓葬壁饰研究》，《辽宁大学学报》（哲社版）
1993 年第 1 期；《辽代契丹族墓葬壁面装饰分期》，《北方文物》1994 年第 1
期。

[44] 李逸友《论辽墓壁画的题材和内容》，《内蒙古文物考古》1993 年第 1、2
期。

[45] 林沄《辽墓壁画研究两则》，吉林大学考古学系编《青果集——吉林大学考
古专业成立二十周年考古论文集》，知识出版社 1993 年版。

[46] 冯恩学《辽墓壁画中的车》，《青果集》，知识出版社 1993 年版。冯恩学《辽
墓壁画所见马的类型》，《考古》1999 年第 6 期。

[47] 邵国田《辽代马球考——兼述皮匠沟 1 号辽墓壁画中的马球图》，《内蒙古东
部区考古学文化研究文集》，海洋出版社 1991 年版。

[48] 杨泓《辽墓壁画点茶图》，《文物天地》1989 年第 2 期。

[49] 孙机《宣化辽金墓壁画拾零》，杨泓、孙机《寻常的精致》，辽宁教育出版社
1996 年版。

[50] 郑绍宗《宣化辽墓壁画研究》，《辽金史论集》第四辑，书目文献出版社
1989 年版；郑绍宗《辽壁画墓散乐图之发现与研究》，《河北省考古文集》，
东方出版社 1998 年版。

[51] 周新华《宣化辽墓壁画所见之茶具考》，《东南文化》2000 年第 7 期。

[52] 伊世同《河北宣化辽金墓天文图简析——兼及邢台铁钟黄道十二宫图像》，
《文物》1990 年第 10 期。

[53] 项春松《辽宁昭乌达地区发现的辽墓绘画资料》，《文物》1979 年第 6 期。

[54] 郑隆《库伦辽墓壁画浅谈》，《内蒙古文物考古》1982 年版；金申《库伦旗
六号辽墓壁画零证》，《内蒙古文物考古》1982 年版。

[55] 吴玉贵《内蒙古赤峰宝山辽壁画墓"颂经图"考》，《文物》1999 年第 2 期。
吴玉贵《内蒙古赤峰宝山辽墓壁画"寄锦图"考》，《文物》2001 年第 3 期。

[56] 罗世平《辽墓壁画试读》，《文物》1999 年第 1 期。

[57] 李清泉《论宣化辽墓壁画创作的有关问题》，山东大学考古学系编《刘敦愿
先生纪念文集》，山东大学出版社 1997 年版。

[58] 李清泉《宣化辽墓壁画中的备茶图和备经图》，《艺术史研究》4 辑，中山大
学出版社 2002 年版。

[59] 李清泉《绘画题材中意义和内涵的演变——以宣化辽墓中的车马出行图为
例》，《中山大学学报》（社科版）2003 年第 2 期。

[60] 李逸友《论辽墓画像石的题材和内容》,《辽海文物学刊》1991 年第 2 期。

[61] 郑绍宗《辽代绘画艺术和辽墓壁画的发现与研究》,《文物春秋》1995 年第 2 期。

[62] 田广林《契丹头衣考略》,《内蒙古文物考古文集》,中国大百科全书出版社 1994 年;《契丹舆仗研究》,《内蒙古文物考古文集》第二辑,中国大百科全书出版社 1997 年版。

[63] 杜承武《辽代墓葬出土的铜丝网络与面具》,《辽金史论》,271 - 293 页;马洪路《契丹葬俗中的铜丝网以及其有关问题》,《考古》1983 年第 3 期;木易《辽墓出土的金属面具、网络及相关问题》《北方文物》1993 年第 1 期;刘冰《试论辽代葬俗中的金属面具及相关问题》,《内蒙古文物考古》1994 年第 1 期。

[64] 朱天舒《辽代金银器》,文物出版社 1998 年版。

[65] 杨晶、乔梁《辽陶瓷器的分期研究》,《青果集》,知识出版社 1993 年版。

[66] 梁淑琴《辽瓷的类型与分期》,《北方文物》1994 年第 3 期。

[67] 彭善国《辽代陶瓷的考古学研究》,吉林大学出版社 2003 年版。

[68] 杨晶《略论鸡冠壶》,《考古》1995 年第 7 期;冯恩学《辽代鸡冠壶类型学探索》,《北方文物》1996 年第 4 期;马沙《论辽代鸡冠壶的分期演变及其相关问题》,《北方文物》2000 年第 1 期。

[69] 今野春村《辽帝陵记》,《贝塚》54 号,1999 年。今野春村《内蒙古辽代契丹墓巡见记》,《博望》创刊号,2000 年。今野春村《辽代契丹墓出土陶器の研究》,《物质文化》72 号,2002 年。今野春村《辽代契丹墓出土马具の研究》,《古代》112 号,2002 年。今野春村《辽代契丹墓出土葬具について》,《物质文化》75 号,2003 年。今野春村《辽代契丹墓の研究—分布・立地・构造について—》,《考古学杂志》87 卷 3 号,2003 年 3 月。

[70] Laing, Ellen Johnston, "Patterns and Problems in Later Chinese Tomb Decoration", Journal of Oriental Studies, vol.16, 1978, pp.3 - 21.

[71] Linda Cooke Johnson, "The Wedding Ceremony for an Imperial Liao Princess: Wall Paintings from a Liao Dynasty Tomb in Jilin", Artibus Asiae, vol.44, 1983, pp107 - 136.

[72] Robert Albright Rorex, "Some Liao Tomb Murals and Images of Nomads in Chinese Paintings of the Wen - chi Story", Artibus Asiae, vol.45, 1984, pp.174 - 198.

[73] Laing, Ellen Johnston, "Liao Dynasty (A.D.907 - 1125) Bird - and - Flower

Painting", Journal of Sung - Yuan Studies, vol. 24, 1994, pp. 57 - 99.

[74] Danielle Elisseeff, "à propos d' un cimetière Liao: Les Belles dames de Xiabali", Art Asiatiques, Vol.49, 1994, pp.70 - 81.

[75] Steinhardt, Nancy Shatzman, Liao Architecture, Honolulu: University of Hawaii Press, 1997.

[76] Dieter Kuhn,, Die Kunst des Grabbaus. Kuppelgr? ber der Liao - Zeit (A.D.907 - 1125), Heidelberg: Edition Forum, 1997. Dieter Kuhn, How the Qidan Reshaped the Tradition of the Chinese Dome - shaped Tomb, Heidelberg: Edition Forum, 1998.

[77] Nancy Shatzman Steinhardt, "Liao Archaeology: Tombs and Ideology along the Northern Frontier of China", Asian Perspectives, vol.37, no.2, 1998, pp.224 - 244.

[78] Hsingyuan Tsao, Differences Preserved: Reconstructed Tombs from the Liao and Song Dynasties, Porland: Douglas F. Coley Memorial Art Gallery, Reed College, distributed by the University of Washington Press, 2000.

[79] 李逸友《辽庆陵》,《中国大百科全书·考古学》,中国大百科全书出版社 1986 年版。

[80] 王秋华《辽代墓葬分区与分期的初探》,《辽宁大学学报》(哲社版) 1982 年 第 3 期。

[81] 杨晶《辽墓初探》,《北方文物》1985 年第 4 期。

[82] 徐苹芳《辽代墓葬》,《中国大百科全书·考古学》,中国大百科全书出版社 1986 年版。

[83] 李逸友《略论辽代契丹与汉人墓葬的特征和分期》,《中国考古学会第六次年 会论文集》,北京文物出版社,1990 年。李逸友《辽代契丹人墓葬制度概 说》,内蒙古文物考古研究所编《内蒙古东部区考古学文化研究文集》,海洋 出版社 1991 年版。

[84] 冯恩学《辽墓初探》,吉林大学博士学位论文,1995 年。

[85] 阜新蒙古族自治县文化馆《辽宁阜新县白玉都辽墓》,《考古》1985 年第 10 期。辽宁省文物考古研究所等《阜新海力板辽墓》,《辽海文物学刊》1991 年第 1 期。

[86] 项春松《上烧锅辽墓群》,《内蒙古文物考古》1982 年第 2 期。

[87] 内蒙古文物考古研究所《巴林右旗床金沟 5 号辽墓发掘简报》,《文物》2002 年第 3 期。

[88] 辽宁省博物馆文物工作队《辽宁北票水泉一号辽墓发掘简报》,《文物》1977年第12期。辽宁大学历史系考古教研室《辽宁法库县叶茂台8、9号辽墓》,《考古》1996年第6期。

[89] 雁羽《锦西西孤山辽萧孝忠墓清理简报》,《考古》1960年第2期。乌盟文物工作站等《契丹女尸》,内蒙古人民出版社1985年版。

[90] 刘耀辉《北京辽墓初探》,《北京文博》1999年第4期。

[91] 陶宗冶《略论张家口地区辽墓分期问题》,《北方文物》1993年第1期。

[92] 项春松《昭盟地区的辽代墓葬》,《内蒙古文物考古》1981年创刊号。

[93] 同注[92]。

[94] 山西省文物管理委员会《山西大同郊区五座辽壁画墓》,《考古》1960年第10期。

[95] 宿白《白沙宋墓》,文物出版社2002年版。

七　金代陵墓的考古发现与研究

## （一）金代陵墓的考古发现与研究现状

对于金代墓葬所做的考古工作，也是宋元明考古中开展较早的工作，可分为三个阶段：

### 1. 20 世纪前半叶

最早关于金墓的考古工作多由日本人所做。其中较重要的有 1910 年东京帝国大学滨田耕作在对朝鲜境内的汉乐浪郡墓葬调查、发掘的同时，调查了东北境内的金完颜娄室家族墓[1]。1936 年，园田一龟受伪满文教部之托，调查、盗掘了金上京遗址、金完颜希尹和完颜娄室家族墓地[2]。1937 年，山田文英在吉林收集金代的石棺也颇有所获[3]。1941 年，原田淑人、驹井和爱和关野雄等人发掘辽阳玉皇庙的辽金古墓，清理二十九座，1942 年继续挖掘[4]。与此同时，中国也有学者对东北发现的金墓进行了记述[5]。总之，这个时期对金墓的清理和记录已经开始，但东北地区缺少金代的大墓和有精彩壁画的金墓，因此相对于辽墓的发掘和研究，金墓显得较弱或处于从属地位。

### 2. 20 世纪 80 年代以前

随着全国考古工作的开展，金墓被大量发现，并部分地得到了认真的清理。其中有三类墓葬比较重要：第一类是在中原地区发现的汉人和契丹人风格的墓葬，尤其是有精美装饰的仿木构砖室墓。北方各省都有发现，其中比较重要的有晋南地区发现的几批仿木构砖室墓（如山西稷山金墓群、山西侯马董氏家族墓、侯马 104 号墓[6]等）、河北发现的两处大型家族墓地（新城发现的降金辽贵族时立爱家族墓、河北井陉柿庄发掘的师氏墓地[7]）。其中侯马金墓中发现的杂剧题材的装饰得到了特别的关注[8]。第二类是在金源内地地区发现的女真人墓葬，主要是金建国后仍活动在金源地区的女真贵族和平民墓葬以及在朝中为官的一些女真人家族墓地。这类墓可以黑龙江绥滨中兴古城周围墓群、松花江下游奥里米古城周围墓群为代表的既有贵族又有平民的家族墓地[9]、绥滨永生墓群为代表的平民墓地[10]以及吉林舒兰县完颜希尹家族墓地[11]为代表。第三类是在东北和北京地区发现的土坑石椁墓，如吉林扶余西山屯墓[12]、北京市房山乌古论家族墓地和通县南三间房石宗璧墓[13]等。总之，这期间金墓的资料成倍地增长，但相应的研究基本是空白的。

### 3. 20 世纪 80 年代至今

随着人们对金墓重视程度的提高，这个时期对金墓的发掘更加规范，各地发现的金墓大大增加，分布地区涉及东北到中原的各个省市，墓葬的类型也十分丰富。在此基础上，学者们开始对金墓进行总结和初步的研究。最早对金墓进行归纳的是徐苹芳先生。他在收集了 80 年代初以前发现的金墓材料后，以大定年间为界，总结了金墓发展的特点[14]。此后，学者们又从不同的角度对金墓进行研究，包括以下几方面：A. 对金墓进行全面总结，主要是对已发现金墓进行的分期、分区与分类型的研究[15]。B. 对金墓按不同族属进行研究，主要是研究女真族的葬制[16]。C. 对某种特殊的墓类进行的研究，如对金代石函葬的研究[17]、对金代特有的土坑石椁墓的研究[18]和对火葬墓的研究[19]等。D. 对局部地区金墓进行的研究。这是在已有的研究中开展较多的一项工作，如对黄河中下游地区金墓的研究[20]和对山西地区金墓的研究[21]，更具体的有对晋南地区金墓的研究[22]等。E. 对金墓的装饰和文化现象进行的较深入研究，如对金墓中发现和出土的杂剧乐舞题材装饰和文物的研究[23]、对金墓壁画进行的研究[24]、对金墓雕砖的研究[25]、对孝行题材装饰的研究[26]等。

随着材料的不断丰富，研究逐渐走向深入。不过，相对于对辽墓的研究，金墓的研究还显得相当初级，不够深入而细致。除了对杂剧装饰等个别问题的研究已有了较多的成果，总体上还处于材料积累的过程中。

## （二）深山中的皇陵—金陵考古的新发现

### 1. 金陵的营建与沿革

金皇统九年（公元 1149 年），海陵王完颜亮弑熙宗完颜亶自立为帝。为了缓解政治压力，海陵王决定迁都燕京。这一决定遭到女真贵族的强烈反对，其中重要的一点就是上京是祖宗山陵所在和王气所钟[27]。海陵王在得到多数朝臣的支持后，于贞元元年（公元 1153 年）迁都。次年，便派人于都城附近寻找"万年吉壤"，最终选定了峰峦秀拔、林木森密的大房山（今北京市房山区）下大洪谷云峰寺的风水宝地，决定迁祖宗陵寝于此。据《金史》记载："贞元三年三月乙卯，命以大房山云峰寺为山陵，建行宫其麓。"[28]同年五月完工，并分三次派人前往金源迎太祖、太宗、其父德宗宗干及始祖以下十帝陵到大房山。据张棣《金虏图经》"山陵"条记载："虏人都上京，本无山陵，祖宗以来，止卜葬于护国林之东，仪制极草创。迨亮徙燕，始有置陵寝意，遂令司天台卜地于燕山之四围。年余，方得良乡县西五十余里大洪山曰大洪谷曰龙喊峰，冈峦秀拔，林木森密。至筑陵之处，亮寻毁其寺，遂迁祖宗、父、叔改葬于寺基之上，又将正殿元位佛像处凿穴，以奉安太祖旻、太宗晟、父德宗宗干，其余各处随昭穆序焉。惟宣被杀，葬于山之阴，谓其刑余之人不入。"[29]《大金国志》卷之三十三"陵庙制度"条也有相似的记载。《金虏图经》漏记海陵王所毁之寺名称，此条记其名为"龙城寺"[30]。《金史》卷五《海陵本纪》记为"云峰寺"。据考证，"大洪山"、"大洪谷"就是大房山、大房谷。"龙喊峰"即金陵主陵区九龙山的主峰[31]。大房山金陵勘定以后，经海陵、世宗、章宗、卫绍王、宣宗五朝六十年间的营建，形成一处规模宏大的皇家陵寝。文献记载其兆域最大时达一百五十六里。陵区的实测面积约有 60 平方公里。

金亡后，蒙元时期金陵一直得到较好保护。元世祖忽必烈一直十分推崇金世宗，因此，金陵在元代得到了很好的保护。陵区成为燕南的一大景观，其中"道陵苍茫"与"卢沟晓月"、"太液秋风"等同为"燕南八景"。但在陵区并未发现元代致祭的遗迹。

明代中叶以前金陵依然受到保护并定期祭祀。明嘉靖年间，道陵仍是大房山的一处著名景观。明代后期，满族在关东崛起，与明交战中明军屡战不胜。明廷惑于形家之言，认为满人的祖陵在大房山，"王气太盛"是明军战败的原因。因此，明于天启元年（公元 1621 年）罢金陵之祀。天启二年，派军队拆毁金陵，割断地脉。天启四年，又在陵区建关帝庙多处以为厌胜。至今当地还流传着"砍龙头"、"刺喉咙"的说法，并保存有明人毁坏山体的遗迹。所谓"砍龙头"即在金太祖睿陵所依九龙山主龙脉的龙头部挖沟断脉，而"刺喉咙"即在"龙喉"部深凿洞穴，并填上鹅卵石。然而，明人的这些愚蠢做法并未挡住满族进军中原的步伐。清康熙御制《金太祖世宗陵碑文》曾对明人所为加以记述并大加讥讽[32]。入清以后，大房山金陵受到清统治者的重视，分别于顺治三年（公元 1630 年）和乾隆十六年至十八年（公元 1751－1753 年）重修了太祖、世宗二陵，设守陵户，并指定房山县令每岁前往祭陵[33]。乾隆年间在太祖、世宗陵前加建享殿和陵门。乾隆帝还亲往陵区展祭[34]。有清一代，金陵得到了多次修复和祭祀。

清末民初，遭兵劫、匪祸，金陵仅存的睿陵和兴陵遭到盗掘和破坏。直到 70 年代以前还保存有二陵的封土、享殿一座、清修的围墙残迹。其南还存有碑亭两座，亭内存有清世祖和圣祖御制《金太祖世宗陵碑》，其中圣祖陵碑的碑文尚清晰可读。"文化大革命"时为修"大寨田"，陵区受到灾难性的损坏，地面建筑以及围墙、封土都被移平，将陵区平整为四层台地。

### 2. 金陵的位置及分区

金陵位于北京西南约 45 公里的房山区大房山脚下，属燕山山脉，地接太行山。连山顶是金陵主陵区的所在地，以其为中心，形成了西北、东南向的半环形地势。其中矗立着林木掩映的"九龙山"，九条山脊分九脉而下，形成开阔的缓坡台地。两旁高山如屏，正中一道石门，只有一口可以出入，俗称"龙门口"。九龙山对面的石壁山，是金陵的影壁山，又称朝山。

金太祖陵就坐落在九龙山主脉与"影壁山"中间一处凹陷地上。

金陵区按功用大致可分为三部分：

①帝陵区。据文献记载，金陵葬有从上京迁来的太祖、太宗陵和太祖以上、始祖以下十帝陵以及在中都埋葬的五代（不算海陵王）帝陵。具体陵号为太祖阿骨打睿陵；太宗吴乞买恭陵；熙宗亶思陵；德宗宗干（海陵王父）顺陵；睿宗宗辅（世宗父）景陵；世宗雍兴陵；卫绍王允恭裕陵；章宗璟道陵。从上京迁来的始祖以下、太祖以上的十帝陵为光陵、元陵、昭陵、建陵、辉陵、安陵、定陵、永陵、泰陵、献陵和乔陵。

根据文献记载和考古调查，帝陵区实际上还可分为三个区域：第一，主陵区，即九龙山陵区。它葬有太祖、太宗、德宗、梁王宗弼（兀术，是皇陵区唯一的亲王陪葬墓）、睿宗、世宗等帝王。第二，石门峪十帝陵。石门峪在周口店地区车场村南，从沟口到沟里有三道山石屏障，从沟口看似三道石门，明显的有大、小石门两道峪口，大石门尚存有用巨石垒砌的高大护墙。大石门内派生出西、北两峪。十帝陵坐落在北峪内，均穴山为陵，早年调查还存有望柱底座、柱础、栏板等石件。第三，峨眉峪熙宗思陵。峨眉峪位于周口店地区西庄村西，石门峪之南。《金史》记载熙宗最终迁葬此峪，号思陵。此处黄土很厚，适合建陵，但调查未见遗迹。

②坤厚陵区。它始建于世宗大定年间，是埋葬妃嫔的陵园和后世园寝。例如，世宗昭德皇后乌林答氏、元妃张氏、李氏都曾暂厝于坤厚陵区，世宗死后迁往兴陵合祔。世宗德妃徒单氏、贤妃石抹氏、柔妃大氏等都直接葬入坤厚陵。坤厚陵的位置有两说：其一，在睿陵、兴陵西侧，依山有一片陵园，其方

位似应为坤厚陵。但此地仅发现一些砖石，未见其他遗物；其二，以帝陵位于山阳，据男阳女阴的说法，坤厚陵区应在山阴，即大柚沟一带。这里发现了不少金代遗物。究竟哪里是坤厚陵区，还有待考古工作。也有文献记载坤厚陵区在蓼香甸附近的。

③诸王兆域。完颜宗室中有爵位者的墓地，海陵王后来也被改葬于此地。诸王兆域又称十王坟。前述的石门峪大石门内，北峪为十帝陵，其西峪内应是诸王兆域。文献记载诸王兆域在鹿门谷，今天的石门峪可能就是古代的鹿门谷。文献记载金陵还有享殿、碑亭、明楼、祝版房等建筑，而且还有砌筑的祭祀坑，但这些情况现在还不能与考古发现相对应。

**3．考古调查、试掘的主要收获**

金陵大致位置虽有文献记载，但经八百年的沧桑变迁，其地面建筑已荡然无存，因而一直默默无闻。为了探寻金陵，50年代作过一些地面调查。1986年和2001年，北京市文物研究所制定金陵考古课题，进行了两次详细的考古调查，后一次还开展了较大规模的发掘，使人们对金陵有了初步的认识。

50年代，有学者对金陵进行过踏查，尚可见睿陵、兴陵的封土，封土南面的享殿台基尚存，台基的十六个柱础分为四列。陵区还可见清修的残陵墙和清世祖、圣祖的两通陵碑。这些都在"文化大革命"中破坏殆尽。

1986年至1989年，北京市文物研究所的调查与试掘[35]取得了如下成果：

①大体确定了金陵的位置。在今皇陵村、龙门口一带发现了金陵区瑞云宫残宫碑，从而确定了陵区的北界。②发现并清理了世宗之父睿宗景陵前的陵碑一通。景陵是世宗父完颜宗辅

的陵，文献记载其葬在太祖之侧，碑的位置在陵前。这一发现
对探寻太祖陵位提供了重要线索。③根据连泉顶（连三鼎）寺
内嘉靖八年《重修连泉古刹碑》的记载，在燕化东风街道后山
坡上，用磁场法、电法等物探方法和传统的洛阳铲方法，确定
了两处异常地点，推测是金显宗完颜允恭的裕陵和金章宗道陵
的地宫。④1974 在房山长沟峪煤矿扩建家属区，发掘了一座
已被盗过的金墓，共出土五个组合石棺。石棺外面镶银龙，棺
里注有水银。棺内有一树皮状、上镶铁（或铜）的饰件，据测
是铠甲一类的东西。从其规模和装饰银龙看，应是"王"墓。
此墓中还出土许多精美的玉器，应是当时最高质量的官作玉
器。此处正好处于诸王兆域的边缘。⑤发现并清理了一段御道
遗迹。御道南北向，东西宽约 5.4 米，南北长约 3 米。两侧在
石地栿上竖立四块两面雕刻牡丹、行龙的汉白玉栏板和望柱。
栏板前有两个蹲兽，栏板中间是线刻莲花七级石阶。⑥文献记
载，各陵前有享殿，还应有碑亭、明楼、祝版房等，而且有砌
筑的祭祀坑。1986 年调查了一座享殿，殿基面阔 16 米，进深
12.2 米，高出地面 0.5 米，用光石砌成，上有纵横排列的石
柱础四行，共十六个，柱径约 0.3 米。1976 年曾发现两个祭
祀坑，是用雕得十分好的青石筑成的。50 年代这里曾出土过
祝版哀册。⑦发现并初步勘探了主陵区边部的泄水洞。

　　2000 年，北京市文物研究所再次启动金陵的考古调查和
发掘工作。2001 年，开始进行实地的调查勘探。首先进行了
物探，分别对太祖陵、世宗陵等四个区探测，配合铲探，发现
了一些可疑地点。随后进行了发掘，主要有以下收获[36]：

　　①大体勘探清楚了陵区的御道。在进入陵区的龙门口，有
一座石桥，由三十一块大花岗岩砌成，桥宽 9.8 米，当地人称

为"引魂桥"。桥下为金陵排水渠的出水口。过桥后北转90度就是清出的御道，全长200余米。前部较平缓，有明显的踩踏面，前端两侧各存有一个望柱基石；中部较陡处存有1987年发现的残存石阶和栏板的阶梯形御路。②在陵区第二台地部分的御道两侧发现石砌基址。两基址相距35米。东侧基址长4.7米，宽3.3米，厚0.3米，由十五块大花岗岩砌成，下面是厚1.6米的夯土台基。西侧基址长5.15米，宽3.7米，厚0.3米，由二十三块花岗岩砌筑。下边还有夯基。台基四边用砖石护角，四面设门，并遗有地栿和柱础。东台基还有宽1.3米的回廊。发掘者认为其为阙台，但比对宋、辽、西夏陵的建制，更似碑亭。③查清了陵区两侧的排水渠，沿山边修筑。东侧排水渠保存较好，为石砌暗渠，多处入水口汇总到一个主干水渠，从陵前的石桥处流入小河。西侧渠较粗糙，宽1.2米，高1.8米，十分高大。排水渠保证了陵区不受山水的冲刷。④以第三台地为中心，在第三、四台地上的神道北端发现夯土台基，长50米，宽9米，厚0.7米。地上建筑已荡然无存。应为东西配殿遗址，或为明楼或阙台。西侧的基址保存较好，坐西朝东，面阔五间，进深3间，砖石结构，现残存两间半，宽9.85米，进深10.5米，在保留的残墙上还留有壁画痕迹。⑤最重要的是2002年发掘的太祖完颜阿骨打睿陵地宫[37]。睿陵位于九龙山主峰下大宝顶前约15米处，是一座竖穴石坑墓，平面长方形，东西长13米，南北宽9-9.5米。石坑内瘗石椁四具，其中两具为汉白玉质，均东西向，一具浅浮雕龙纹，一具浅浮雕凤纹，另外两具青石质素椁均南北向（图三三）。龙椁已残，凤椁保存完好。石椁长2.48米，宽1.2米，是整块汉白玉雕凿而成，椁盖顶和椁身浅浮雕双凤纹，内填金粉。椁

图三三　金太祖陵地宫情况

身四壁包裹厚 10－12 厘米的松香。椁内置木棺，长 2.1 米，宽 0.78 米。木棺外壁髹红漆，棺四角及正中部位饰錾刻凤纹的菱形鎏金银饰。棺内出土了金丝凤冠和白玉饰件。⑥在遗址第四台地的太祖陵西南清理了五座陪葬墓（M1－M5），均为长方形竖穴石圹墓，用大石条砌壁，内有石棺台。从出土器物看，时代较晚，而且作为陪葬墓的位置很奇异，因此推测其有可能是金迁都后金遗民的墓葬。

　　尽管金陵的考古工作还未结束，不了解的情况还很多，但仍然可以看出金陵的一些葬制。首先，陵区的遗址或风水与宋代不同，也与唐陵、辽陵的依山为陵不同。金陵是建于深山之中，且选择了一个相对封闭的山谷。选址的标准是因为峰峦秀拔，林木森密。因此，其还带有女真人早期的原始性。其次，陵区的安排没有总体规划，帝陵区、坤厚陵区和诸王兆域分开安排，各自在深山中选址。陵位的安排不讲勘舆术，也不讲昭穆，甚至不分辈份。第三，从出土的遗物可见，既有表示皇权的龙纹，又有人物、虎兽、忍冬、寿桃等，与当时北方地区民间流行的瓷器、铜镜、纺织品等的装饰相同，丰富多彩而富有生活气息。这似乎体现了女真族统治者的喜好和品味。

## （三）持续的发展与鲜明的族别——金墓发现与研究

### 1．金墓的分区及种类

金朝统治的区域大体包括了北宋时期的中原北方地区和辽朝统治的区域。墓葬风格大体在辽墓和宋墓的基础上继续发展。从墓葬的族属看，金统治区内的墓葬大体有女真族风格的墓葬、辽墓风格的墓葬和宋墓风格的墓葬。根据这三种类型墓葬的分布及特点，大体可以把金墓分为四区：

①长城以北的东北地区和内蒙古东部地区（一区）。此区北部即历史上所称的金源地区，南部为辽统治时契丹人聚居的北部地区。此区的墓葬大体有女真人风格、契丹人风格和汉人风格的三种墓葬：

第一种，可以以黑龙江绥滨中兴古城周围墓群、松花江下游奥里米古城周围墓群以及吉林舒兰县完颜希尹家族墓地这三批材料为代表，是留在金源内地的女真族人的墓葬。这种墓又可分两类。前两批材料主要为竖穴土坑木椁墓，大部分为长方形，有一些较大的墓葬呈正方形，有些在墓的底部积石，有的墓框用火烧烤加工过，有些是连尸带棺、椁放入墓圹后焚烧。多数墓葬使用木椁作为葬具，大型墓的尺寸在 3 米以上，有的还有二层台，并有棺，有椁，还有封土。如中兴古城周围墓群的三号墓，土框近方形，长宽均在 3 米以上，与四、五号墓三座墓共用一个封土，中间（M3）是一座男墓，边上一侧是一座女墓（M4），推测是 M3 墓主的妻子，另一边是一座男墓（M5），墓内有殉葬的马、狗，推测为殉葬的武士。出土物极有特点，如金列鞭、金花和鎏金银鞍饰、水晶和玉石的嘎拉哈、动物纹透雕玉牌饰、桦皮桶、陶罐、铁锅以及定窑、耀州窑、龙泉窑的青白瓷等瓷器，时代为金后期。完颜希尹家族墓地，清理了多种墓葬，有砖室、石室和土坑墓，平面有方形、长方形和八角形，整个墓地分为五区，每区的地面有石翁仲、羊、虎和望柱。此墓地中有相当数量的墓是土坑石函墓，在竖穴土坑中放置长方形或正方形的小石函，石函以顶部划分有卷棚顶、平顶、四阿顶等式样，出土有铁剑、刀和金、银、玉饰件等。目前发现的这一类墓葬大多是女真族的。土坑木椁墓的渊源可以追溯到女真族建立金王朝以前，而土坑石函墓则出现于大定年间以后。有学者认为其来源可追溯到文献记载的东北民族早期的"有椁无棺"葬俗。到金代中后期，这类墓葬逐步被石室或砖室的墓葬所取代[38]。

　　第二种，土坑石椁墓。即在竖穴土坑或石坑中放置用整石雕成或大石板拼砌成的石椁，通常在石椁中还有木或石棺作为葬具。这种墓在本区和北京地区都很流行，如黑龙江阿城巨源金齐国王夫妇墓[39]。该墓土框呈"凸"字形，主体尺寸长5.4 米，宽 4.2 米，深 2.55 米（图三四）。石椁四边用四块大石板制成，半榫卯连接，墓顶和底分用三块石条铺盖，内有木棺，夫妇合葬。此墓因地处冻土地区，保存较好。从男女墓主人身上提取丝织品三十余件，是纺织史和服饰史的重要材料。

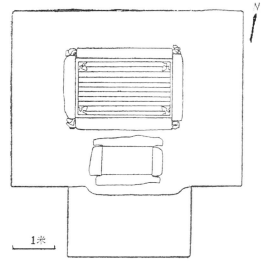

图三四　阿城金齐国王墓平面图

另外，还有墓主人随身的物品，如金锭、金环、金耳坠、金丝玛瑙项饰、镶金腰饰、双鹅玉饰、火镰袋、荷包、竹杖及标识墓主人身份的木质和银质的名牌，上书"太尉仪同三司事齐国王"，未出土纪年物。经排比，推测其为金大定二年完颜晏的墓葬。此墓前还有一小石椁，内有一人，似乎为殉葬。在吉林扶余县西山屯亦有一例此类墓，葬制与齐国王墓大体一样，但尺寸稍小。墓内出土了铁器十二件、石明器和较多的金饰品等。在黑龙江、吉林等地还发现了不少这类墓葬，但尺寸均较小，石椁用六块石板制成。这类墓的墓主人多是女真贵族。

　　第三种，仿木结构砖室墓。大多为方形，墓内有壁画，使用石棺。例如，辽宁朝阳发现的金代壁画墓，方形墓室，有壁画，使用石棺为葬具，墓主人是"扶风马令"[40]。这类墓不同于辽晚期的风格，反而有些类似辽中前期的墓。

②河北地区及山西北部地区（二区）。包括辽统治区的南区，即燕云地区和宋代的河北、山西东北部地区。此区在金前期就十分重要，是金与宋交战的前进基地。金初握有大权的几员大将，如斡离不、达懒、兀术等都曾在此驻扎。海陵王迁燕以后到金贞祐二年迁都南京以前，又是金朝的政治统治中心，金代的皇陵也位于此区中。这里也有三种风格的墓葬：

第一种，竖穴土坑石函葬。如大同西郊 M11，圆形竖井土框墓，深 7.2 米，直径 2.2 米。石棺骨灰葬，出土瓷器两件、铜钱两枚。在填土中加一层卵石加固，具有明显的地方特色。出土的砖志记载了墓主人的身份为大定四年（公元 1164 年）"西京巡警院吕愈次西多父君"[41]。这似乎是一区第一种墓在本区的衍生。

第二种，与一区第二种墓葬相同，以石椁为墓葬的主体。石椁一般用六块或十块石板制成，半榫卯连接，内部又有石或木棺为葬具，有较多的高档随葬品，如玉器和陶瓷器等。如北京市丰台区清理的乌古论元忠墓，使用汉白玉制作棺、椁，椁长 3.5 米，宽 2.46 米，高 1.91 米，用十块石板建造。与阿城齐国王墓不同的是，此墓的铺底石和盖顶石各用一块大石板，而四壁各用两块石板。内置汉白玉石板棺床，床上放置用六块石板建造的汉白玉石棺，火葬。此墓被盗，但出土有石碑二通、墓志二盒、石明器和厌胜钱少许。据墓志可知其时代为"泰和元年"（公元 1201 年），墓主人是"开府仪同三司判彰德府尹驸马都尉任国简定公乌古论元忠"和"鲁国大长公主"。另一墓例为北京市海淀区南辛庄 M2。石椁由六块石板制成，每面一块。墓长 2.43 米，宽 1.36 米，高 1.20 米。葬具用木棺，葬式为土葬。出土瓷器二十九件、陶器三件及梳妆用具一套和铜钱五十五枚。从出土的已漫漶的墓志推定，其时代为贞元年间（公元 1153－1156 年），墓主人是"宣武将军骑都尉开国男张□震"[42]。这种土坑石椁墓的墓主人均为在金王朝中有功名的人，尤其在任品官的女真贵族中十分流行。北京地区和金上京所在的黑龙江地区发现的重要的女真贵族墓都采用这种葬式。葬者身份从下层品官及其家属到皇亲贵戚及高级官吏，直至皇帝的陵墓，同时，也包括一些降金的辽、宋旧臣或贵族，入金以后继续为官的。如南辛庄墓的主人张□震，就是降金的辽人。又如北京磁器口清理的吕恭墓，吕恭本为宋臣，入金后又获功名[43]。因此，这类墓葬应是女真族为主的贵族墓葬。有学者认为，这类墓葬是女真人早期"有椁无棺"葬式的发展形式，受到了高句丽积石墓和契丹贵族石室墓的影响而成为女真贵族特有的墓类[44]。从"有椁无棺"发展为在椁内使用石或木棺，椁也从早期的木椁变为使用石材。

第三种，砖室墓，其中又有不同的三种类型：

A. 与辽墓风格十分相似的砖室墓，既有大型多室的砖室墓，也有带壁画的单室墓。如河北新城发现的时立爱墓，为仿木构八角形四室砖墓，主室尺寸 4.75×5.45 米。墓内有彩画，但已漫患，不可辨识。此墓被盗严重，仅出土一些陶、瓷器残片。墓上有神道碑，可知时代为皇统三年（公元 1143 年），墓主人是"勤力奉国开府仪同三司致仕巨鹿郡王时立爱"。时立爱是金早期降金的契丹贵族，由于功勋卓著被封为异姓王。这种大型多室墓的墓例还有兴隆梓木林子天德二年（公元 1150年）萧仲恭墓和内蒙古敖汉旗老虎沟大定十年（公元 1170 年）博州防御使墓[45]。这两座墓都出土了有长篇契丹小字的墓志。另外，还有一些仿木构单室壁画墓，也承袭了辽晚期的墓葬风格。如河北蔚县金天德二年（公元 1150 年）墓[46]、北京石景山皇统三年赵励墓和山西大同市南郊墓[47]。也有一些墓葬在辽墓的基础上融入了一些女真人的葬俗，发生了一些变化。如河北新城天会五年（公元 1127 年）时丰墓。他为时立爱之子，官居礼宾副使。此墓为长方形单室砖墓，内壁有辽墓常见的人物、帷幕和门等壁画装饰，不同的是在砖墓室内又增加了一层紧贴砖墓壁放置的大石椁，加入了女真人石椁墓的文化因素。

B. 与北宋末期流行的仿木结构砖墓相同，其特点是流行叠涩攒尖顶和穹隆顶，有门楼式墓门。如河北井陉柿庄 M3，为仿木构六角形单室砖墓，攒尖顶，外部还砌有须弥座。墓内有单抄重栱四铺作斗栱，壁面以砖雕和彩画结合表现墓主人夫妇对坐、人物、花卉、羊群、粮仓等题材的装饰，出土八件瓷器。墓内有梯形棺床，土葬。井陉柿庄和北孤台墓群清理了十余座墓葬，墓有方形、圆形和多角形，并不一致。此墓地的时代从北宋末一直到金后期，基本特征并无很大的变化。从本区发现的许多这种仿木构砖室墓看，除了常常出土鸡腿瓶和六鋬铁锅是女真人的特点，其他方面大体与北宋墓后期的墓葬一样，其发展变化进程也大体与北宋墓葬相承接。

C. 多为品官使用的墓葬，墓壁装饰简单，但出土物很丰富。如山西大同阎德源墓为仿木构方形单室砖墓，墓内有单抄重栱四铺作斗栱，但无其他壁面装饰，出土瓷器十四件、大木桌三件、木明器二十件、漆器十四件、牛角印章五方、丝织品二十四件、石刻五件及铜、骨、陶器共二十件、墓志一方[48]。

③河南、山东地区。这一区原是宋代的两京地区，这里基本看不出女真族的影响，完全是北宋制度的延续。

在安阳郭家湾发现了一些土洞墓，不规则形，时代为金代后期，使用木匣盛放骨灰，每墓只出土一件小陶罐和少量铜钱。另有河南新乡市区 M1、M2[49]，为土圹墓。它们均为平民所用的小型墓葬。

仿木结构砖室墓与北宋后期的情况基本相同，以多角形为主，室内的装饰有一定的布局，常常是后壁用雕砖影做假门，大多是格子门，两边砖雕棂花窗，另两个壁面饰墓主人夫妇对坐、伎乐等题材，使用"凹"形棺床，始终不用火葬。有一种较特别的墓，以河南焦作老万庄 M2 为例，仿木构八角形砖室墓，仿木结构门楼式墓门，八角攒尖顶。墓内有砖雕的单抄单下昂重栱五铺作斗栱，墓室下部为须弥座式的窄台，台以上的各壁饰屏风画式彩画，每壁画两个真人大小的人物，墓顶为云鹤图。出土瓷罐一件。墓主人是"冯汝辑之父"，在一个人物旁有"长官"题铭。墓内使用了带座的棺床和华丽的彩绘木棺，土葬三人[50]。这类墓似与北宋晚期洛阳一带出土的一些带装饰和题记的石棺有某种承继关系。北宋时的石棺已发现多座[51]，仅一座发现于带土雕的土洞墓室内[52]，而其余未见墓室，多为征集，估计与老万庄金墓的情况相同，都是使用带简洁装饰或以彩画为主要装饰的砖室墓，而石棺是装饰的主体。

④晋南、关中地区。这里自唐末以来逐渐成为北方重要的经济、文化中心。金代正值全盛时期。这里的金墓比其他地区在墓葬的营建和装饰方面表现得异常繁缛而华丽。

目前，除了报道在山西洪赵县发现一批土圹木棺墓和罐葬骨灰墓[53]，其余大多是华丽的仿木构砖室墓。这类墓继承和发展了北宋的风格，都有复杂的结构和极丰富的装饰。其特点是流行在方形墓框上做出八角形叠涩攒尖顶或四面攒尖顶，墓壁的下部建有砖雕须弥座式的窄台，壁面有华丽的雕砖，有些墓葬分层装饰，完全不用彩画（图三五）。后壁表现墓主人对

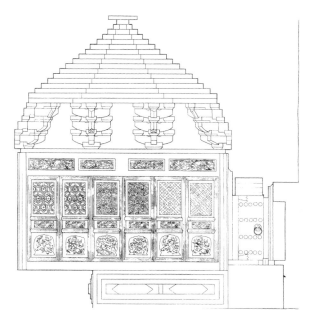

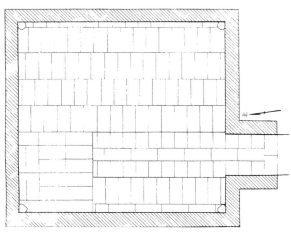

图三五　山西侯马晋光大安二年墓平剖面图

图三六　金董海墓北壁墓主人夫妇对坐图砖雕

坐、并坐或正面像（图三六），两侧壁通壁饰格子门，并在对壁（南壁）雕出舞台，上用高浮雕或圆雕的俑人表现正在做场的杂剧。其他装饰题材还有婴戏仙人、灵兽等，主要饰于阁子门的障水板上或墓室下部须弥座窄台束腰部的壸门形开光内。不见火葬，流行丛葬，基本不用葬具，随葬品数量变得极少，一般仅二三件陶瓷器。这类墓可以山西稷山金前期墓群、侯马大安二年（公元 1210 年）董玘坚与董海墓、侯马牛村天德三年（公元 1151 年）墓和晋光大安二年墓为代表[54]。

### 2. 金代墓葬的分期

已发现的墓葬大部分是海陵王正隆年以后的，尤以世宗、

章宗年间（公元 1161－1208 年）的为多。金墓的繁荣可延续
到卫绍王时期（公元 1109－1213 年）。早期的墓葬发现不多，
而晚期宣宗以后的墓葬发现尤少。同时，各地区和不同种类的
墓葬发展变化的进程并不相同。如果细究，各类墓葬会有不同
的分期结论。以金全境墓葬的总体情况分，大体上可分为三
期：

　　第一期，金开国到正隆年以前（公元 1115—1160 年）。这
一期在原北宋和辽统治区的汉人、契丹人墓葬基本保持了北宋
与辽的风格。如时立爱墓、赵励墓就完全保持了辽代晚期的墓
葬特点，看不出什么变化，山西稷山墓群中也保存了大量北宋
末期的风格。此期有特点的墓葬主要表现在东北地区和燕云地
区的具有女真人风格的墓葬。在东北地区，发现了一些时代较
早的土坑木椁墓，少量较大的墓葬使用带彩绘的木棺，墓葬有
正方形、长方形和刀把形等，形制较多而不统一，墓穴挖得较
深（1.5 米），随葬品较多。这类墓多为女真人的墓葬。在一、
二区内流行土坑石椁墓。这类墓葬本期的特点是大多采用六块
石板砌建石椁[55]，用半榫卯搭建，木棺与石椁间的空隙较小，
一般无砖砌棺床，墓志尚不流行，流行土葬。这种墓在第二区
是金代才出现的，初期还受到了当地辽墓的一些影响，如在石
椁内随葬木质家具[56]，到第二期就不再出现了。

　　在汉人地区，各地的仿木结构砖室墓都在原来的基础上有
所发展变化，但这些变化均属正常发展，并无重大的间断或跳
跃。如山西稷山墓群，砖雕更加华丽而繁褥，斗栱变得复杂，
基本都是四铺作、五铺作重栱斗栱，开始出斜栱。流行杂剧题
材的雕砖装饰，而且从北宋末的在壁面上使用杂剧砖雕，变成
雕出舞台，使用杂剧砖俑。墓主人夫妇对坐题材常常从侧壁转

移到后壁，并安排在通壁的格扇门前，并常常变成墓主人夫妇并坐的形式，使其更接近于一种供奉场面，而不似宴饮场景。在河南、山东地区，墓主人夫妇对坐场面这一传统题材不再出现墓主人夫妇的形象。总体上看，本期的特点如下：A. 墓葬发现较少，宋辽故地发现的墓葬表现为宋辽墓葬风格的延续和发展；B. 金代特有墓葬在金源地区以南的区域出现，主要为土坑木椁墓和石椁墓等"有椁墓"，处于女真贵族墓葬发展的肇始阶段；C. 本期的墓葬包括女真贵族墓基本上都是土葬，随葬品中少见金银器等高档品，但在女真贵族墓中发现了一些中原产的高档用品。如北京金山金墓出土了一组精美的钧瓷和其他瓷器，有可能是在北宋末靖康之变中掠自宋宫廷。

第二期，世宗大定年以后到卫绍王之前（公元1161—1208年）。此期是金代的全盛时期，金墓的特征形成。在东北地区的女真人风格的墓葬中开始流行火葬，出现了土坑石函墓，用石函和木匣盛放骨灰。土坑木椁墓中开始注重对墓的加工，用火焚烧墓框，有些墓在墓中积石或使用简单的砖室、石室墓。完颜希尹家族墓在墓地上使用了石翁仲、石羊、石虎、望柱和神道碑等，这是接受了汉制的影响。随葬品中较多地使用从中原流入的瓷器，包括龙泉窑瓷器和青白瓷等。在一些墓地发现了少量的石室墓或砖室墓，如完颜希尹家族墓地的所谓完颜希尹墓，使用石条砌建墓室，已不能称作石椁墓。吉林舒兰县发现的完颜守道墓，用砖砌墓室，在墓室内再加砌大石板以象征石椁[57]。北京丰台王佐乡乌古论家族墓地的 M2 使用了长方形砖圹墓室，虽作用与石椁大同小异，但毕竟是砖室墓。这些标志着女真贵族的葬制从有椁墓向墓室墓的转化。

在河北、山西北部地区的仿木构砖墓中，壁画比例进一步减少，有些墓完全使用砖雕装饰。在布局上出现了左右两壁都雕出格扇门，代替了宋代流行的山花向前式门楼，辽墓风格的仿木构多室砖墓及单室壁画墓基本消失。土坑石椁墓中的较大型墓中使用十块或八块石板拼砌石椁，石椁所用石板多系凹凸状榫卯相连接，继之出现了用S形石柱连接两块石板的类似石室的做法。石椁内部空间相对加大，随葬品多放在棺外石椁内，多有砖或石砌棺床。品官使用的墓一般都有墓志，高官墓则有墓碑。开始流行火葬，并使用木匣、石函盛放骨灰。

河南、山东地区在此期也表现为砖雕变得复杂，装饰中砖雕的比例增加，开始出现高浮雕的人物和花卉，出现圆雕的人物，以榫卯嵌在壁面上。斗栱也变得复杂，如出现怪兽形耍头、翼形令栱等。在晋南、关中地区出现两种趋势：一方面仿木斗栱变得简单了，有的仅用把头绞项造补间。另一方面，砖雕变得更加复杂，流行板门式墓门，在墓顶上常做出具有多层装饰的八角形藻井，并且流行仙人、神怪故事题材。墓葬的种类比第一期丰富，双室墓和石室墓的数量增加，开始出现多室墓。墓葬的装饰题材变得丰富了，一个重要的特点是孝子故事题材的装饰十分流行，出现了社火表演的形象和较多的杂剧题材的装饰。这一期总的特点如下：A. 流行火葬，使用石函、木匣盛放骨灰。B. 砖雕变得更加复杂而华丽，壁画趋少或消失，仿木斗栱达到顶峰并开始呈现衰落趋势。C. 随葬品中有各种不同质地的器物，在大墓中尤以金银器、玉饰件和石明器为突出，还有一些木器和木明器。但总的说来，瓷器是最主要的随葬品，尤其在东北地区较多地出现从南方输入的瓷器。

第三期，大安元年到金亡（公元1209－1234年）。此期是金王朝从极盛期走向衰亡的时期，北部地区渐次归入蒙古管辖。此期发现的纪年墓葬较少，且主要是大安年间的。女真人墓葬中未见木椁墓或石椁墓，而主要是砖室或石室墓，完成了从"有椁墓"向"墓室墓"的转化。中原地区的汉人墓葬继续发展，仿木构砖雕趋于简化，走向衰落。墓壁的装饰更加多样化，在晋南地区十分流行以分栏题写大量文字作为主要装饰的形式，孝行图题材的装饰减少，但八仙、士马交战、神农采药等人物故事题材的装饰较多出现。本期主要的特点如下：A. 发现墓葬数量很少；B. 女真人使用的木椁墓、石椁墓基本消失，而变成了砖室或石室墓，但女真人使用的墓室墓始终不同于宋辽墓葬，基本上不在墓内施加装饰；C. 仿木构砖室墓的装饰题材变得更加丰富多彩，人物故事题材较多出现。

### 3. 对金墓的总结

①女真族的南侵过程是一个短暂的利用强权和武力征服的过程，但女真人给上述地区带来的文化冲击是十分微弱的。因此，在金代前期各种文化在原来的基础上发展。只是在海陵王推行汉化政策以后，通过文化的交融，到金代后期才真正形成了金墓的风格。

②由于女真族带来的文化冲击很小，真正具有女真族文化风格的墓主要在黑龙江省发现，吉林省仅有波及。在东北地区和北京附近发现的土坑石椁墓为金墓中极具特色的一类，是女真贵族中的品官使用的葬制，主要在上京和中都周围发现。上述墓葬加上契丹人、汉人旧有风格的墓，造成了金墓的多元化状况。这种情况放到金代特有的历史背景中来看就不足为奇了。

## 注　释

[1]《伊东工学博士の支那の古建筑に关する谈话》,《考古界》第 2 卷 5、6 号。

[2] 园田一龟《金完颜希尹の坟墓就いて》,《考古学杂志》第 29 卷 2 号,1949 年。园田一龟《吉林、滨江两省之金代遗迹》,《满洲国古迹调查报告》第四编。

[3] 山田文英《延吉郊外发现の石器及石棺》,《满洲史学》第 1 卷 3 号,1937 年。

[4]《九一八以来日人在东北各省考古工作记略》,《益世报史地周刊》第 32、33 期,1947 年 3 月 11 日、25 日。

[5]《辽金旧墓记》,《益世报史地周刊》第 32、33 期,1947 年 3 月 11 日、25 日。

[6] 山西省考古研究所《山西稷山金墓发掘简报》,《文物》1983 年第 1 期。山西省文管会侯马工作站《侯马金代董氏墓介绍》,《文物》1959 年第 6 期。杨富斗《山西侯马 104 号金墓》,《考古与文物》1983 年第 6 期。

[7] 河北省文化局文物工作队《河北新城北场村金时立爱和时丰墓发掘记》,《考古》1962 年第 12 期。河北省文化局文物工作队《河北井陉县柿庄宋墓发掘报告》,《考古学报》1962 年第 2 期。

[8] 刘念兹《中国戏曲舞台艺术在十三世纪的初叶已经形成——金代侯马董墓舞台调查报告》,《戏剧研究》1959 年第 2 期。

[9] 黑龙江省文物考古队工作队《黑龙江畔绥滨中兴古城和金代墓群》,《松花江下游奥里米古城及其周围的金代墓群》,《文物》1977 年第 4 期;方明达等《绥滨县奥里米辽金墓葬抢救性发掘》,《北方文物》1999 年第 2 期。

[10] 黑龙江省文物考古工作队《绥滨永生金代平民墓》,《文物》1977 年第 4 期。

[11] 吉林省地方志编纂委员会《吉林省志·文物志》,182 页。

[12] 吉林省博物馆《吉林省扶余县的一座辽金墓》,《考古》1963 年第 11 期。

[13] 北京市文物工作队《北京金墓发掘简报》,《北京文物与考古》第一辑,1983 年。北京市文物管理处《北京市通县金代墓葬发掘简报》,《文物》1977 年第 11 期。

[14] 徐苹芳《金元墓葬的发掘》,中国社会科学院考古研究所编《新中国的考古发现与研究》,文物出版社 1984 年版。

[15] 秦大树《金墓概述》,《辽海文物学刊》1988 年第 2 期。

[16] 李健才《金代女真墓葬的演变》,《辽金史论集》第 4 辑,书目文献出版社 1989 年版;刘晓东等《试论金代女真贵族墓葬的类型及演变》,《辽海文物

学刊》1991 年第 1 期。

[17] 庞志国《略论东北地区金代石函葬》,《黑龙江省文物丛刊》1984 年第 4 期。

[18] 刘晓东《金代土坑石椁墓及相关问题》,载《青果集－吉林大学考古专业成立二十周年考古论文集》,知识出版社 1993 年版;陈相伟《试论金代石椁墓》,《博物馆研究》1993 年第 1 期。

[19] 徐苹芳《宋元时代的火葬》,《文物参考资料》1956 年第 9 期;景爱《辽金时代的火葬墓》,《东北考古与历史》第 1 辑,1982 年版。

[20] 陈朝云《黄河中下游地区金代砖室墓探论》,《郑州大学学报》1996 年第 1 期。

[21] 史学谦《试论山西地区的金墓》,《考古与文物》1988 年第 3 期。

[22] 刘耀辉《晋南地区宋金墓葬研究》,北京大学硕士学位论文,2002 年。

[23] 廖奔《宋元戏曲文物与民俗》,文化艺术出版社 1989 年版;杨富斗《稷山、新绛金元墓杂剧砖雕研究》,《考古与文物》1987 年第 2 期。

[24] 陈相伟《试论金代壁画墓》,《辽金史论集》第 9 辑,中州古籍出版社 1996 年版;申云艳《金代墓室壁画分区与内容分类试探》,《山东大学学报》1998 年第 2 期。

[25] 杨富斗、杨及耕《金墓砖雕丛谈》,《文物季刊》1997 年第 4 期。

[26] 段鹏琦《我国古墓葬中发现的孝悌图像》,载《中国考古学论丛》,科学出版社 1993 年版;刘耀辉《山西潞城县北关宋代砖雕二十四孝考辩》,《青年考古学家》12 期,2000 年。

[27]《大金国志》卷十三记:"萧玉谏曰:'不可,上都之地,我国旺气,况是根本,何可弃之。'"(宋)宇文懋昭撰、崔文印校证《大金国志校证》,中华书局标点本 1986 年版。

[28]《金史》卷五《海陵本纪》,中华书局标点本。

[29](宋)张棣《金房图经》,收入《大金国志校证》附录二,中华书局标点本 1986 年版。

[30]《大金国志校证》,中华书局标点本 1986 年版。

[31] 杨亦武《大房山金陵考》,《北京文博》2000 年第 2 期。

[32] 碑记曰"惟金朝房山二陵,当我师取辽阳,故明惑于形家之说,谓我朝发祥渤海,王气相关。天启元年罢金陵之祀。二年,拆毁山陵,剜段(割断?)地脉。三年,又建关庙于其地,为厌胜之术。"见肖志《北京的金陵(二)》,载房山区政协文史工作委员会编《房山文史》第 3 辑,1991 年。

[33] 杨亦武《大房山金陵考(续)》,《北京文博》2003 年第 3 期。

[34] （清）周家楣、缪荃孙《光绪顺天府志》卷二十六《地理志八》"冢墓"条，北京古籍出版社 1987 年版。

[35] 齐心《揭开金朝皇陵之迷——金陵考古调查的重要发现与研究》，北京大学中国传统文化研究中心编《文化的馈赠——汉学研究国际会议论文集·考古学》，北京大学出版社 2000 年版。

[36] 宋大川、黄秀纯《金陵遗址第一阶段报告》，《北京文博》2001 年第 3 期。宋大川、黄秀纯、陈亚洲《金陵遗址主陵区第二阶段调查报告》，《北京文博》2002 年第 3 期。

[37] 睿陵的发掘比较偶然，原被认为是一处祭祀坑，发掘后才证明是睿陵。参见《北京房山金陵遗址调查与发掘》，国家文物局主编《2002 年中国重要考古发现》，文物出版社 2003 年版。

[38] 刘晓东等《试论金代女真贵族墓葬的类型及演变》，《辽海文物学刊》1991年第 1 期。

[39] 黑龙江省文物考古研究所《黑龙江阿城巨源金代齐国王墓发掘简报》，《文物》1989 年第 10 期。

[40] 辽宁省博物馆《辽宁朝阳金代壁画墓》，《考古》1962 年第 4 期。

[41] 山西云风古物保养所清理组《山西大同市西南郊唐、辽、金墓清理简报》，《考古通讯》1958 年第 6 期。

[42] 北京市海淀区文化文物局《北京市海淀区南辛庄金墓清理简报》，《文物》1988 年第 7 期。

[43] 北京市文物研究所《磁器口出土金代石椁墓发掘简报》，《北京文博》2002年第 4 期。

[44] 刘晓东《金代土坑石椁墓及相关问题》，参见注［18］。

[45] 郑绍宗《兴隆县梓木林子发现的契丹文墓志铭》，《考古》1973 年第 5 期。朱志民《内蒙古敖汉旗老虎沟金博州防御使墓》，《考古》1995 年第 9 期。

[46] 蔚县博物馆《河北省蔚县元代墓葬》，《考古》1983 年第 3 期。荣孟源《元大德墓为金天德墓》，《考古》1983 年第 7 期。

[47] 陈康《石景山出土罕见金代壁画墓》，《北京文博》2002 年第 2 期。大同市博物馆《大同市南郊金代壁画墓》，《考古学报》1992 年第 4 期。

[48] 大同市博物馆《大同金代阎德源墓发掘简报》，《文物》1978 年第 4 期。

[49] 周到《河南安阳郭家湾小型金代墓》，《考古通讯》1957 年第 2 期。张新斌《河南新乡市宋金墓》，《考古》1996 年第 1 期。

[50] 河南省博物馆、焦作市博物馆《焦作金代壁画墓发掘简报》，《河南文博通

讯》1980 年第 4 期。

[51] 这是一类以画像石棺为主体的墓葬，主要发现于洛阳附近，已发现了三具石棺和巩县西村墓。三例为单独发现的画像石棺，所在墓室情况不明。这类墓的石棺上均有榜题，墓主人身份分别为："金紫光禄大夫孙王十三秀才"、"洛阳张君"、"朱三翁"。可见这类墓的墓主人为士宦人家的后裔，本人并非品官，还有一些其他无品官的殷富人家。这类墓的特点是有长方形石棺，石棺的正面均雕出假门、窗或门楼式建筑，棺的另三壁和棺盖上刻有孝行图、收获图、墓主人升仙图和云鹤、花卉及榜题，墓室为土洞。石棺的作用与仿木构砖室墓的墓室基本相同。

[52] 巩县文物管理所等《巩县西村宋代石棺墓清理简报》，《中原文物》1988 年第 1 期。巩县西村墓是一座完整的墓例，为一横长方形土洞墓，墓室内放置画像石棺。尽管在墓室内的土壁上有阴刻壁画，但墓内的装饰主体是画像石棺，石棺的装饰内容和布局均与仿木构砖室墓的壁面装饰相同。

[53] 《山西省洪赵县坊堆村古遗址墓群清理简报》，《文物参考资料》1955 年第 4 期。

[54] 《侯马金代董氏墓介绍》，《文物》1959 年第 6 期；山西省考古研究所侯马工作站《侯马两座金代纪年墓发掘报告》，《文物季刊》1996 年第 3 期。

[55] 有学者认为砌建石椁的石板数量代表了等级的差别（见刘晓东《金代土坑石椁墓及相关问题》），然而，新近发掘清理的金太祖完颜阿骨打睿陵中的石椁是最高等级的，却仅用两块整石雕出棺和盖，而同陵合葬的两座推测是妃嫔的石椁又是使用了六块石板砌建。按太祖陵的迁建是在海陵王贞元三年（公元 1155 年）建金陵时所建，而北京磁器口发现的大定初年（公元 1161－1167 年）修武校尉（从八品上）吕恭墓，墓的长宽仅 2.1－2.2 米，但却使用了八块石板砌建石椁。因此，石板数量的多少似首先与时代相关联，其次才反映等级差异。

[56] 秦大树等《记一组早期钧窑瓷器及相关问题探讨》，《文物》2001 年第 11 期。

[57] 转引自刘晓东《试论金代女真贵族墓葬的类型及演变》，《辽海文物学刊》1991 年第 1 期。

七　元墓的考古发现

经过数百年的对峙局面，元朝再次形成了一个大一统的封建国家。元代是一个文化开放、交流强烈的时期。发达的交通使各地的交流更加便捷，文物制度的交叉影响也更加强烈。另外，元世祖在建立元朝制度时主要吸取的是金朝的制度，同时又保存了大量的蒙古旧制。因此，从制度上看，元朝是一个重要的变革时期。以宋朝为代表的中原汉族王朝制度，从汉以来建立，到南宋灭亡，即陷中断。这是元代政治制度的两大特点。然而，从考古学文化看，两宋和金代形成的地区差异依然存在，元代的考古学文化特征大体是在宋、金两代的文化特征上继续发展。元代的墓葬大体体现了这种情况。

元代皇帝和蒙古宗室贵族死后，都"秘葬"蒙古高原。尽管学者们为寻找元陵付出了艰辛的努力，至今并未发现其踪迹。因此，本章仅以不同时期和地区来介绍所发现的元代墓葬。

## （一）草原文化的冲击——蒙古时期的 北方墓葬

徐苹芳先生过去曾将元墓分为两期，即蒙古时期和元朝一代[1]。随着新的考古发现的不断涌现，又可以将元朝建国到元亡再分为两期。各地发展变化的进程有所不同，但其分界定在至大到延祐年间（公元 1308 - 1320 年）应该是合理的。

蒙古时期是指金贞祐南迁，即成吉思汗八年（公元 1213 年）以后到元世祖至元八年（公元 1271 年）改国号为大元国之间。这期间蒙古从北方草原南进，逐渐控制了中原，在公元 1234 年灭金后占据了长江以北的地区。其间所发现的重要墓葬有山西芮城永乐宫蒙古宪宗四年（公元 1254 年）宋德方墓、中统元年（公元 1260 年）潘德冲墓[2]。两墓均为砖室墓，但墓葬的主体是墓内的画像石棺，画像题材有厅堂楼阁、墓主人夫妇对坐、杂剧表演和孝行故事等。其装饰题材与山西地区金代后期的墓葬装饰一脉相承，只是用线刻的表现形式[3]。其葬制有了变化，画像石棺在山西也是新的文化因素。山西大同至元二年（公元 1265 年）冯道真墓[4]，方形墓室，壁面上饰奉茶、焚香、观鱼、论道等题材的壁画，北壁正中还有大型山水画，出土了许多木制家具、器用模型和钧窑瓷器。此墓从装饰到随葬品都符合道士的身份，葬制是将着道冠和道袍的尸体放在棺床上，外罩木制棺罩。山西稷山五座道姑合葬墓，其中 1 号墓有中统三年的题记，使用黑陶棺，五座墓葬了六十九人，道姑皆着纸衣纸鞋。北方地区一再发现与道教有关的墓葬，反映了这个时期道教势力的增长。北京市蒙古宪宗七年（公元 1257 年）海云、可庵和尚墓塔[5]是当时佛教重要人物的墓葬，出土了木制家具模型、钧窑香炉和各种丝绵织品，尤其是发现的"纳石失"（织金锦）和缂丝制品是当时纺织品中的精品。河北邢台至元年间（公元 1264 - 1294 年）刘秉恕墓[6]，出土了十二件钧窑瓷器，占全部出土瓷器的三分之二，结合冯道真墓的情况，可见蒙古时期钧窑生产的兴盛情况。焦作老万庄宪宗八年（公元 1258 年）冯三翁及其家族墓[7]，该墓平面八角形，壁面饰真人大小的屏风画，墓葬的情况与金代"冯汝辑之父"墓的情况十分相似，可见金代葬制在元代的延续。还有西安曲江池至元三年（公元 1266 年）段继荣墓[8]，此墓平面方形，随葬成组的黑陶家具、家畜和俑等。这是陕西到河南西部元代时出现的新的文化现象，看来其最早出现的时间可到蒙古时期末期。这些墓葬是发现较早的，以前已有简述[9]。

近年来新发现的材料主要有陕西蒲城洞耳村至元六年（公元 1269 年）张按答不花及妻李氏墓[10]。此墓为八角形单室砖墓，穹窿顶，仿蒙古包制在墓顶开天窗，壁面有彩画，表现蒙古装的墓主人夫妇对座及乐舞、出行等场面，但在这几幅壁画中都有墓主人形象出现，另外还有放牧图、停舆图等。北京密云太子务村墓与田各庄墓[11]、山西大同东郊中统二年（公元 1261 年）崔莹李氏墓[12]，均为方形砖室墓，以壁画为主要装饰，四壁均饰有蒙古风格的垂幕以及花卉，还饰有梅石图、屏风和人物壁画等。类似的壁画墓还有内蒙古赤峰三眼井和赤峰元宝山、沙子山的几座砖室壁画墓[13]。这些墓葬均为方形墓室，有土坑竖穴台阶式墓道，拱形墓门，墓室边长在 2.5 米左右，墓顶为穹窿顶。壁画内容为墓主人夫妇对坐图、出行图、行旅图、山居图或闲居图、备宴图。墓门两侧绘有武士（门神）或仪仗队伍，墓顶绘有表示吉祥的花卉、瑞禽等。另外，辽宁凌源富家屯还发现了二座石室墓，方形，叠涩攒尖顶，墓内无装饰，墓室后部有石板尸台，随葬品也不多，应是一种较特殊的葬制[14]。在甘肃漳县清理了元代汪世显家族墓，共计二十七座，时代从蒙古海迷失后癸卯年（公元 1243 年）到明万历丙辰年（公元 1616 年）。此墓地较早的墓葬还延袭了金墓的风格，在方形墓框上做出八角形叠涩顶，墓中以砖雕为主要装饰，题材有孝行图等。随后出现了方形叠涩顶和长方形券顶墓，砖雕装饰逐渐减少，而用彩画表现各种生活场景，流行随葬一组陶明器，有的墓中出土较多的铜器，还出土了完整的木制床帐[15]。

　　蒙古时期北方地区战乱频繁，体现在墓葬上表现出一种继承、变化相交错的局面。许多新的文化特征出现了，而且其出现并没有什么地域渊源，却似乎与墓主人的族属有相当强的关联。新的变化主要表现在北方地区墓葬的形制从金代后期以多角形为主，变成较多地采用方形和长方形墓室，石室墓的数量增加，而且是否使用石室与墓主人的品级并无必然的关联；墓室装饰特别流行使用壁画，壁画一般表现有完整情节的场面，常用墓主人夫妇正面的坐像代替此前流行的墓主人夫妇对坐图，壁画的主体题材变化不大，如墓主人夫妇对坐、备茶、备宴、侍奉、出行、伎乐、杂剧、升仙、孝行等题材依然流行，但在许多场景中出现了蒙古装的人物，同时也出现了狩猎、放牧、停舆等新的题材，墓室内作为附属装饰的垂幕、蒙古包式的墓顶彩画和花卉等的变化也都十分明显和普遍；砖雕装饰开始衰落，尤其是仿木构斗栱普遍简化，以一斗三升式和把头绞项造式为主，或仅仅用凸出的倒三角形示意；随葬品中常出土一套陶制的模型明器和俑类，最常见的仍然是瓷器，大中型墓中常以南方生产的瓷器为主要的随葬品，小型墓中则以当地或附近地区生产的瓷器为多。总体上看，蒙古族入主中原所带来的文化影响远大于女真人所造成的文化冲击。

## （二）变动而多样的北方地区元墓

　　元朝的墓葬南北方有明显的不同。北方元墓变化明显而强烈，南方则基本上是南宋后期特征的延续。元朝的考古学文化大体可以分为五个区，即明长城以北的地区、长城以南到长江以北的地区、江南地区、川渝及云贵地区、青藏高原地区。其墓葬是这种区域性的重要体现，各区都有不同的特点。

　　北方地区的元代墓葬大体又可以分为前后两期。元前期仍保留了一些金墓的风格，如仍有一些八角形的仿木构砖室墓；同时，又继续蒙古时期的各种变化，如墓葬以方形和圆形的为多，砖雕装饰衰落，斗栱减化，葬式多为土葬。元代后期的墓葬趋于简化，极少有八角形的墓，大多为方形、长方形和圆形墓；大量出现壁面没有装饰的砖室和石室墓，流行火葬，包括一些蒙古贵族和高级品官也使用了墓室很小的火葬墓；随葬品以河南到关中出现的一套陶明器最有特点，其从蒙古时期末期出现，到元代后期成为固定的组合，与南方南宋以来流行的一套锡明器的含义相同。

### 1. 长城以北地区

　　此区的特点是大型墓葬不多，与蒙古时期相比变化不大，体现了葬制的延续性。内蒙古凉城后德胜元墓[16]，平面近方形，穹隆顶，其中 M1 的壁面做出一斗三升式的斗栱，四壁饰彩画，内容和布局为北壁有墓主人家居图；东、西壁北端、中部、南端分别绘有牡丹图、孝行图和神怪图；南壁墓门两边的壁画均残，判断应为人物画；有建筑彩画；墓顶绘有祥云，其北面还绘有一招魂女（图三七）。无论从墓形还是壁画装饰，

图三七　内蒙古凉城后得胜元墓壁画

都与蒙古时期内蒙古和山西北部的几座墓葬十分相似。大连寺沟墓[17]、抚顺土子口墓[18]都是平面长方形，用石板盖顶或在过梁木上铺以木棍后再用白灰抹顶。另外，如辽宁喀左大城子石椁墓[19]，椁室四壁用砂岩石条平砌三层，白灰抹缝，墓顶用四大块厚重的石板搭成。这种平顶的长方形墓与金代流行的土坑石椁墓第三期的所谓"墓室墓"直接相承继，应是金墓的遗续。内蒙古和东北地区发现了许多小型墓葬，有砖室、石室和竖穴土坑墓，如康平方家屯墓[20]、内蒙古正蓝旗元上都周围墓[21]。这些墓葬无装饰。大小不一，随葬品的多寡也相差甚远。如元上都砧子山 M64、M29、M64 边长 3.15 米，出土瓷、玉、漆、骨、桦皮和铁器多件。而 M29 边长仅 0.7 米，只出土了一些瓷器和厌胜石块。M70 则是一座典型的土坑石椁墓，但与金墓的不同是石椁内还有分前后室的木椁，再置木棺。砧子山墓地颇似贫富混葬的部族墓地。特别值得注意的是在内蒙古发现的元代汪古部的墓葬，已经发现了几批，有 20 世纪前半叶日本人在百灵庙挖掘的墓葬，还有兴和县五甲地墓、达茂旗木胡儿索卜嘎墓群、四子王旗城卜子墓群[22]等，多为排列有序的竖穴土坑单人葬。这些墓尽管都属于汪古部，但仍有较明显的差别。五甲地 M4 尽管仅为一座竖穴土坑墓，但出土了金、银、铜、铁、玉等高档用品，还有桦皮筒等极富特点的日用品。

## 2．长城以南到长江以北的地区

元大都所在的北京市周围和河北省近年来屡有重要发现。其重要的墓葬有至元二十二年（公元 1285 年）耶律铸夫妇墓。耶律铸为名相耶律楚材次子，官至中书左丞相。墓葬为一座大型多室砖墓，长方形墓室，穹窿形顶，室内绘有精美的壁画。该墓被盗，但仍出土瓷器、银器、铜牛、汉白玉马和陶俑等一百八十余件。它与金初的时立爱墓和萧仲恭墓相似，也保留了一些辽墓的风格[23]。小红门大德九年（公元 1305 年）张弘纲墓、崇文区皇庆二年（公元 1313 年）铁可父子墓、朝阳区天历二年（公元 1329 年）耿完都秃墓[24]都是在元朝身任高官的重要人物的墓葬。张弘纲墓是砖室石函墓，铁可墓为多室的石椁木棺墓。这三座墓中都出土一套仿生活用品的小型陶明器。耿完都秃墓则为一块石材凿成的石函木匣墓。由此可见，大德以后的品官墓多用石椁墓，壁面无装饰，采用火葬。河北石家庄后太保村发现的元朝开国丞相史天泽家族墓地，清理了八座墓葬。推测 M1、M2 为死于至元十二年（公元 1275 年）的史天泽和夫人墓。从 M4 中出土墓志可知为史天泽四子史杠之墓，时代为延祐三年（公元 1316 年）。墓地的时代跨越整个元代[25]。这八座墓的形制有四种之多，早期的墓葬有仿木构八角形多室或单室砖墓、土坑石椁墓，与金墓的风格相承袭。从金土坑石椁墓发展而来的还有长方形砖室平顶墓，如河北廊坊发现的元墓。廊坊和滦南还发现了圆形无装饰的砖室墓[26]。其他的墓葬为方形单室砖墓和土框内并列多室长方形券顶砖室墓，采用火葬，代表了元代后期的葬制。后者与山东阳谷县马庙发现的一批元后期到明代的墓葬十分相似[27]。北京及河北地区发现的元代仿木结构砖室墓有方形、圆形和多角形的。金代最流行的多角形墓在元代已成孑遗，仅在史氏墓地发现一例。井陉南良都河涧路总管王顺家族墓群，其中大德九年（公元 1305 年）M8 为圆形仿木结构砖室墓，使用单抄四铺作斗栱，但墓内并无其他装饰。鹿泉市南海山北区尹氏墓群，其中M3 亦是一座仿木构圆形单室墓，使用一斗三升托替木式斗栱，壁面只有简单的门窗、灯檠等砖雕装饰[28]。这两处墓群都发现了带有高大的门楼式墓门的仿木构圆形单室墓，与井陉柿庄金师氏墓群的风格一脉相承，具有地方特征。方形仿木构砖室墓有北京市密云墓[29]，壁面装饰为北壁、西壁各绘三开架屏风，东壁绘单扇屏风，南壁绘花卉。这些壁画与金代后期的题材有了很大的变化，甚至比蒙古时期的也有所简化。其他的墓葬还有邢台颜公墓、易县城关至元十七年（公元 1280 年）张弘范墓、三河县张白塔墓、磁县元墓[30]等。

　　本区发现的主要有三种墓葬：A. 土坑石椁墓、长方形砖室墓和砖室石顶墓。这些墓类都可以追溯到金代的土坑石椁墓，其变化是大多以石块或砖砌成墓室，内置棺椁，完全是一种墓室墓。另外，墓主人的身份也变得更广泛了。B. 仿木构砖室墓，有方形、圆形和多角形的，以圆形的为多见。壁面装饰以壁画为主，内容也有了很大的变化，相同等级墓的装饰比蒙古时期更为简化，可明显看出壁面装饰走向衰落的迹象。另一个重要的变化是这类墓这时有了较多的随葬品。C. 壁面没有装饰的砖室墓，仅见方形和圆形墓室，似乎也来源于金代的土坑石椁墓，变成了真正的"墓室墓"。从石家庄史氏墓地较多地发现这类墓看，使用者还多为元朝的品官和王族成员，墓的尺寸和随葬品的数量是区分墓主人身份的主要依据。此类墓葬在蒙古时期后期出现，元代后期相当流行。

河南、山东地区的元墓发现不多，山东地区与江南和河北的某些元墓比较相似，而河南与晋中地区比较相似。如山东济宁泰定二年（公元 1325 年）张楷夫妇墓、嘉祥至顺元年（公地 1330 年）曹元用墓、邹县至正十年（公元 1350 年）李裕庵墓[31]均为高级品官墓葬，使用长方形土坑并列石椁或木椁墓，有的墓中还用糯米汁掺石灰的灰浆浇铸或用其他方式防腐，随葬品多棉织品和金银器。这些特点与南方地区的南宋和元墓颇相似，又与石家庄史氏墓群的某些墓葬的形制相同。山东地区还流行带壁画的砖室墓，如章丘女郎山延祐元年（公元 1314 年）M71、章丘青野后至元元年（公元 1335 年）墓[32]、济南发现的五座元墓（其中 M1 有至正十年题记）、昌乐东山王墓[33]等。济南柴油机厂发现的雕砖壁画墓，装饰最丰富，可以作为这类墓葬的代表[34]。墓内砖砌仿木斗栱，呈 45 度斜出，为把头绞项造。东壁、西壁和北壁中部各雕砌一仿木建筑，柱头斗栱为双抄五铺作。壁面还有砖雕桌案、灯擎，有建筑彩绘。壁面装饰社会生活和历史故事题材的图案，包括孝义故事，如郭巨埋儿、卧冰求鲤、孟母断机、孟宗器竹等，还有一些元代杂剧题材的故事，如孝感动天、打虎救夫、弃官寻

母、原谷谏父、尝粪忧心、舍子救侄等。这些题材与宋金时期
已有了很大变化。元代后期到明代，在胶东半岛流行一种塔式
墓葬，地上有方形墓塔，地下有斗形石室，葬式常采用坐姿。
目前发现的纪年墓从皇庆元年（公元 1312 年）到明成化二十
二年（公元 1486 年），前后流行约两百年，是与佛教密切相关
的一种葬式，很有特点[35]。

　　河南发现的元墓有砖室墓和土圹墓两种，其中土洞墓很有
特点，有抹角方形、长方形和梯形，有的还有土洞附室。这类
墓的墓主人有些还是品官，常随葬一套陶模型明器和陶俑。如
三门峡上村岭元贞二年（公元 1296 年）墓、洛阳道北延祐四
年（公元 1317 年）王英墓和至正九年（公元 1349 年）王述
墓[36]。砖室墓有两种：一种是元代新出现的方形、长方形券
顶砖室墓，墓内没有装饰，但出土一套灰陶或黑陶的明器和
俑。如洛阳市北站至正二十五年（公元 1365 年）赛因赤答忽
墓[37]，是一座没有壁面装饰的两室砖墓。王述和赛因赤答忽
都是元朝品官，这两墓都随葬了一套黑陶明器和俑，包括仿古
代青铜礼器的一组器物。另一种砖室墓是传统的仿木构砖室墓
的变化类型，总体上说，是宋金仿木构砖室墓的简化，仿木斗
栱已大大简化甚至不用。如洛阳伊川元东村 M3 为长方形券顶
砖墓，使用了壁画装饰，在后壁画出蒙古装的墓主人夫妇并坐
图像，两侧壁画伎乐和侍者。另一座墓葬（M4）为有八角形
攒尖顶单室砖墓，却没有任何装饰[38]。这两座墓葬都可以看
作是仿木构墓葬的简化。河南地区元代的墓葬与关中的陕西和
甘肃地区相似，实际上可以当作一个小区来看待。

　　关中地区的元墓也很有特点。墓葬的形式多样，有长方形
与方形土洞墓、长方形砖室墓，也有八角形的石室墓。墓主人

的身份以平民为主，也有一些下层品官。墓内的壁面基本上都没有装饰，流行小龛和附室。最大的特点是都随葬一套灰陶明器，包括碗、盘、瓶、罐等一套饮食器，盒、炉、灯、灶、仓等一套模型器或称为仿《三礼图》的礼器，男女侍俑、马、车马、牵马俑等一组俑，鸡、羊等一组家畜。从河南西部经西安到陕北及宝鸡一带，具有相当的一致性。有学者将甘肃漳县汪世显家族墓出土的陶仿明器与陕西、河南等地出土的陶制明器进行了比较，推测今陕甘两省部分地区，即元代陕西行省境内曾经存在着一股模仿《三礼图》礼器为墓圹仪物的风潮。与此相对，洛阳地区元墓所出的仿古陶器则是仿照宣和五年（公元1123年）重修的《宣和博古图》所载的古器[39]。关中地区土洞墓的墓例有西安东郊至正四年（公元1344年）刘义世墓、南郊山门口墓、宝鸡市大修厂墓[40]。方形砖室墓有西安玉祥门外大德年间墓、户县至大元年（公元1308年）贺仁杰墓与泰定四年（公元1327年）重葬的贺胜墓、西安曲江泰定二年李新昭墓[41]。八角形砖室墓有汪世显家族墓地中的部分墓葬、长安凤栖原元墓、延安虎头峁墓[42]等。

北方地区发现元墓最丰富的是山西地区。山西的元墓主要有两类：一种是带壁画的砖室和石室墓，这些墓多数依然保留着仿木构斗栱；另一种是有精美雕砖的砖室墓，与北方的其他地区相比，山西保留的传统更多一些。壁画墓主要发现在晋中以北和晋东南地区，如孝义梁家庄大德元年（公元1297年）墓，为仿木构八角形砖室墓，使用四铺作斗栱，在后壁绘四扇格扇门，另外两个壁面各绘两扇格扇门，两个壁面绘直棂窗，还有两个壁面白底，中间墨绘长方形框，其内各书五言诗一首。下土京墓为六角形墓，但只有象征性的栌斗和泥道栱。其壁画的内容为北壁夫妇对坐图；东北及西北壁画条几，上有饮食器；东南与西南壁各于北端画一个三条腿的花盆，内插红莲花，各于南端画一武士；另外还有飞天和禽鸟[43]。文水北峪口墓[44]，亦为八角形仿木构砖墓，使用单抄四铺作斗栱。其北壁为一男二女对坐，正好与墓内的三具尸骨对应；东北壁、西北壁为备餐图；东壁、西壁骑马出行图；东南、西南壁为两束大莲花；甬道东西两壁各有一砖雕武士；栱眼壁均彩饰牡丹、水仙等花卉；墓顶绘飞禽。长治捉马村大德十一年（公元1307年）墓，壁面装饰除了墓门边的一对使者，其他各壁主要用来绘孝行图[45]。长治郝家庄墓、长治市南郊墓[46]均为方形砖室墓。郝家庄墓没有仿木铺作，但装饰布局十分有特点，北壁绘由床、床架、幔帐、垂带、围屏构成的厅堂陈设，东壁左侧为一幅山水画、右侧男童启门，南壁墓门两侧各绘一侍仆，西壁左侧绘一影屏、右侧画一山水挂轴。这种以后壁的厅堂或帐幕、屏风为中心对称安排其他题材的布局，是元代新出现的。其文化渊源似可追溯到辽燕云地区的某些壁画布局。其他墓例还有太原市郊区瓦窑村延祐七年（公元1320年）墓、大同市西郊的两座方形砖室壁画墓、交城县八角形画像石墓等[47]。大同齿轮厂大德二年（公元1298年）墓为方形仿木构砖室墓，使用一斗三升式斗栱，壁面装饰壁画。其西壁南端为"侍酒图"，东壁南端为"侍茶图"，其余四幅为"隐逸图"。这些图案可能是元曲的故事或具有相当强烈的道教含义[48]。

　　晋南地区的元墓主要以雕砖来装饰，尽管雕砖的复杂程度和精美程度逊于金代，但装饰内容与壁画墓大致相同。晋南元墓的另一个特点是许多墓葬的仿木构斗栱仍比较复杂，多用四铺作重栱斗栱。如新绛吴岭庄至元十六年（公元1279年）卫忠家族丛葬墓为仿木构长方形双室墓，叠涩攒尖顶，墓壁下部砌出须弥座式台，前后二室四壁共有砖雕三十余块，但无一定格局，相同的较多，内容有"跑毛驴"、"狮子舞"、"双人舞"、"单人舞"等[49]。新绛寨里村至大四年（公元1311年）墓[50]也是方形仿木结构砖室墓，仿木构只有示意性的栌斗等构件，墓内的砖雕华丽，墓壁下部砌束腰须弥座，四壁均嵌有精致的砖雕花卉人物。其南壁有飞天、戏剧、厨房备餐、侍女雕刻；东、西壁有孝子故事、插瓶牡丹、骑士；北壁中间雕四扇格子门、两侧有儿童奏乐雕砖；墓室和棺床的须弥座上雕刻有狮子、花卉、侏儒、卷云纹和花卉等。这种后壁饰通壁格子门的做法与金代后期一脉相承。其他墓例还有侯马市农资公司内至元十八年张氏墓、侯马西北延祐元年马氏墓[51]。元代后期，晋南地区也出现了长方形券顶的壁画墓，如运城西里庄壁画墓，绘出杂剧人物和乐队。其题材为晋南金元墓葬中常见。由于出土"至大元宝"钱，可判定此墓的时代为元代后期[52]。

山西地区元墓的壁面装饰题材十分丰富，与金墓的装饰又有所不同，基本可以代表北方地区元墓的题材内容。无论是壁画还是砖雕，题材大体可分为六类：①墓主人夫妇的形象和活动图，包括夫妇并坐，有时表现三人，而墓内埋葬的也是三人。多在对壁或两侧壁表现伎乐、杂剧题材。墓主人夫妇的形象从宋墓的对坐变成正面并排而坐的形式。还有各种生活场景，如出行、狩猎和狩猎归来。其中狩猎等场面为元代所特有，并在长城沿线及其以北较多见。②侍者图像，有捧物侍女、备茶、备宴、梳妆和其他奉侍图等，还包括"妇人启门状"。③孝行图，使用的普遍程度超过金代后期，有时在墓中作为主要装饰，也有时仅穿插于第一类装饰中。④杂剧题材。

其大体又有两种：一种是表现五个人或更多的人在表演杂剧，包括伴奏的乐队，有些还有舞台或舞厅；另一种是表现杂剧或称元曲的故事情节，许多时候看上去很像历史故事的题材。⑤道教题材的装饰，包括灵兽、仙人（也常常被称为隐逸或高士）以及升仙场面等。⑥其他花鸟及山水图画，包括一些吉祥图案。

## （三）宋代葬制的延续——南方地区的元墓

　　江南地区的元墓基本上是南宋后期墓葬风格的延续。它以长方形券顶砖室墓为多，有少量单室的，流行并列双室或多室墓，延续了在两墓间开一或数处通道相联，或两墓共用隔墙这种"同坟而异葬"的葬式。在长方形砖墓框上先铺石板再起砖券的作法，从南宋后期出现，元代变得较流行。砖室石顶墓和石室墓也依然有所发现。旧有的一些小范围的区域特征在元代依然存在，并有所发展变化。如福建尤溪、南平一带的砖室壁画墓在元代前期依然流行，壁面还出现了砖雕的仿木构斗栱，到元代后期逐渐消失[53]。江南的元墓一方面常见用糯米和石灰浇浆或用松香密封墓室，比南宋后期更加注重保护尸体；另一方面又流行火葬，发现一些墓室尺寸很小，但结构与一般墓葬相同的火葬墓，这种墓以元代后期为多见。这些表现出在尸体处理上两极分化的情形。然而在随葬品方面则表现出了厚葬的共同特征，常随葬瓷器、漆器和金银器等高档用品，也常使用石质的明器和一套神煞俑，也有时用每墓必出的一对瓷堆塑瓶替代神煞俑[54]。

　　长江下游地区。墓葬形制主要是并列双室的砖室墓和砖石混筑墓，葬具多为木棺、木椁，墓壁上一般开有小龛，用以放置随葬品。也有一些砖、石单室墓和少量的仿木结构石室墓。各类墓一般都作了防潮、防腐的处理。江苏、浙江、安徽一带发现的重要元墓较多。如安徽安庆大德五年至九年间（公元1301-1305年）范文虎夫妇墓、江苏吴县大德八年吕师孟墓、无锡延祐七年（公元1320年）钱裕夫妇墓[55]。这些都是并列双室或三室的砖室墓或砖石混筑墓。墓主人的身份从高级品官、一般官吏到普通的乡绅，从葬制上看不出明显的差别，但都使用了松香、糯米加石灰的灰浆来密封墓室，使尸体和随葬品保存很好，随葬较多的金银器和玉器珠宝等高档物品以及纺织品，尤以庶民身份的钱裕夫妇墓出土最丰富。安徽六安花石咀墓[56]在石壁中凿石室加石板并用木炭来密封，也保存很好。上海青浦元代浙东道宣慰副使、著名水利专家和画家任仁发家族墓（六座），时代为泰定年间到元末，出土了包括多件仿南宋官窑瓷器、景德镇枢府瓷和龙泉青瓷等在内的大批高档瓷器以及漆器七件、金银器八件、锡器二件、铜器二件和砚三件[57]。浙江杭州市发现的元代书法家鲜于枢墓，亦随葬有精美瓷器和笔、砚、印章等文具[58]；江苏武进元墓的随葬器则以漆器为主，在漆碗底则有朱书八思巴文"陈"字[59]。苏州发现的至正二十五年（公元1365年）张士诚母曹氏墓，如前所述，是仿南宋诸陵"石藏子"的制度，十分坚固[60]。类似的葬式在平民墓中也有使用，如浙江海宁至正十年（公元1350年）贾椿墓，墓由两层三合土夯壁、两层砖壁和一层河沙构成，内置木棺，用整块的石板盖顶，也使整个墓圹结为一体。这种筑墓方式密封很好，防潮、防腐作用比较突出，被称为灰浆浇筑墓。贾椿墓内漆盒、木梳、藤手杖、棉布和麻布等均保存完好。虽然此墓的尺寸远小于曹氏墓，但仍可看出是仿"石藏子"的葬制的。墓内出土的白棉布，亦为十分珍贵的纺织史资料[61]。其他的元墓还有江苏徐州大山头延祐七年（公元1320年）张允墓、安徽歙县元统三年（公元1335年）墓、江苏新兴场典史崔彬墓[62]等。本区元墓形制的变化并不明显，基本上是在南宋后期的基础上发展，主要的变化表现在对墓葬密封的加强，而且更加普遍；更多的变化体现在随葬品上，大量随葬金银、玉石、珠宝类的高档物品和较高级的漆器、瓷器。这些器物与锡明器构成了一套祭器或供器。由此可以看到，此区从唐、五代到北宋时期流行随葬一套墓仪神煞俑和器物，以后逐渐转向了随葬一套礼器，到元代与神煞相关的只剩了少量墓葬中发现的用来厌胜的铁猪、牛或铁块。

　　长江中游地区。湖北、湖南和江西地区发现的大多为较小型的元墓。墓形有长方形并列双室或三室的券顶砖室墓、砖室石顶墓，在砖框上盖石板再起砖券的墓葬较流行，另外还发现了少量的仿木构砖室和石室墓。较重要的墓例有湖北黄陂周家田韩姓夫妻妾合葬墓为并列三室的砖室石顶墓，后壁有龛，龛前立石质的墓主牌位[63]。湖北宜城至正五年（公元1345年）墓，为土坑中放置堆塑罐的火葬墓，尽管是火葬墓，墓内仍填充石灰、细砂灰浆，与注重尸体保护的墓葬相同[64]。安陆至正八年杨宜中墓[65]，为土坑木椁墓，这是此类墓最靠南的发现。湖南的元墓有临湘陆城M2、华容城关墓、沅陵县双桥大德九年（公元1305年）墓。三墓在土坑内用三合土夯墙隔成双室，墓葬整体也用三合土密封，是明代南方地区流行的灰砂板墓的前绪，尸体加水银防腐，墓中出土了大批的丝织品[66]。湖南还两次在元墓中出土重要的元代青花瓷器[67]。江西的元墓中随葬青白瓷和其他瓷器较多。江西樟树至元二十年（公元1283年）张瑜墓、至元二十九年张氏小娘墓、至元三十年墓、至正三年（公元1343年）墓、抚州天历二年（公元1329年）、后至元五年（公元1339年）墓等[68]都以青白瓷为主的瓷器作为主要的随葬品。江西贵溪县至元三十年（1293年）道教正乙派三十六代天师张宗演墓[69]，使用了宋代在湖北地区较流行的土坑石椁墓，石椁内还有壁画，仅出土了几件瓷器。鹰潭大德元年（公元1297年）凌文秀墓、南昌朱姑桥延祐二年（公元1315年）吴氏夫妇墓、乐平延祐五年张氏墓、永丰延祐六年（公元1319年）陈氏墓[70]均为长方形单室或双室砖墓，墓主人有下级品官和平民，都以一对或二对青白瓷堆塑瓶为主要随葬品，加上一些其他的瓷器，包括吉州窑瓷器等，个别的还随葬陶仓等明器。高安天历二年（公元1329年）许公鼎墓、汉家山至正五年（公元1345年）蓝氏墓都出土了许多陶俑[71]，有侍奉俑、侍立俑、仰卧俑、俯听俑、四神俑和畜俑等，同时还出土堆塑瓶，表现出对墓仪神煞的多种表现形式并存的现象。许公鼎墓使用了结构长方形券顶砖室墓，万载发现的延祐五年（公元1318年）墓则为长方形仿木构石室墓[72]。这些墓成为中原地区到福建发现的仿木构墓葬的连接环节。抚州至正八年（公元1348年）傅希岩墓是一座长方形并列双室砖墓，在后部用不到顶的砖墙将墓室隔成前后两部分，前部放棺，后部放器物[73]，墓主人是充任译史和蒙古学谕的蒙古人。此墓是进入中原的蒙古人采用当地葬式的例证。江西九江延祐六年（公元1319年）墓中出土的青花塔式盖瓶，是目前发现的最早的有准确年代的青花瓷器。波阳县磨刀乡元墓中出土的两件连座梅瓶，也是元青花瓷的珍贵材料[74]。江西丰城凌氏墓中出土的带后至元四年（公元 1338 年）铭记的釉里红四灵塔罐和楼阁式仓以及两件俑，是目前所知最早的纪年青花釉里红瓷器[75]。

　　长江上游地区，包括四川省、重庆市和贵州省的大部。此区发现的元墓与宋墓一脉相承，变化不大。成都平原仍以长方形券顶砖室墓为主，流行随葬陶俑和三彩俑。如华阳皇庆二年（公元 1313 年）杨氏墓、延祐三年（公元 1316 年）高文胜墓[76]。成都西郊发现的元墓是长方形单室灰浆浇铸墓，属四川新出现的墓类，出土三彩俑等器物[77]。四川盆地周围的丘陵山地，从川南到贵州省乌江以北地区，元代仍流行石室墓，有单室、并列双室石室墓和砖室石顶墓。宋代流行的仿木构石室墓已基本不见，比较南宋后期发现的安丙墓等，这个变化显得较突兀。宜宾发现的一座元墓，为前后双室石室墓，前室又被隔成并列双室，壁面有石雕的假门、倚柱、八尊菩萨像和女主人像。四川宋墓多道教题材，佛教石雕还很少见，这种墓形明代在长江流域也很流行[78]。四川简阳东溪园艺场元墓则略显特别。该墓是单室石室墓，随葬器物极为丰富。瓷器五百二十五件，多是龙泉青瓷、景德镇青白瓷、定窑白瓷；另有铜器六十一件，有汉代铜器、宋元时期仿古铜器，多属于礼器。发掘者认为墓主属于好古之士，恐非如此简单。此墓棺床四角各置铁钱一枚，这是铁钱"压胜"传统的反映。其他墓例还有四川广汉大德十年（公元 1306 年）墓。重庆北碚大德年间墓等[79]。

　　贵州发现的元墓以播州土司杨氏家族墓为最重要，已发现清理了八座，时代从南宋到明中后期，均为大型多室石雕墓。另据报道，在乌江以北的地区还发掘清理了二十余座宋明时期的这种大型石室墓，另外还有小型石室墓、竖穴土坑墓和崖墓等[80]。随葬品及其组合同长江中游地区略有不同，很少见中游常见的堆塑瓶、地券等。陶俑组合有武士俑、侍俑、女伏俑、马俑、墓龙、金鸡、玉犬等，带有"明器神煞"性质，另见一些陶灯、碟、盏、香炉等。瓷器和三彩器仍是此区墓葬的主要随葬器物，但对比南宋时期，常常显得较粗糙。

云南和四川省南部地区，原是大理国统治的区域，曾发现清理过二千座火葬墓，均无纪年。其时代从南诏起，历大理、元、明时期，墓葬形制变化不大，因此难以单独区分元墓。这些墓都是在较小的竖穴土圹中放置陶骨灰罐，用石块封堵土坑上口，墓上有墓幢或墓碑，文字多为梵文，汉字极简单。其葬式独特，将尸体焚化后，在头骨和四肢碎片上贴少许金箔或朱书梵文经咒。一般没有随葬品或只有极简单的镜、镯等小件物品。根据形状又可分为圆形、椭圆形、方形和长方形几类，绝大部分为土坑墓。葬式以单人葬为主，也有双人或多人合葬墓。葬具均是骨灰罐，多为大、小两个套放的陶罐。罐的形制大致有两种：元代的葬具为带有装饰的陶罐，一般有器座和盖，器形较大，盖多呈塔式，器身外部堆饰十二生肖、花卉、波浪形刻划纹、金刚杵、麦穗等与宗教和习俗密切相关的纹饰，大多是夹砂灰陶，也有瓷质骨灰罐，形制与之相似；还有一类是一般陶罐，器体较小，多素面。这些罐中有不少是云南产的青花瓷罐，应主要是明代。墓群的分布较为集中，如四川西昌地区、云南剑川、禄丰黑井[81]、宜良孙家山、红河州泸西和尚塔、大理凤仪镇大丰乐[82]等地都有密集分布。这一地区的土坑火葬墓与大理时期墓葬基本相同，是该地传统习俗的反映[83]。

　　福建、两广地区发现的元墓也不多，但很有地方特点。其
实，福建从宋代开始就与岭南两广地区有较大的区别，可视为
一个单独的区域。福建尤溪、南平、将乐一带上承宋墓传统，
元代依然流行壁画墓，但元代墓均为双室，有的还有殿堂式的
仿木构建筑。如南平三官堂大德二年（公元 1298 年）刘千六
和妻许氏（公元 1312 年）墓，此墓壁画以建筑彩画为主，出
土物也不多。将乐光明元墓，此墓壁画内容丰富，有人物、灵
兽仙人和天象图，应该是取代了宋代常随葬的一些神煞俑[84]。
福建南安至大三年（公元 1310 年）潘八墓，先在墓圹内建辟
土石壁，内砌长方形并列双室券顶砖墓，砖壁外还填木炭防
潮，有小窗相通。这种做法与南平三官堂墓相同，应在福建有
一定的普遍性。此墓是一座火葬墓，且属临时攒寄，因此尺寸
很小，但结构一如一般墓葬[85]。随葬品以瓷器为主，多是青
瓷。刘千六墓出有木俑一件，这是取代陶俑的一种形式，同福
州南宋黄昇墓墓室前部出土的铁牛和木俑意义相同。而福州胭
脂山元墓随葬制作精细的寿山石俑，也是上承南宋的传统，是
福州地区宋元墓葬中常见的随葬品之一，属于"明器神
煞"[86]。

　　此外，福建地区由于地处东南沿海，福州、泉州等一些港
口贸易发达，使该区有许多从事商业贸易的外商以及同海外接
触较多的元代商人的习俗和生活受外界的影响较深，因而此区
还有不少属于伊斯兰教[87]和景教[88]等反映外来宗教信仰的墓
碑出土。这也是福建地区所独特的一点。

　　两广地区单室墓居多。广东省广州一带的元墓很有特点，
流行用模子夯制的灰砂板建墓。此墓多是长方形墓室，以木棺
椁为葬具。另一种流行的墓类是砖室石顶墓，如前述的海康县

城东南水鬼岭发现的嵌砌画像石的元墓、海康至正九年（公元1349年）李氏墓[89]、东莞大德二年（公元1298年）李春叟墓等。此外，便是少量的砖室墓和石室墓。如广州沙河双燕岗元墓[90]等。这一时期该区还有土坑石椁墓和火葬墓，先砌一长方形竖穴土坑，然后再放置石椁或者骨灰罐以作葬具，骨灰罐为墨釉陶罐，盖内侧常有墨书纪年。如海康附城西湖水库后至元三年墓，墓主人是县丞[91]。佛山发现的至正二年（公元1342年）、九年的墓葬，骨灰罐多为双层或三层，有的放置在石盒内，有的在罐内用多层麻布包裹骨灰。这种墓从宋代一直流行到明代[92]。广州简家岗发现的至正二十四年（公元1364年）梁文惠墓，是一种较特殊的葬式，在地面用灰砂板砌建棺形建筑，在中部嵌置墓碑，在其前有平板祭台，祭台下为券顶的砖墓室，用木炭防腐。其他的这种墓均在祭台下置骨灰罐，从发现的纪年材料看，这类墓从宋代一直流行到明中叶[93]。广东的元墓多为小型火葬墓，因此出土物很稀少。由此可以看出，到了元代，在江南地区，不论是土葬还是火葬，都采取各种措施防潮防腐。所以，火葬并不是为了简化埋葬方式，而应与信仰或习俗相关。

通过对元代南方墓葬的初步总结，可以看到各地墓葬形制的不同体现了元墓区域性的特征。对各个小区内部而言，墓葬形制在整个元代并无显著变化。在元墓中差别较大的是随葬品，但各区之间随葬品及其组合的不同大多是前代传统的延续，随葬品的多寡和墓主的经济实力及个人喜好相关联，并无明显的时代差异。从丧葬习俗上看，南方元墓的前后一致性更为明显，即在一定区域内，其习俗基本上是固定的，并且很明显的带有前代风格。基于这些情况，很难对南方地区的元墓进行具体分期。从所见的细微变化看，主要体现在各个小区内，尤其是某些具体而特别的随葬品中。这往往要从器物学的角度来考虑，也不能离开区域特征的概念。从葬俗看，在有元一代，看不出有明显的变化。元朝统治南方地区时间较短，对此区也多采用汉制管辖，与北方地区相比，蒙古统治者所带来的文化和习俗方面的影响并不深。

事实上，区域的划分又是相对的。多数南方元墓表现出明显的共性，如并列双室夫妇合葬墓、随葬品所反映的丧葬观念以及对尸体的注重保护等方面，南方地区都具有相当的一致性。南方与北方有较大差别这不仅是地理环境因素制约的结果，更重要的是在南北不同的地区文化传统和风格不同。北方地区长期为金政权控制，后又在半个多世纪的时间里逐渐为蒙元征服与统治，其特征不可避免的带有北方草原民族的风格。南方自宋以来长期在汉人政权统治下，元世祖忽必烈在灭南宋时对汉制已相当认同，并对统治方式进行变革，因此南方保留的传统更多一点。人们在讨论南方元墓区域性的时候，也不能忽视其特殊整体的共性，以区分其他地区。

可以看到，元墓所反映的问题与宋墓反映的问题大体相同，大到墓葬所反映的等级制度，小到一些具体的随葬器物。在论述宋墓的特点时，我们提到其所反映的等级制度已很模糊，元墓的情况也是如此。南方发现的元墓中有较高级官吏和下层品官以及大量的平民墓，但未见标志性的指标来标识等级差异。这种情况是与宋墓一脉相承的。其余如江西地区墓中常常随葬的堆塑瓶、各地用不同方式反映的墓仪神煞等，都可见与宋墓的密切关联和在宋制基础上的发展。

## 注　释

[1] 徐苹芳《金元墓葬的发掘》，中国社会科学院考古研究所编《新中国的考古发现和研究》，文物出版社 1984 年版。

[2] 徐苹芳《关于宋德芳和潘德冲墓的几个问题》，《考古》1960 年第 8 期。

[3] 同注 [2]。

[4] 大同市文物陈列馆、山西云冈文物管理所《山西省大同市元代冯道真、王青墓清理简报》，《文物》1962 年第 10 期。

[5] 北京市文化局文物调查研究组《北京市双塔庆寿寺出土的丝绵织品及绣花》，《文物参考资料》1958 年第 9 期。

[6] 唐云明等《邢台发现一座元代砖墓》，《文物参考资料》1956 年第 12 期。

[7] 河南省博物馆、焦作市博物馆《焦作金代壁画墓发掘简报》，《河南文博通讯》1980 年第 4 期。

[8] 陕西省文物管理委员会《西安曲江池西村元墓清理简报》，《文物参考资料》1958 年第 6 期。

[9] 同注 [1]。

[10] 陕西省考古研究所《陕西蒲城洞耳村元代壁画墓》，《考古与文物》2000 年第 1 期。

[11] 北京市文物研究所《北京地区发现两座元代墓葬》，《北京文物与考古》第 3 辑，北京燕山出版社 1992 年版。张先得等《北京市密云县元代壁画墓》，《文物》1984 年第 6 期。

[12] 大同文化局文物科《山西大同东郊元代崔莹李氏墓》，《文物》1987 年第 6 期。

[13] 项春松等《内蒙昭盟赤峰三眼井元代壁画墓》，《文物》1982 年第 1 期。项春松《内蒙古赤峰市元宝山元代壁画墓》，《文物》1983 年第 4 期。刘冰《内蒙古赤峰沙子山元代壁画墓》，《文物》1992 年第 2 期。

[14] 辽宁省博物馆等《凌源富家屯元墓》，《文物》1985 年第 6 期。

[15] 甘肃省博物馆等《甘肃漳县元代汪世显家族墓葬》，《文物》1982 年第 2 期。

[16] 内蒙古自治区文化厅文物处等《内蒙古凉城县后德胜元墓清理简报》，《文物》1994 年第 10 期。

[17] 刘俊勇《大连寺沟元墓》，《文物》1983 年第 5 期。

[18] 徐家国《辽宁抚顺土口村元墓》，《考古》1994 年第 5 期。

[19] 徐英章《辽宁喀左县大城子元代石椁墓》，《考古》1964 年第 5 期。

[20] 张少春《康平方家屯元墓》，《辽海文物学刊》1986 年创刊号。

[21] 魏坚等《正蓝旗元上都遗址周围辽元墓葬》,《中国考古学年鉴·1996》,文物出版社 1998 年版。内蒙古文物考古研究所等《元上都城址东南砧子山西区墓葬发掘简报》,《文物》2001 年第 9 期。

[22] 盖山林《兴和县五甲地古墓》,《内蒙古文物考古》1984 年第 3 期。《木胡儿索卜·夏金元时期墓葬》,《中国考古学年鉴·1997》,文物出版社 1999 年版。《四子王旗城卜子古城及墓葬》,《中国考古学年鉴·1996》,文物出版社 1998 年版。

[23] 北京市文物研究所《耶律铸夫妇合葬墓出土珍贵文物》,《中国文物报》1999 年 1 月 31 日第 1 版。

[24] 北京市文物工作队《元铁可父子墓、张弘纲墓发掘报告》,《考古学报》1986 年第 1 期。参见注 [11]。

[25] 河北省文物研究所《石家庄后太保村史氏家族墓发掘报告》,《河北省考古文集》344－369 页。

[26] 张兆祥《廊坊市发现元代砖室墓》,《文物春秋》1991 年第 4 期。李树伟等《滦南发现元墓》,《文物春秋》1991 年第 3 期。

[27] 山东省文物考古研究所《山东省阳谷县马庙元明墓地发掘简报》,《华夏考古》1998 年第 3 期。

[28] 河北省文物研究所石太考古队《井陉南良都战国、汉代遗址及元明墓葬发掘报告》,《石太高速公路北新城南海山墓区发掘报告》,《河北省考古文集》,212－223 页,288－299 页。

[29] 参见注 [11]。

[30] 易县博物馆《河北易县发现元代张弘范墓》,《文物》1986 年第 2 期。河北省文物研究所等《河北三河县辽金元时代墓葬出土遗物》,《考古》1993 年 12 月。张子英《河北磁县发现一座元墓》,《考古》1997 年第 2 期。

[31] 济宁市博物馆《山东济宁发现两座元代墓葬》,《考古》1994 年第 9 期。山东省济宁地区文物局《山东嘉祥县元代曹元用墓清理简报》,《考古》1983 年第 9 期。邹县文物保管所《邹县元代李裕庵墓清理简报》,《文物》1978 年第 4 期。

[32] 济青公路文物考古队绣惠分队《章丘女郎山宋金元明壁画墓的发掘》,《济青高级公路章丘工段考古发掘报告集》,齐鲁书社 1993 年版。章丘县博物馆《山东章丘青野元代壁画墓清理简报》,《华夏考古》1999 年第 4 期。

[33] 济南市文化局等《济南近年发现的元代砖雕壁画墓》,《文物》1992 年第 2 期。昌乐县文物管理所《山东昌乐东山王元代墓葬清理简报》,《考古》1995

年第 9 期。

[34] 济南市文化局文物处《济南柴油机厂元代砖雕壁画墓》,《文物》1992 年第 2 期。

[35] 林仙庭等《山东牟平县北头墓群清理与调查》,《考古》1997 年第 3 期。

[36] 洛阳地区文化局文物科《三门峡上村岭发现元代墓葬》,《考古》1985 年第 11 期。洛阳市第二文物工作队《洛阳道北元墓发掘简报》,《文物》1999 年第 2 期。洛阳市博物馆《洛阳元王述墓清理记》,《考古》1979 年第 6 期。

[37] 洛阳市铁路北站编组站联合考古发掘队《元赛因赤答忽墓的发掘》,《文物》1996 年第 2 期。

[38] 洛阳市第二文物工作队《洛阳伊川元墓发掘简报》,《文物》1993 年第 5 期,。

[39] 谢明良《北方部分地区元墓出土陶器的区域性观察——从漳县汪世显家族墓出土陶器谈起》,《故宫学术季刊》第 19 卷第 4 期,2002 年。

[40] 刘安利《西安东郊元刘义世墓清理简报》,《文博》1985 年第 4 期。王九刚等《西安南郊山门口元墓清理简报》,《考古与文物》1992 年第 5 期。刘宝爱等《陕西宝鸡元墓》,《文物》1992 年第 2 期。

[41] 陕西省文管会《西安玉祥门外元代砖墓清理简报》,《文物参考资料》1956 年第 1 期。咸阳地区文管会《陕西户县贺氏墓出土大量元代俑》,《文物》1979 年第 4 期。马志祥等《西安曲江元李新昭墓》,《文博》1988 年第 2 期。

[42] 袁长江《长安凤栖原元墓建筑结构》,《文博》1985 年第 2 期。延安市文化文物局《延安虎头峁元代墓葬清理简报》,《文博》1990 年第 2 期。

[43] 山西省文物管理委员会等《山西孝义下土京和梁家庄金元墓发掘简报》,《考古》1960 年第 7 期。

[44] 冯文海《山西文水北峪口的一座古墓》,《考古》1961 年第 3 期。

[45] 长治市博物馆《山西长治市捉马村元代壁画墓》,《文物》1985 年第 6 期。

[46] 长治市博物馆《山西省长治县郝家庄元墓》《文物》,1987 年第 7 期。朱晓芳等《山西长治市南郊元代壁画墓》,《考古》1996 年第 6 期。

[47] 戴尊德《山西太原郊区宋、金、元代砖墓》,《考古》1965 年第 1 期。王银田等《大同市西郊元墓发掘简报》,《文物季刊》1995 年第 2 期。商彤流《山西交城县的一座元代石室墓》,《文物季刊》1996 年第 4 期。

[48] 大同市博物馆《大同元代壁画墓》,《文物季刊》1993 年第 2 期。

[49] 山西省考古研究所《山西新绛南范庄、吴岭庄金元墓发掘简报》,《文物》1983 年第 1 期。

[50] 山西省文物工作队侯马工作站《山西新绛寨里村元墓》,《考古》1966 年第 1 期。

[51] 山西省考古研究所侯马工作站《侯马市区元代墓葬发掘简报》,《文物季刊》1996 年第 3 期。山西省文管会侯马工作站《侯马元代墓发掘简报》,《文物》1959 年第 12 期。

[52] 山西省考古研究所《山西运城西里庄元代壁画墓》,《文物》1988 年第 4 期。

[53] 杨琮《福建宋元壁画墓初步研究》,《考古》1996 年第 1 期。

[54] 杨后礼《江西宋元纪年墓出土堆塑长颈瓶研究》,《南方文物》1992 年第 1 期。

[55] 白冠西《安庆市棋盘山发现的元墓介绍》,《文物参考资料》1957 年第 5 期。江苏省文管会《江苏吴县元墓清理简报》,《文物》1959 年第 11 期。无锡市博物馆《江苏无锡市元墓中出土一批文物》,《文物》1964 年第 12 期。

[56] 安徽六安县文物工作组《安徽六安县花石咀古墓清理简报》,《考古》1986 年第 10 期。

[57] 宗典《元任仁发墓志的发现》,《文物参考资料》1959 年第 11 期。沈令昕等《上海市青浦县元代任氏墓葬记述》,《文物》1982 年第 7 期。

[58] 张玉兰《杭州市发现元代鲜于枢墓》,《文物》1990 年第 9 期。

[59] 常州市博物馆等《江苏武进县元墓出土八思巴文漆器》,《文物资料丛刊》,文物出版社 1978 年版。

[60] 苏州市文物保管委员会等《苏州吴张士诚母曹氏墓清理简报》,《考古》1965 年第 6 期。

[61] 海宁县博物馆《浙江海宁元代贾椿墓》,《文物》1982 年第 2 期。

[62] 邱永生等《江苏徐州大山头元代纪年画像石墓》,《考古》1993 年第 12 期。叶劲《元代新兴场典史崔彬古墓发现记》,《东南文化》1988 年第 6 期。

[63] 武汉市博物馆《黄陂县周家田元墓》,《文物》1989 年第 5 期。

[64] 张乐发《湖北宜城市出土元代人物堆塑罐》,《考古》1996 年第 6 期。

[65] 安陆市博物馆《安陆发现元杨宜中墓》,《江汉考古》1990 年第 2 期。

[66] 湖南省博物馆《湖南临湘陆城宋元墓清理简报》,《考古》1988 年第 1 期。熊传新《沅陵县双桥元代夫妇合葬墓》,《中国考古学年鉴·1986 年》,文物出版社 1988 年版。

[67] 古湘《湖南常德发现两件青花大盘》,《文物》1973 年第 12 期。高至喜《湖南常德发现元代青花人物故事玉壶春瓶》,《文物》1976 年第 9 期。

[68] 黄冬梅《江西樟树元纪年墓出土文物》,《南方文物》1996 年第 4 期。薛翘、

刘劲峰《抚州市郊元代纪年墓出土的芒口瓷》，《江西历史文物》1987 年第 2 期。薛翘、刘劲峰《江西抚州元墓出土瓷器》，《文物》1992 年第 2 期。

[69]《江西贵溪陈家村发现张天师墓》，《文物参考资料》1951 年第 8 期。

[70] 曲利平等《江西鹰潭发现纪年元墓》，《南方文物》1993 年第 4 期。郭远渭《江西南昌朱姑桥元墓》，《考古》1963 年第 10 期。乐平县博物馆《乐平李家岭元墓清理简报》，《江西文物》1990 年第 1 期。杨后礼《江西永丰县元代延祐六年墓》，《文物》1987 年第 7 期。

[71] 高安县博物馆《江西高安县发现元代天历二年纪年墓》，《考古》1987 年第 3 期。刘翔《江西高安县汉家山元墓》，《考古》1989 年第 6 期。

[72] 陈美英、晏扬《江西万载发现元代墓葬》，《南方文物》1992 年第 2 期。

[73] 程应麟等《江西抚州发现元代合葬墓》，《考古》1964 年第 7 期。

[74] 九江市博物馆《元代青花牡丹塔盖瓷瓶》，《文物》1981 年第 1 期。唐昌朴《江西波阳出土的元代瓷器》，《文物》1976 年第 11 期。

[75] 杨厚礼《丰城县发现元代纪年青花和釉里红瓷器》，《江西历史文物》1980 年第 4 期。

[76] 张才俊、袁明森《四川华阳县发现元代墓葬》，《考古通讯》1957 年第 5 期。四川省博物馆《四川古代墓葬清理简况》，《考古》1959 年第 8 期。

[77] 匡远滢《四川成都西郊元墓的清理》，《考古》1958 年第 3 期。

[78] 刘师德《四川宜宾堰沟碥有带雕刻的古墓》，《文物参考资料》1954 年第 12 期。

[79] 四川省文物管理委员会《四川简阳东溪园艺场元墓》，《文物》1987 年第 2 期。四川省博物馆《四川古代墓葬清理简况》，《考古》1959 年第 8 期。

[80] 贵州省博物馆《遵义高坪"播州土司"杨文等四座墓葬发掘记》，《文物》1974 年第 1 期。贵州省文物考古研究所《贵州省考古五十年》，《新中国考古五十年》，文物出版社 1999 年版。

[81] 黄承宗《西昌附近的古代火葬墓》，文物编辑委员会编《文物资料丛刊》第 7 集，文物出版社 1983 年版。万斯年《云南剑川元代火葬墓之发现》，《考古通讯》1957 年第 1 期。张家华《禄丰黑井火葬墓清理简报》，《云南文物》1999 年第 1 期。

[82] 云南省博物馆文物工作队等《云南宜良县孙家山火葬墓发掘简报》，《考古》1993 年第 11 期。云南省文物考古研究所等《泸西和尚塔火葬墓发掘报告》，《云南文物》2000 年第 2 期。云南省文物考古研究所等《云南大理市凤仪镇大丰乐墓地的发掘》，《考古》2001 年第 12 期。

[83] 孙太初《云南西部的火葬墓》,《考古通讯》1955 年第 4 期。李家瑞《滇西白族火葬墓概况》,《文物》1960 年第 6 期。

[84] 张文崟《福建南平市三官堂元代纪年墓清理》,《考古》1996 年第 6 期。福建省博物馆等《福建将乐元代壁画墓》,《考古》1996 年第 1 期。

[85] 陈家楫《福建省南安潘山乡发现元代骨灰墓葬》,《文物参考资料》1954 年第 12 期。

[86] 林果《谈福州市近年出土文物》,《福建文博》1999 年第 1 期,总第 34 期。文中提及胭脂山元墓出土的寿山石俑,未见简报资料发表。有关福建地区明器神煞的发展情况,参见林忠干《福建五代至宋代墓葬出土明器神煞考》,《福建文博》1990 年第 1 期。

[87] 庄为玑、陈达生《福州新发现的元明时代伊斯兰教史迹》,《考古》1982 年第 3 期。

[88] 吴幼雄《福建泉州发现的也里可温(景教)碑》,《考古》1988 年第 11 期。

[89] 曹腾非等《广东海康元墓出土阴线刻砖》,《考古学集刊》2,中国社会科学出版社 1982 年版。崔勇《东莞市元代李春叟墓发掘简报》,《广东省博物馆馆刊》第 2 期,1991 年。

[90] 黎金《广州沙河双燕岗发现元墓》,《考古》1960 年第 4 期。

[91] 宋良璧《介绍一件元代釉里褐凤鸟纹盖罐》,《文物》1983 年第 1 期。

[92] 曾广亿《广东佛山鼓桑岗宋元明墓记略》,《考古》1964 年第 10 期。

[93] 广州市文物管理委员会《广州河南简家冈宋元墓发掘简报》,《文物》1957 年第 6 期。

# 九 明代陵墓的发现与发掘

　　20世纪前期，对明代陵墓的考古工作仅限于地面调查和勘测，考古发掘工作基本为零。20世纪后半叶，关于明代墓葬的考古工作迅速发展，取得了不小的成绩。最引人注目的当属对几处明陵的调查、勘测和对定陵的发掘。这可以说是建国以来，由中央直接策划、组织并完成的最重大的考古工作之一。同时，还发现并清理了不少明代的藩王墓和大臣墓，也发掘了一些平民使用的小型墓。明代距今时间较短，保存下来的墓葬无疑很多，见诸报道的墓葬相信只是其中较少的一部分，但数量仍然很多。总的说来，70年代中期以前报道的墓葬主要是藩王墓和品官墓，其后才开始较多地刊布中、小型墓葬的材料。对于明代陵墓的研究也主要限于帝陵的研究，少数研究涉及藩王墓葬和宦官墓，对于一般品官和平民墓葬的研究尚未开展，基本还处于资料积累的阶段。由于本书的特点和篇幅所限，本章仅叙述最重要的帝陵和藩王墓葬。

## （一）开启地下的宫殿——明代帝陵的调查与发掘

### 1. 明代帝陵概况

　　明王朝立国二百七十七年，先后在南北方建立的帝陵有五处。现将其概况简述如下：

明皇陵是明太祖朱元璋父母的陵墓，在今安徽省凤阳县城西南。洪武二年至十二年（公元 1369－1379 年）间修建。平面长方形，分内、外城。外城土筑，长 14.4 公里。外城的作用大体与宋陵的兆域相仿，是为了廓出陵区的范围。内城砖筑，南北长 1100 米，东西宽 750 米，每面中央各辟一门，上建明楼。南门内神道两侧立华表和石象生二十八对，神道后接金水桥，桥前西侧立皇陵碑，东侧立无字碑，墓冢在内城后部中央，墓冢仍为方形覆斗式，其前建享殿[1]。明皇陵在前代帝陵的基础上有了一些改变。例如，内城垣呈长方形，将石象生移入内城，突出了享殿的地位等。总体上看，其更多地借鉴了北宋皇陵的制度，与后来的明十三陵制度比较，具有过渡性质。

明祖陵是朱元璋祖父的葬地，位于今江苏省泗洪县东南。洪武十九年（公元 1386 年）修建，葬有他的祖父、曾祖和高祖的衣冠。明中期以后，因淮水泛滥而多次被淹，清代没入洪泽湖中。1961 年至 1962 年，趁洪泽湖水位下降，南京博物院对其进行了考古调查[2]，较正式的报告于 2000 年发表[3]。根据考古调查的结果，可知明祖陵的结构布局大体与明皇陵相似。

明孝陵为太祖朱元璋的陵墓，位于今南京市东郊的钟山南麓独龙阜。孝陵的建设始于洪武九年（公元 1376 年），洪武十五年（公元 1382 年）皇后马氏入葬，始称孝陵，洪武三十一年朱元璋驾崩，入葬孝陵，全部工程到永乐三年（公元 1405 年）才完工。皇太子朱标葬于孝陵之东，称东陵。孝陵在陵墓建制和布局上有了一些创新和发展，后来全部为成祖朱棣的长陵所遵循[4]，成为明陵定制。

明十三陵位于今北京昌平天寿山下。从明成祖朱棣到思宗朱由检，十三代皇帝都葬在此处。其考古工作也开展较多。

北京海淀区的金山，葬有"夺门之变"被废的景帝朱祁钰，常被称为景泰陵，另外还葬有夭殇的明诸王和公主以及不丛葬的明妃嫔。从地面情况看，景泰陵的陵园布局和葬制应大体与明十三陵相同而稍简化。这里还发掘过一些妃嫔墓，如1951 年在董四墓村清理过两座妃嫔墓[5]，1963 年在镶红旗营发现并清理了成化帝妃子墓七座[6]。

**2. 明十三陵的调查与定陵的发掘**

① 十三陵的位置与布局。十三陵位于北京昌平以北 10 公里的天寿山。它葬有从成祖到崇祯帝十三位皇帝，合称十三陵。其中有成祖（永乐）朱棣长陵，仁宗（洪熙）朱高炽献陵，宣宗（宣德）朱瞻基景陵，英宗（正统、天顺）朱祁镇裕陵，宪宗（成化）朱见深茂陵，孝宗（弘治）朱祐樘泰陵，武宗（正德）朱厚照康陵，世宗（嘉靖）朱厚熜永陵，穆宗（隆庆）朱载垕昭陵，神宗（万历）朱翊钧定陵，光宗（泰昌）朱常洛庆陵，熹宗（天启）朱由校德陵，思宗（崇祯）朱由检思陵。

这些陵寝环列在天寿山南麓，组成以长陵为中心的宏大的陵墓群。天寿山原名黄土山，是燕山余脉。山环绕在陵区西、北、东三面，其南面是一片广袤的盆地，温榆河穿过盆地东流。龙山虎山对峙于陵区入口，形似天然门阙。这种选择陵地风水的思想在明代很流行，在明代各地的藩王陵区中也一再重复这一思想。例如，广西桂林的靖江王陵区庄简王陵就与其大体一致[7]，背山面河，前面是平原，并且两山对峙成阙形。

十三陵陵区周围 20 公里，依山建陵边墙，在边墙上设有十口、四水门。据顾炎武《昌平山水记》所载，这十口为中山口、东山口、老君堂口、贤庄口、灰岭口、锥石口、雁子口、德胜口、西山口、榨子口。除东山口外，都有垣有门[8]。经调查，现存边墙总长约12公里，十口相连约34公里。其中中山口、东山口、榨子口、西山口在陵区正南大红门的东西两侧，地势平缓，因此修一道边墙将四口相连，形成陵区南边的屏障。边墙近口处较宽，山脊部分一般较窄。墙体大多以山石、河卵石垒砌，用生石灰灌缝。有的地段结构坚固，墙体内外还用青石条包砌，而有的地方仅以山石和灰泥筑成[9]。

十三陵在宋元明诸陵中具有独特的特点，即整个陵区一体规划，共用一条神道。从昌平县西门外至大红门有御路，道中设有石牌坊和下马碑。大红门北有大碑楼，再北是十三陵总神道[10]。总神道两侧布列石望柱、石象生，北至棂星门。棂星门再北有七孔桥，诸陵神道由此分支，通向各陵。

石牌坊，全部为白石结构，位于陵区之南，距昌平县3公里，建于嘉靖十九年（公元1540年）[11]。往北为大红门，门前两侧有下马碑。大红门是十三陵的总门户，为三洞券门，两侧接陵区围墙。门基用石，墙身用砖，皆涂红色，故称大红门。券门内侧各有墩石，可知当年装有门扇。再北是碑亭，俗称大碑楼，方形，四面券门，重檐歇山顶。亭内立"大明长陵神功圣德碑"一通，高7.91米。正面碑文为洪熙元年（公元1425年）仁宗朱高炽撰，宣德十年（公元1455年）立碑。碑阴刻清乾隆帝所撰"哀明陵三十韵"。碑亭四周建四座华表（擎天柱）。碑亭之北，两侧各有石望柱一根，为神道起点，至长陵长达1060米。望柱以北为石象生，计石兽二十四、石人十二，依次为四狮子、四獬豸、四骆驼、四象、四麒麟，皆二跪二立。其北为石人，有四武臣、四文臣、四勋臣。武臣披甲胄，执锤，佩剑；文臣、勋臣执笏肃立。石象生初建于宣德十年（公元 1435 年），至嘉靖十五年（公元 1536）又砌石护台，并于神道铺设石板。石象生之北，神道正中为棂星门，石门三孔。再往北，经五孔桥、七孔桥后直达长陵。十三陵其他各陵神道，从七孔桥北各自分道。

　　清初十三陵经历了一场较大的变故。由于明朝时对金陵的破坏，满族进关之后，为报毁陵之恨，对明陵也进行了破坏。破坏最甚者是万历帝的定陵和天启帝的德陵。顺治四年（公元 1647 年）以后，满清为了缓和民族矛盾，遂对明陵进行了一定的保护，设陵户，给赡田，禁樵采，并对崇祯的思陵进行了修葺。乾隆五十年（公元 1785 年），清高宗弘历在"长陵神功圣德碑"碑阴刻"哀明陵三十韵"，略示对明帝王哀悼之意，并对曾遭破坏的定陵、德陵进行了较大规模的修缮。经实地调查，所谓修缮，只是用旧料，拆大改小而已。这在定陵的祾恩门、祾恩殿都有清楚的反映。对德陵，名为修缮，实际并未动工。

　　② 帝陵陵垣布局。十三陵诸陵的规模并不相同。凡皇帝生前营建的，如永陵、定陵等规模较大；死后营建的，如献陵、景陵、康陵等规模就小。思陵仅用贵妃田氏墓穴草草埋葬，规模最小。长陵初建于永乐七年（公元 1409 年），先葬徐皇后，下距永乐二十二年（公元 1424 年）朱棣之葬，长达十五年，其间不断营建，规模最大。十三陵陵区内还有行宫、拂尘殿等建筑，今已不存。

　　明帝陵又称为宫，各陵宫皆背山而建，方向各不相同，但地面建筑布局、形式基本一致。前有宫院，后有宝城，宫院围墙与宝城相接。宫门前有无字碑，碑前通过石桥与神道相接。宫门内依次为祾恩门、祾恩殿、棂星门、石几筵，后接明楼、宝城。祾恩殿是祭陵时的殿堂，两侧建有廊庑。这种形式应是从献殿、享殿发展而来的。宝城是陵宫的最后部分，城中填黄土，下为地宫。明楼建于宝城上前侧，檐下有陵名榜额，楼内立石碑，刻皇帝庙号、谥号。总体上看，各陵建筑在总的陵区内又自成一体。祭殿在前，寝宫在后，门廊、殿堂、明楼、宝城排列整齐，层次分明。尽管神道是弯曲的，但过石桥后有一条中轴相贯，地势渐高，建筑也呈前殿后阁式，再借近水远山之景，气势十分宏伟，突出了帝陵的威仪。

③ 定陵的发掘及地宫结构。1955 年 10 月，北京市副市长吴晗会同中国科学院院长郭沫若、文化部长沈雁冰、人民日报社社长邓拓、著名史学家范文澜等人联名上书国务院，请求发掘永乐帝的长陵。得到了国务院的批准后，遂组成长陵发掘委员会。委员会下设工作队，由北京市和考古所组成考古队。从委员会到工作队的组建以及随后对定陵的试验性发掘都体现了对这次发掘的高度重视和严密的组织。

考虑到长陵规模较大和发掘工作可能出现的复杂性，决定先选点试掘，最终选定了定陵。因为定陵的埋葬时间较晚而且有埋葬迹象可循。工作队于 1956 年 5 月开始发掘，1957 年 9 月完成土方工程，到 1958 年 7 月结束了玄宫内的器物清理，历时两年零两个月。出土器物共计二千六百四十八件。由于定陵出土器物繁多，急需修复整理，地上地下建筑的保护、修复任务亦很艰巨，因此决定不再发掘长陵[12]。

定陵是神宗万历帝的陵墓，位于陵区中部偏西的大峪山下。始建于万历十二年（公元1584年），历六年而成[13]。墓

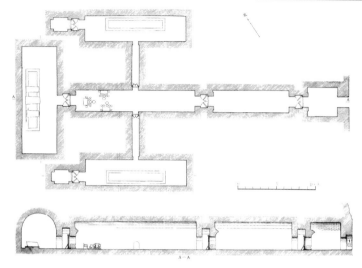

图三八 明定陵地宫平剖面图

中合葬有孝端皇后王氏和孝靖皇后王氏。定陵的规模较大，制度上一如嘉靖帝的永陵，有些地方的制度和规模还超过了永陵。定陵的玄宫由前殿、中殿、后殿和左右配殿组成，全部用石材起券建造（图三八）。前殿的大门外是石券门，为玄宫第一道大门，是用整块汉白玉雕成的仿木构门，洁白光润。前殿长 20 米，宽 6 米，高 7.2 米，券顶，地面铺方形金砖。前殿西壁为中殿石门，与前殿门相似。中殿亦为长方形券顶墓室，长 32 米，宽、高同前殿，地面亦铺方形金砖，南北两壁各有一石券门与左右配殿相通，西端有三个汉白玉雕成的宝座，呈品字形摆放，中座靠背及两侧雕龙纹，左右两座雕凤纹。宝座前均有五供。五供前置青花大缸，为万年灯。后殿是玄宫的主建筑，横向，更为宽大，南北长 30.1 米，东西宽 9.1 米，四壁用石条顺砌，地面铺磨制的长斑石，中部偏西为汉白玉宝床，石铺台面，上置梓宫三具，中为万历帝，北为孝端后，南为孝靖后，葬具均一棺一椁。左右配殿结构相同，长26米，宽7.1米，高7.4米，地面铺条石，中央有汉白玉宝床，床面铺金砖，中有孔穴，内填黄土，为金井。整个玄宫由五殿七门组成，总面积达1195平方米，宏伟高大，气势恢宏[14]。

墓中出土的随葬品更是珠玑纷呈，丰富多彩。定陵地宫的随葬品大部分放在后殿宝床和梓宫内，分葬仪用具和生活用品两大类，总计二千六百四十八件。

葬仪用具包括谥册、谥宝、墓志、木明器和锡明器。木明器多为人俑和马俑，以松木雕成，人俑还加彩，为仪仗俑。锡明器多为制作粗劣的日常生活用具的小型仿制品。明器的质量并未体现出皇家气派。

生活用品不仅数量多，而且精，其中包括冠服、金器、银器、玉器、瓷器等，许多都是稀世珍品。例如，万历帝梓宫中出土的金冠、龙袍、道袍和其他服装等。另外，梓宫内外还出土了大批织锦。这些织锦不仅记录了产地、产时、花纹及长、宽尺寸，而且记录了织造的分工及织匠姓名，是研究明织锦业的重要资料。金器的数量很多，都是脸盆、漱盂、壶、香盒、粉盒之类的日常用品，有些器物上刻饰龙纹，有的镶嵌珠宝，都是最精美的装饰，不少器物上刻了制作年月、器名、重量及工匠姓名。玉器有碗、盆、壶、耳杯、盂、爵、带钩、圭等。这些玉器都选料极精，琢工细，不少器物上还镶嵌宝石、珠玉，配制金附件。例如，玉碗，壁薄，半透明，并配以金托，碗盖上透雕龙纹，还镶有一颗石榴石。这些器物极具皇家气派。

瓷器分青花瓷和"明三彩"两类，造型有梅瓶、碗、炉、觚等。青花梅瓶放置在帝后椁旁，带盖，大的绘龙，小的绘梅花，带万历或嘉靖款。青花碗胎釉细腻，碗壁极薄，并配有金盖、金碗托。炉为明三彩制品，炉身酱黄色，三足是紫色蟠螭，花纹凸起，并与耳部相联，造型、釉色都十分精美。还有一对青花黄釉瓷觚，亦为精品。另外，地宫中还出土了漆盒、铜镜、甲胄、铜剑和箭镞等。

**3. 明陵对前代帝陵的变革与发展**

明陵与宋辽金陵相比，有了一些重要的发展变化，而明陵的这些变化基本上是从太祖孝陵开始的。从总体上看，宋辽金及西夏的陵和墓相继承的因素较多，而明代的陵和墓都有了较大的变化。明陵的变化和发展如下：

① 从陵园布局上，十三陵有了一体的规划。陵区设有围墙和关口，大红门是全陵的大门，门前有石牌坊、下马碑，尤其是设有主神道，各陵之前不再有各自的石刻。长陵神功圣德碑和神道石刻都是宣德时立，以后各帝均未再增加和另立，嘉靖时也只是加砌石护台。陵位的布置不再有统一规划，设有一体的风水和堪舆，各帝各自在陵区内寻找合适的风水。如顾炎武在《昌平山水记》中记定陵的风水是“水星行在，金星结穴”，与宋代的风水堪舆术完全不同了。各陵方向不同，但大体是背山面向大红门。实际上，如果不是成组迁都，孝陵的规模也与十三陵大体相仿，而且孝陵区的东陵也没有自己的神道石刻，说明这种统一的布局思想在明初就有了。对陵区一体安排似始于金陵，而以明陵最清楚而完整。

② 明陵的陵区内不再有陪葬墓。永乐时尚有妃嫔从葬，设有东、西井，英宗以后停止了宫人从葬，只有极少数极有权势的后妃才得以从葬帝陵。明朝各地的藩王都各自埋葬，夭殇

的亲王、公主则葬于海淀金山。

③ 陵园的布局采用了方城明楼式（也称方城圜丘）。它包含了以下几项变化：第一，陵城从方形为主，变成长方形，内中安置祾恩殿等祭祀建筑。这点从明皇陵的布置就开始施行。第二，取消了唐、宋帝陵的下宫，祾恩殿成为主要致祭之所，兼具献殿和下宫之功用。这种安排大约始于西夏陵，金陵似乎也是这样。第三，增设明楼，内置谥号、庙号碑。很多学者认为明楼之制来自南宋陵的龟头献殿，而实际上金陵可能就已有了明楼。同时，西夏陵开始使用的碑亭，也是明楼的一个渊源。第四，也是最明显和主要的变化，就是坟丘变成了圆形，并在四周砌砖，成为位于陵城最后面的宝城，而明以前的其他帝陵多将陵台置于陵垣的中央。明代帝陵陵垣的这一系列变化使陵显得更集中而紧凑。刘敦桢《明长陵》称"明洪武营孝陵，坟之平面，改方为圆，若馒首形，殆因长江流域无方坟之习，洪武耳濡目染，受环境影响使然欤？永乐北迁，自长陵迄思陵，皆遵其法"。明陵更改了自汉以来的陵寝形制，开启"明清六百年间宫阙陵寝之规模"[15]。

④ 地下的玄宫也有了较大变化，成为大型多室的砖、石室墓，是仿皇帝生前所居宫殿而建，分为前中后殿及左右配殿。这种墓明以前没有，具有明陵的独特特点。

⑤ 明陵的风水比宋陵等有了很大不同。不再讲究"五音姓利"说，而大体又依汉唐的依山面水的选茔观念。

### 4．明代的妃嫔墓葬

明陵不似宋陵，陵区里不设皇室宗亲的陪陵墓。明朝皇帝之子多被封为藩王，分据各地，各自在当地安葬。皇后又与皇帝同陵合葬。所以在陵区或在北京，独立存在的只有妃嫔墓葬。妃嫔墓葬在北京有两处，一处在十三陵内，另一处在海淀区金山。葬在十三陵的妃嫔数量很少，除了早期的，都是生前显赫一时，权势极大，是影响宫廷朝政的皇帝宠妃，死后受到特殊礼遇陪葬陵园内。如成化帝的万贵妃，她善迎帝意，深得宠幸，死后赐葬帝陵内。又如万历帝郑贵妃，她善弄权术，权倾朝野，万历朝中的"梃击"、"红丸"和"移宫"三案都直接或间接与她有关，死后陪葬帝陵内。

明代妃嫔葬制分从葬和不从葬两种。据顾炎武《昌平山水记》所载："自英宗既止宫人从葬，于是妃墓始名，或在陵山之内，或在他山。"在十三陵有东西二井，"东井在德陵东南馒头山之南，西向；西井在定陵西北，东向。并重门，门六道，殿三间，两庑各三间，绿瓦周垣。会典言长陵十六妃从葬，位号不具。其曰井者，盖不隧道而直下，故谓之井尔。"[16]经过考古调查，东井在德陵东南平岗地，西井在定陵附近。1957年调查时遗迹尚存，绿瓦、断碑、残垣依稀可见[17]。万贵妃墓在昭陵西南约1公里的苏山脚下，园寝平面前方后圆，东西长197.8米，南北宽138.5米。前寝有享殿和两庑。享殿面阔五间，进深三间。享殿原有内墙围绕，前后设门。进后门是后寝，有无字碑、石供案，再后是圆形坟丘。郑贵妃墓在万贵妃墓南1公里的银钱山，园寝形制除多一重外罗城外，其余同万贵妃墓基本相同。由此可知，妃嫔墓大体同帝陵而缩小。

多数妃嫔死后，皆葬于金山，即今北京海淀区青龙桥西北。葬在金山的还有诸王、公主。《长安客话》载："凡诸王、公主夭殇者，并葬金山口，其地与景皇陵相属，又诸妃亦多葬此。"[18]据文献记载，到清顺治十一年有五十三处。后以墓名村，有东四墓、西四墓。1951年在董四墓村发掘了两座妃嫔墓。以一号墓为例，由宝顶、墓门、前室、主室组成。尖圆锥形宝顶，仿木构墓门。墓室为工字形宫殿式，工字形殿是明代的制度，在墓室中也反映出来。各室用石门相连。主室为四阿式顶，正脊长 13.8 米，高 7.2 米。葬有三位妃子。出土三方墓志、三具棺椁、一些瓷器、玉器和金银器。

## （二）华衣宝器藏地府——各地发现与发掘的明藩王陵墓

明代的藩王墓分布在全国各地，制度与帝陵相似，是仅次于帝陵的重要墓类。多年来，各地清理的明代藩王墓已有数十座之多。从考古发现可见，依各地藩王与当朝皇帝的世系亲疏和其实力的强弱，又有大小之别。大的藩王墓一般都有较大的陵园，并有享殿、陵台等墓上建筑，有些王陵还仿皇陵之制建明楼、宝城，墓室也为大型多室石室或磨砖对缝砌建的砖室墓。小型的藩王墓则与各地的品官或豪富的墓葬类似。

河南新乡万历四十二年（公元 1614 年）潞简王朱翊镠墓，由朱翊镠和次妃赵氏墓地两部分组成，占地 11 万平方米。墓上建筑基本仿皇陵之制。前有神道，以楷书"潞藩佳城"的石牌坊为前导，后接十六对石刻仪仗。再后是三进的石砌茔墙，第一进院内有"维岳降灵"石坊；第二进有祾恩门和祾恩殿；第三进院内为享堂、石坊、明楼和宝城。宝城下的墓室用青条石砌筑，有前后室和左右配殿。赵氏墓的制度大致相同，还保存有双层悬山石砌明楼。两墓均于 20 年代遭破坏，被盗一空。近年来在潞简王墓道出土了金、玉、瓷器等三十余件器物。朱翊镠是神宗的同母弟，葬制超过了当时"坟墓之制"的规定，是仿皇陵建造的[19]。宁夏同心县明王陵区，范围达三十多平方公里，保存王陵和陪葬墓三十余座，以朱元璋第十六子庆靖王朱栴墓的陵园为最广，长 200 米，宽 100 米，陵台尚存。1983 年在任庄发掘了庆康王朱秩煃的陵寝，陵园内散布大量的琉璃瓦，并有享殿遗迹。墓室为由前中后三室和左右配室组成的砖砌券顶墓，全部为磨砖对缝，以方砖铺地，建造十分精细。此墓被盗严重，只出土了少量零星器物[20]。山东邹县发掘的太祖第十子鲁荒王朱檀墓，葬于洪武二十二年（公元1389 年），亦有宏大的陵园，墓室凿石为圹，内砌砖室，虽然只有两室，但规模宏大。墓中出土了冠冕袍服、丝绸织品、玉带玉佩、琴棋书画、文房用具、漆木家具等大量有重要价值的文物，还有谥宝和四百三十二件彩绘木雕仪仗俑[21]。另外，还有山东长清五峰山正德十二年（公元 1516 年）德王墓[22]。河南荥阳原武温穆王朱朝垎墓是一座长方形单室砖墓，墓内绘有佛教题材的壁画。朱朝垎是太祖第五子周定王的嫡孙，第六世原武王，死于万历三十五年（公元 1607 年）。由于世系已远，墓上未发现陵园遗迹，墓室也与北方一般的明墓规格相似[23]。类似的墓还有洛阳市发现的明福王家族墓地中的三座墓和沁阳郑恭王之子朱载堉墓[24]。山西榆次县发现的崇祯五年（公元 1632 年）晋裕王朱求桂墓，为砖券成的前后三室横列窑洞式的墓室，遗物只有铜镜、金皮钱，万年灯、小瓷灯等。山西太原七府坟宣德三年（公元 1428 年）晋恭王七子广昌王朱济㷂及其妻刘氏、杨氏墓，为前后双室砖墓，出土物也不多[25]。陕西长安县成化二年（公元 1476 年）朱公铄墓，也是砖券长洞式的前后双室墓，与晋裕王墓相似，但出土了四十件木俑和少量其他器物[26]。

　　南方地区的藩王墓主要发现于湖北、江西和四川等省。湖北钟祥林山明世宗亲生父母兴献王朱祐杬和王妃合葬的显陵，依皇陵之制，虽未经发掘，但地面建筑由内外两城、神道、明楼、享殿和前后宝城组成，陵园建筑、石刻风格一如十三陵之制。经过调查的藩王墓还有明襄阳王墓[27]。经过发掘的藩王墓有太祖第六子楚昭王朱桢墓。此墓亦有大型的陵园，由三开间的牌楼门、神道、金水桥、棱恩门、棱恩殿、拜台和宝城构成。墓室为大型单室长方形砖室墓，长 11.8 米，宽 3.78 米，高 3.45 米。墓内虽未分室，但分置墓志、供桌和棺床。此墓的墓室相对较小，而且位置偏离陵园中轴线，较为特殊。出土文物一百余件，其中包括一套锡明器[28]。2001 年湖北钟祥市发掘的梁庄王墓，是近年来明代考古的重要收获。墓上有长方形内外茔墙，但地面建筑已荡然无存。墓室为前后双室石洞砖室墓，先掏挖石洞，再用砖和石灰砌建墓室，洞口有厚达 1 米的封门，建造得十分坚固，前室横长方形，后室长方形，分别有石门和漆门。此墓出土物极丰，共出土各类文物五千一百余件，尤以金银珠宝为多，金银玉器达一千四百余件，用金达 10 公斤，珠饰宝石则多达三千四百余件。梁庄王为仁宗第九子，葬于正统六年（公元 1441 年），王妃葬于景泰二年（公元 1452 年）。此墓的出土物为文物研究提供了丰富的资料[29]。此外，还有江陵八岭山辽简王墓和江陵太晖观湘献王墓[30]。其中辽简王墓亦为前中后三室和左右耳室的大型多室砖室墓。江陵八岭山成化六年（公元 1470 年）"王妃曹氏"墓和蕲春朱右棣墓、嘉靖年间荆端王次妃刘氏墓[31]则都与当地的一般明墓无太大的差别。朱右棣为仁宗六子朱瞻冈后人，世系疏远，仅属同一宗室而已。其墓为白灰、黄土和沙合成的三合土夯筑而成的长方形并列三室墓，出土了陶质砖志和少量器物。曹氏墓则为长 5.2 米的券顶单室墓，出土器物亦不多[32]。

　　明代江西境内有三藩，南昌一带为宁王，波阳一带为淮王，南城一带是益王。多年来陆续清理了正统十四年（公元 1449 年）宁献王朱权墓和宁康王次妃冯氏墓[33]。2001 年在南昌发掘了弘治十七年（公元 1504 年）宁靖王夫人吴氏墓，墓的建造方式独特，在厚达 1.5 米的糯米汁灰浆中，砌建没有两端的石顶砖墓室，墓室内用松香铺底，内置楠木鬃漆木棺，用厚厚的松香封裹，棺内还铺石灰防潮，因此墓内文物保存极好，出土了金银玉器、凤冠及丝织锦缎七十余件套[34]。值得注意的是，吴氏尸下垫六十四枚金银冥钱，与吴氏的阳寿数相同。此墓出土的纺织品是继定陵以来明代纺织品考古的又一大发现，以丝、棉、麻为主要质地，采用织金妆花等工艺制成。而吴氏身着的一套服饰与文献记载的明代制度极相吻合，是目前保存最好的一套后妃礼服。墓葬所采取的坚固密封措施以及瘗冥钱数与阳寿数相同的习俗，均可上溯到宋代的制度，可见南方的一些丧葬传统，具有极强的延承性。江西发现的还有嘉靖十九年（公元 1540 年）益端王朱祐槟、嘉靖三十六年（公元 1557 年）益庄王朱厚烨[35]、万历三十一年（公元 1603 年）益宣王朱翊引和崇祯七年（公元 1634 年）益定王朱由木墓等几座藩王墓，还发现了益恭王朱厚炫的墓志[36]。这些藩王中宁献王和益端王都是始封王，因此地面有宏大的陵园，采用大型多室砖石构墓室，出土物也很丰富。早期的两座益王墓——益端王、益庄王墓中出土文物达八百余件，仅金器就有一百五十件，重达 2.5 公斤多。另外还出土了成套的陶俑和陶明器，达二百余件。晚期的益宣王和益定王墓，采用了当地常用的墓制，为长方形并列多室石灰椁墓结构，即先用青砖构砌墓圹，棺外填石灰，顶盖大块石板，用糯米汁浇浆封顶，然后再起封土。随葬品以随身的衣饰为主，另有少量的小件金、玉器和瓷器，还有一些锡明器。湖南则清理了容定王及王妃墓，出土成套的石明器[37]。

四川成都发现的蜀王墓，最重要的当属永乐八年（公元1410年）蜀王世子朱悦燫墓。该墓由三个砖筑的纵列式筒栱券组成，包括大门、前庭、正庭、正殿、中庭、圜殿、后殿、左右两厢及耳室。墓室的平面布局与当时的王府制度相同。建筑形式上模拟了王府宫殿，以巨大的石材和琉璃构件砌成仿木建筑的门殿廊庑，细部则采用小木作装饰。墓中的贵重物品多已被盗，但保存下了一套完整的各种类型的陶俑，数量多达五百余件[38]。在成都还发掘了蜀僖王朱友壎墓、蜀昭王朱宾翰墓和另一座不见谥号的蜀王和王妃墓，也都是大型多室仿木构建筑石室墓，以出土成组的陶俑和明器为特点[39]。在成都市三环路南一段发现的弘治九年（公元1496年）蜀定王次妃王氏墓，位于蜀藩王陵墓群以外，使用了长方形前后四室券顶砖室墓，四道石门，券顶八重，四券四栿，极其坚固，墓内有彩绘的格扇门和双凤朝阳图多幅。此墓被盗，但仍出土了不少器物，特别是包括武士俑、骑马俑、乐俑和侍俑在内的一大批釉陶俑，是成都地区自宋以来墓中常见的随葬品[40]。

其他王墓还有安徽嘉山县洪武十一年（公元1378年）太祖朱元璋姐夫陇西恭献王李贞夫妇墓[41]和广西桂林尧山发掘的靖江安肃王朱经扶墓[42]。由于世系疏远，王的等级也较低，因此这两座墓均为小型多室墓，出土物也较少。不过，广西桂林东郊尧山西麓的靖江王陵区是就封二百八十年的靖江藩王的陵墓群，其中有王陵十一座，陵区广大，地面上的陵垣、石象生、享殿和其他建筑规制宏大。陵区的风水与十三陵相似，是全国保存较好的一处明藩王陵区[43]。多年来在庞大陵区范围内出土了大批明代文物，以多达三百余件的陶瓷梅瓶为其特点[44]。

考古发现的明代品官和平民墓葬已有相当的数量，不过尚无人对其进行总结，本书也无法将其——罗列。从已刊布的明墓资料，笔者仅简单总结明墓发生的几项变化和特点：

第一，各地发现的墓葬虽然还表现出一定的地方特点，但不论从南北两大区域的特点看，还是从北方和南方内部的情况看，在墓葬形制、装饰和随葬品等诸方面都出现了趋同的现象。南方长期流行的长方形不带装饰的墓室在明代成为各地主要的墓葬种类，尤其是在藩王墓葬、品官墓葬和相对应的功臣及太监墓葬中成为墓葬形制的主流。帝陵和部分较大的藩王墓在此基础上发展成了仿地面建筑的宫殿形制。这一变化始于元代，而其渊源是南方从唐宋以来形成的葬式。

第二，明代墓葬更注意墓室的坚固性和密封性，往往采用多重棺椁，用各种方法密封防腐，加上时代比较晚近，因此，在明墓中发现的未腐烂的墓主尸体和不易保存的丝织品、衣物、竹木漆制品以及书画、文具较多，为文物研究提供了大量而翔实的资料。

第三，明墓中再次风行厚葬的习俗。墓中的随葬品虽然各地有所不同，但有几类器物很有特点。第一种是一套俑，质地有陶、釉陶、瓷、锡、铜等，数量从几个到数百个不等，包括侍俑、乐俑、仪仗俑和一些畜俑，有些还随葬庄园、谷仓等模型。此为明墓的一大特色。这类随葬品在南北方具有相当的一致性，而且从质量上并无很大差别。高者如定陵中的这类俑并不显得多精美、高级；低者如一般的平民、士绅，数量和质量也并无很大差别。第二种是一套近似实用器物的明器，质地有铜、锡、石、木等，内容包括器皿和家具等。这类器物的渊源应至少可上溯到唐代，而到明代其供器的特征更加明显，许多情况下置于墓内砌建的供台上。第三种是各类日用器具。这类随葬品的差别最大，数量、质地、种类千差万别，应该是反映了墓主人的地位和富有程度乃至爱好与习俗。如果墓主人比较富有，可能有大量的金银制品、高档的丝棉纺织品等。有些墓葬则随葬了墓主人生前喜好的收藏和文玩，也有些墓葬仅随葬几件陶瓷器。不过，就一般情况而言，随葬以金银器为代表的高档用具的墓葬比此前的历代都要普遍，单个墓葬中随葬的数量也相当惊人。

第四，明墓由于发现的数量较多，各阶层人士的都有，可以看出明显的差别。这种差别似乎既反映等级，又反映富有程度，但却很难看出这种差别所体现的制度规定。总的看，明墓中的礼制更加淡漠，更加模糊。

第五，明墓中的装饰普遍衰落，即便是残存的少量装饰，也很少具有此前墓内装饰所表现的出行、伎乐和孝行等带有某种含义的题材，仅仅表现花卉、云鹤等装饰图案和吉祥图案。这也可以看作是明墓与宋以来南方地区墓葬趋同的表征。

注　释

[1] 徐苹芳《明皇陵和祖陵》，《中国大百科全书·考古学》，中国大百科全书出版社1986年版。

［2］张正祥《明祖陵》，《考古》1963 年第 8 期。

［3］南京博物院等《江苏盱眙县明祖陵考古调查简报》，《考古》2000 年第 4 期。

［4］罗宗真《明孝陵》，《中国大百科全书·考古学》。

［5］《北京西郊董四墓村明墓发掘记——第一号墓》、《北京董四墓村明墓发掘续记——第二号墓》，《文物参考资料》1952 年第 2 期。

［6］《北京市考古五十年》，《新中国考古五十年》，文物出版社 1999 年版。

［7］桂林市文物工作队《明靖江王十一陵述略》，《广西文物》1987 年第 2 期。

［8］（明）顾炎武《昌平山水记》，卷上北京古籍出版社 1982 年版。

［9］王岩《明十三陵边墙山口查勘记》，《考古》1983 年第 9 期。

［10］《明史》卷六十《礼志十四·凶礼三》，中华书局标点本 1974 年版。

［11］（清）梁份《帝陵图说》卷二，长陵条，南京图书馆藏清抄本。

［12］赵其昌《定陵发掘始末》，《文物天地》1985 年第 2 期。

［13］王岩《明定陵营建大事记》，《定陵》附录二，文物出版社 1990 年版。

［14］中国社会科学院考古研究所等《定陵》，文物出版社 1990 年版。

［15］刘敦桢《明长陵》，《刘敦桢文集》（一），中国建筑工业出版社 1982 年版。

［16］《昌平山水记》卷上，10 页，参见注［八］。

［17］王岩、王秀玲《明十三陵的陪葬墓——兼论东西二井陪葬墓的墓主人》，《考古》1986 年第 6 期。

［18］（明）蒋一葵《长安客话》，北京古籍出版社 1980 年版。

［19］河南省博物馆等《新乡市郊明潞简王墓及其石刻》，《文物》1979 年第 5 期。

［20］《同心县任庄村明代王陵》，《中国考古学年鉴·1984》，文物出版社 1984 年版。

［21］山东省博物馆《发掘明朱檀墓纪实》，《文物》1972 年第 5 期。

［22］鲁波《济南市五峰山发现明德王墓》，《文物》1994 年第 5 期。

［23］郑州市博物馆《荥阳二十里铺明代原武温穆王壁画墓》，《中原文物》1984 年第 4 期。

［24］洛阳市文物工作队《洛阳东花坛三座明代墓葬》，《中原文物》1984 年第 3 期。李秀萍等《沁阳市出土的朱载堉残碑》，《华夏考古》1991 年第 4 期。

［25］郭勇、杨富斗《明晋裕王墓的清理工作》，《文物参考资料》1956 年第 6 期。《山西太原七府坟明墓清理简报》，《考古》1961 年第 2 期。

［26］《长安四府井村明安僖王墓清理简报》，《考古通讯》1956 年第 5 期。

［27］钟祥县博物馆《钟祥县明显陵调查记》，《江汉考古》1984 年第 4 期。襄阳市考古队等《明襄阳王墓调查》，《江汉考古》1999 年第 4 期。

［28］付守平《明代楚昭王朱桢墓发掘简报》，《江汉考古》1992 年第 1 期。

[29]《湖北钟祥明代梁庄王墓》,《2001 中国重要考古发现》,文物出版社 2002 年版。

[30] 荆州地区博物馆等《江陵八岭山明代辽简王墓发掘简报》,《考古》1995 年第 8 期。湖北省文物考古研究所《五十年来湖北省文物考古工作》,《新中国考古五十年》,文物出版社 1999 年版。

[31] 小屯《刘娘井明墓的清理》,《文物》1958 年第 5 期。

[32] 荆州地区博物馆等《江陵八岭山明王妃墓清理简报》,《江汉考古》1988 年第 4 期。《蕲春县西河驿石粉厂明墓清理简报》,《江汉考古》1992 年第 1 期。

[33] 陈文华《江西新建明朱权墓发掘》,《考古》1962 年第 4 期。郭远谓《南昌明宁康王次妃冯氏墓》,《考古》1964 年第 4 期。

[34]《南昌宁靖王夫人吴氏墓》,《2002 中国重要考古发现》,文物出版社 2003 年版。

[35] 江西省博物馆《江西南城明益王朱祐槟墓发掘报告》,《文物》1973 年第 3 期。江西省文管会《江西南城明益庄王墓出土文物》,《文物》1959 年第 1 期。

[36] 江西省文物工作队《江西南城明益宣王朱翊引夫妇合葬墓》,《文物》1982 年第 8 期;《江西南城明益定王朱由木墓发掘简报》,《文物》1983 年第 2 期。彭桂容《南城发现明代益恭王朱厚炫夫妇墓志》,《中国文物报》1988 年 4 月 1 日 2 版。

[37] 高至喜《湖南古代墓葬概况》,《文物》1960 年第 3 期。

[39] 成都明墓发掘队《成都凤凰山明墓》,《考古》1978 年第 5 期。

[40] 薛文《明僖王陵及明蜀藩王墓群简介》,《成都文物》1986 年第 4 期。成都市博物馆考古队《1991 年成都市田野考古工作纪要》,《成都文物》1992 年第 1 期。谢涛《成都发掘锦门区琉璃乡潘家沟村明蜀王及王妃墓》,《中国文物报》1998 年 2 月 22 日。

[41]《明蜀定王次妃王氏墓》,成都市文物考古研究所编著《成都考古发现(1999)》,科学出版社 2001 年版。

[42] 吴兴汉《嘉山县明代李贞夫妇墓及有关问题的推论》,《文物研究》第 4 辑,黄山书社 1988 年版。

[43] 广西壮族自治区文物工作队《三十年来广西文物考古工作的主要收获》,文物编辑委员会编《文物考古工作三十年》,文物出版社 1979 年版。

[44] 桂林市文物工作队《明靖江王十一陵述略》,《广西文物》1987 年第 2 期。

[45]《靖江藩王遗粹——桂林博物馆珍藏明代梅瓶》,上海人民美术出版社 2000 年版。

十　宋元明制瓷手工业的考古
发现与研究

　　宋元时期无疑是中国古代陶瓷器生产的黄金时期。在商品
经济快速发展的强烈影响下，各种不同的制瓷传统蓬勃兴起，
并且都得到了较充分的发展。在商品生产中，为了竞争的目
的，新的工艺技术层出不穷，技术的传播和相互影响十分活
跃，形成了丰富多彩、百花齐放的局面。这种情形是唐代那种
较单纯的可以用"南青北白"来概括的局面所不及的。元代以
后，景德镇成为全国的制瓷业中心，工艺技术的发展一枝独
秀，亦显得单调，在生产传统的多样性方面也无法与宋代相
比。从另一个角度说，在宋元明考古当中，由于其可操作性，
对这个时期的瓷窑遗址所开展的考古工作，尤其是主动的考古
发掘最多，研究也达到了相当的深度[1]。

## （一）多彩多姿的宋代制瓷业

　　宋代是中国历史上经济非常发达的时期。手工业生产欣欣
向荣，陶瓷生产也达到了空前的繁荣。主要表现在以下几个方
面：

　　①以商品生产为目的的民间窑场普遍增加。原来没有烧瓷
历史的东北、西北和西南的许多地点相继设窑烧造瓷器。老牌
的瓷器生产地区继续繁荣，并有了新的发展。过去制瓷业比较
薄弱的北方地区和南方沿海地区瓷窑数量激增，大有超过老中

心的趋势。目前发现的宋代烧瓷窑场遍布二十多个省、市、自治区的近一百五十余个县、市，每县、市的窑场少则几处，多的达到几百处[2]。总体上说，南北方同时繁荣，各擅其长，形成了不同于隋唐时期的新的瓷器生产格局。

②为了竞争的目的，各地纷纷发明和采用新的工艺技术，形成了各处独有的特点。同时，各地的窑场又互相学习，工艺技术互相渗透，表现出新技术、新工艺传播推广的速度极快。在相近的地区或原料条件相似的一定区域内，众多的窑场常常以生产面貌相同的瓷器为主，从而形成了在一定的地域具有相似风格的不同制瓷传统和许多以某些特定的制瓷传统为主要产品的生产区域。

③宋代商品生产的发展促进了陶瓷外销的发展。陶瓷的大规模外销始于晚唐，到南宋和元代达到了高峰时期。外销的情况也在不断变化，即从晚唐五代到宋初时的各地产品均用于出口，变为以景德镇和龙泉两地的产品为主，其他地区的产品少见或没有[3]。外销的大量增加一方面增加了瓷器的需求量，刺激了制瓷业的发展；另一方面，国外的需求和文化影响也给中国的制瓷业带来了一些新的文化因素和创作动力。

宋代制瓷业的繁荣兴盛，既有陶瓷生产长期发展和工艺技术积淀而形成的历史条件，也有宋代这一生产开放和文化发达的社会造成的特有动力。属于历史条件的大约有两条：

第一，中国从东汉晚期在浙江的曹娥江流域生产出成熟的瓷器[4]，经过数百年的发展，约在北朝晚期到隋代（公元6世纪）在今河北邢台的邢窑、河南安阳的相州窑和河南中部的巩义市创制了白瓷[5]。到唐代，以邢窑为代表的白瓷生产已相当成熟，形成了"南青北白"的生产格局。这从工艺技术方面为宋代陶瓷生产的繁荣作好了准备[6]。宋代制瓷业又在技术上有进一步的创新。最重要的革新有三项：① 在北方地区从北宋中后期开始采用煤为燃料烧瓷。这项技术首先在生产水平较高的少数窑场采用，到金代在整个北方地区和四川地区普及了[7]。这项创新解决了北方地区制瓷业燃烧不足的严重制约因素，使北方的制瓷业蓬勃发展起来。② 装烧技术的改进。随着以煤为燃料的技术的采用，首先在定窑开创了覆烧工艺，即以盘、碗或环形的支圈承托器物的口部烧制。这种方法既节省窑炉的空间，增加了产量，又使非常薄俏的器物得以烧成，防止了变形[8]，还对规范瓷器的大小有重要作用。因此，这项技术一经发明，在南北方推广普及的速度极快。③ 高温彩釉的创制。这项技术大约在北宋末期首先在河南禹州的钧窑创造。钧窑主要烧造单色的天青色釉器物，窑工们在釉中有意添加了氧化铜，在特定烧成条件下就烧出了红色的彩釉。这是元明以后逐渐成为主流产品的彩釉瓷的滥觞[9]。

第二，从唐代后期开始，陶瓷已由高档消费品变为一般平民皆可使用的普通用品。唐代中期以前，瓷器主要发现在品官或高级品官的墓葬中。除了瓷器产区附近，平民墓基本不见瓷器出土。从晚唐开始，中、小型墓葬中开始普遍发现瓷器。例如，在西安南郊唐长安城廓城启夏门外发现了一批晚唐时期的土洞墓，被认为是长安城内的平民或下层官吏墓葬。这些墓中大多随葬瓷器，每墓多者八九件，少者三四件[10]。在山西长治宋家庄砖场也发现了一批晚唐墓。这些墓位于唐上党郡治所潞州城外，是城中官吏和平民的墓葬群。这些墓中也出土了众多的瓷器[11]。另外，中晚唐时期，各地的窑址也开始大量增加[12]。这些情况都表明了瓷器使用的普及。唐代晚期开始在南北方流行的饮茶风气，使瓷茶具的需求激增，也刺激了瓷器的生产。还有一个重要的因素，就是从晚唐开始，随着商品经济的发展，对钱币的需求日益增加。为了更多的铸钱，五代以后的一些帝王不断禁止民间制作甚至使用铜器，销铜铸钱。据《资治通鉴》卷二九二《后周纪三》记载：（世宗显德二年）"帝以县官久不铸钱，而民间多铸钱为器皿及佛像，钱益少。九月，丙寅朔，敕始立监采铜铸钱，自非县官法物、军器及寺观钟磬钹铎之类听留外，自余民间铜器、佛像，五十日内悉令输官，给其直。过期隐匿不输，五斤以上其罪死。"同时鼓励"以瓦代铜"[13]。以上这些因素有力地推动了陶瓷生产。

宋代特定的社会政治、经济情况对制瓷业产生的影响主要体现在两方面：

第一，制瓷业内部的关系。由于宋代是一个商品生产高度发达的社会，因此宋代在瓷窑的内部组织关系方面大体形成了民窑（私窑）、官窑和御窑三种不同的形式。由于这三种不同形式的窑场产品所供给对象不同，对器物的质量要求就有所不同，甚至产品的用途也有所不同。因此，产品各具特点。同时，各窑场之间又相互学习，取长补短。这是形成宋瓷丰富多彩和快速发展的重要条件。

第二，北宋从建国之始就推行文治政策，加上完善的科举选官制度，造就了强大的士大夫阶层。这个阶层具有较高的文化素养，一时被称为文化的旗手。他们追求高雅的艺术品味，使北宋时期清雅的艺术风格成为主流。同时，北宋又是经济高度发达的时期，商品经济的发展直接导致了城市经济体系的形成，市民阶层也随之产生。其居住集中和联系广泛的特性，使他们对文化艺术具有特殊的爱好和追求。因此，北宋文化艺术形成了士大夫的清雅艺术和庶民艺术两个层面。瓷器艺术的发展就体现了这两个层面的需求。划、刻、印花等单色装饰和素面单色釉器物等主要以官窑御用器为代表的"雅器",造型庄重典雅,釉色单纯,尤尚青色,纹饰简洁,追求古铜玉器神秘庄严的艺术效果。这种幽玄苍古、趣味高雅的艺术风格,充分反映了宋代上流社会的审美趣味。彩绘装饰和彩釉瓷器多数是民窑的产品,与官窑迥然不同,造型灵活多变,讲究实用功能。如磁州窑生产的瓷枕和吉州窑的剪纸贴花装饰,颇受广大城乡民众的欢迎。这些所谓的"俗器"色彩强烈明快,纹饰丰满富丽,情调热情奔放,花纹图案多含吉祥寓意。这种刚健清新的艺术风格,充分体现了广大民众的真实情感。

## (二) 宋元时期制瓷业发展的区域性

宋元陶瓷业如此繁荣兴旺,故而成为陶瓷考古和研究的重点,数十年来开展了大量的考古工作,取得了重大的成果,解决了许多疑案。然而,从总体上把握宋元时期陶瓷生产的体系,仍然欠缺。人们谈起宋元瓷器,言必称"五大名窑"、"六大瓷系",然而这两个概念都是在特定的条件下形成的。前者是从古代开始的收藏观点出发而形成的,反映的是人们的喜好和瓷器的稀缺程度。后者则是 20 世纪 70 年代以前以调查为主的考古工作基础上形成的,代表的是瓷器品种,而非生产状况。因而这两个概念都不能很好地概括宋元时期瓷器手工业的总体发展状况,甚至会造成一些不必要的混乱。从考古学研究的角度出发,就显得不太合适。

如将宋元时期陶瓷生产从几个生产区域来考察,发现各个区域的生产具有相当一致的发展进程和规律性，产品面貌也具有相当强的共性。这种共性又很大程度上体现在瓷器品种和装饰工艺的创新、发展和传播上。同时，某些瓷器品种和装饰工艺的兴衰又体现了古陶瓷生产重心的建立、发展和转移。

**1. 北方地区**

宋元时期北方地区的制瓷业大体可分为五个区域（图三九）：

①河南省中西部地区到关中地区。包括河南省鲁山、宝丰、禹州、颊县、汝州、新密、宜阳、新安、巩义、荥阳等地的诸窑场和陕西铜川耀州窑。这些窑场曾被分别划入耀州窑系、钧窑系和磁州窑系。

这一区域的特点是制瓷原料都比较差，成品的胎较粗并且胎色较深，因此需要生产具有掩饰性的釉色和装饰的器物。此区的产品主要有豆青釉瓷、白化妆瓷、天青釉钧瓷、黑瓷和三

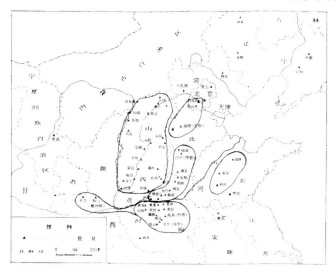

图三九　宋元时期北方地区制瓷业分区图

彩器。几乎每个窑都在不同时期生产上述几类瓷中的几种，交叉生产的情况极普遍。如果以北宋中后期、金代后期为界，可以将此区的窑业生产分为三段：早期以白化妆瓷为主要产品，但仿金银器的工艺创制了一些精美瓷器的装饰方法，如在白瓷上施以刻花、剔花和珍珠地划花等装饰，加上少量釉色清纯的青瓷器，构成了这个时期精品瓷器的组合；中期变为以豆青釉瓷为主，青瓷的生产达到了高峰，产品以所谓雅器最引人注目；晚期则以钧瓷和制作粗糙的白地黑花为主。

此区兴起于晚唐时期。由于其位置正处于南方供给输往长安的交通线上，与越窑等当时最发达的窑场有较密切的联系，因此发展较早，工艺水平较高。北宋前期以高质量的划花、剔花和刻花白瓷，刻、印花或素面青瓷，珍珠地划花瓷和低温三彩器构成其精品瓷器的组合，特点是生产水平较高，精品瓷数量多。北宋时这一区域地近东、西两京，统治阶层的需求和喜好往往较直接地传达到这里，因而此区以生产适合统治者品位的精品雅器为特点。北宋后期，产生了代表当时最高水平的汝窑、北宋官窑和仿汝窑的钧窑，成为这一时期全国制瓷业的中心区域。金元时期流行天青釉红斑瓷、白地黑花瓷和印纹模糊、釉色晦暗的青釉刻、印花瓷。钧釉的乳浊性有较强的掩盖作用，烧制简单，不用加饰各种装饰，对胎质的要求不高。而白地黑花瓷由于施用了化妆土，也同样具有较强的遮盖性。因此，这两类瓷器的流行是制作粗率的表现，体现了衰落的特征。河南中西部地区在北宋时期曾给予周围的磁州窑、山西地区窑场和山东地区窑场以较强烈的影响。北宋晚期和金元时期则吸收了定窑、磁州窑的一些装饰工艺。

②太行山南段东、南麓地区。以河北磁县磁州窑、河南修

武当阳峪窑和鹤壁集窑为代表，始终以化妆白瓷为主体产品，一向被认为是磁州窑系的中心区域，但豆青釉瓷、仿定瓷和三彩器都曾在某些时段生产过，元代时也曾较多地生产钧瓷。这一区域的瓷业兴起较早，北朝到隋曾是北方地区最重要的制瓷中心，邢窑、相州窑和磁县贾壁窑曾是早期的代表性窑场。唐代时中落，其再度兴起始于晚唐或宋初，而其兴盛从北宋后期时开始，金代后期、蒙古时期到元初为其繁荣时期。

　　北宋初期，这一区域受到河南中西部地区和定窑的强烈影响，生产白釉划花、白釉酱彩和白釉绿彩瓷。由于此区的主流产品是白化妆瓷，因此在以化妆土为基础的装饰技法上着意发挥，强调了黑白对比，首创了珍珠地划花和白釉剔花装饰，成为化妆白瓷生产的代表。从北宋后期开始，其自身的特点逐渐显现出来，白釉酱彩在此区达到了繁荣的顶峰，白釉剔花也首先在此区繁盛，继而流布于整个北方地区。白釉黑剔花、白地黑花和釉上红绿彩装饰都首创于这一地区。金代后期这些装饰以及低温三彩器都在此区达到了生产的高峰时期。金代最精美的产品大都生产于此区。这种传统又反过来对周边地区产生较大的影响。如以单色精细白瓷为主要传统的定窑，从北宋晚期始也仿磁州窑生产白釉酱彩、白釉黑剔花和白地黑花器。

　　磁州地区在金代的繁荣，一方面是因为装饰传统比较适合于女真统治者的口味和当时占上峰的庶民艺术的需求，另一方面磁州窑的地理位置比较接近当时的政治文化中心——金中都。其产品可以通过漳河经御河、卫运河，进入卢沟河转运中都。它是运输上最便捷的地点，甚至超过定窑。因此，其取代了河南中西部地区的地位，成为金代北方地区制瓷业的中心。

　　③以河北省定州为中心的区域。包括定窑、井陉窑、山西

的平定窑和辽朝南部地区的窑场。以划、刻、印花的精细薄胎白瓷为典型代表。由于此区原料精良，工艺先进，自晚唐、五代起产品就一直具有较高的质量，部分产品用于贡御，因而产生了较大的影响。产品的风格始终比较单一。北宋晚期以后曾生产过一些白釉酱彩、黑剔花、白地黑花瓷和三彩器，但始终产量很小，是附属产品。

定窑的产品精美细腻，始终具有较高的工艺水平，因此自五代至金代一直为宫廷和官府生产高档器物。其影响远达江南的景德镇和湖南、湖北的广大地区。但在装饰工艺方面，定窑始终没有什么创新，保持着单色的传统。因此，当元代彩绘瓷成为装饰主流以后，定窑的传统就迅速衰亡了。

④山西地区。此区资源丰富，窑场众多，地理环境相对封闭，制瓷业产生于唐代，生产工艺受定窑、磁州窑、当阳峪窑及耀州窑等周边地区的影响，产品兼收并蓄，面貌丰富多彩。但在工艺上相对滞后于周围地区，各种装饰工艺的吸收和延用都比周围地区晚一个阶段。元明时期，此区的制瓷业在北方地区相对比较发达，霍州窑成为元代时北方地区生产最精细的瓷器产地，尤以三彩和法华器为著名。

⑤山东地区。产地集中在淄博、枣庄和泰安一线。此区制瓷业产生得很早，从北朝延烧至元。但这一区域的器物始终缺乏精品，装饰先后受南方地区、河南中西部地区和磁州窑的影响，极少有创新工艺。属于陶瓷生产主体区域的边缘地区。

**2. 南方地区**

南方的区域性表现得不如北方明显，但亦可分为四个小区：

①长江下游地区。这里是中国古代瓷器的老牌产区和生产

中心区域。青瓷生产的传统可以上溯到商周时期。宋元时期依然是全国青瓷生产最重要的中心。不过,青瓷生产的地点在这一区域内有转移。从晚唐、五代到北宋早期,是越窑生产的高峰时期,产品质量在全国首屈一指,产品用于贡御。越窑的制瓷工艺技术对周边地区乃至北方的窑场影响很大,因此在北宋早期以前是全国的制瓷业中心。北宋中期以后,越窑迅速衰落。其原因大约是河南中西部地区精美的产品取代了越窑的高端产品。南宋初年,当朝廷短时间定都绍兴时,曾下令让绍兴府烧制用于南郊大礼的祭器,越窑又有过短时间的兴盛,随后就迅速衰亡了。约从北宋中前期开始,另一个青瓷生产中心的龙泉窑开始了烧制。北宋时龙泉窑还只是一个学习越窑生产青瓷的普通窑区。南宋时期,当越窑衰落以后,龙泉窑得到了迅速的发展,窑场数量急剧增加,产量极大,传播范围广远。由于其技术上采用了厚釉的工艺,故而生产出釉色姣美的厚釉青瓷器,成为中国古代青瓷生产达到高峰的典型代表。其产品远销全国,北到黑龙江,西到四川,都大量发现龙泉窑瓷器。同时,它还大量输往海外,是最重要的外销产品之一。龙泉窑作为继越窑而起的青瓷产地,南宋和元代是其最兴盛的时期,一直延烧到明清。

长江下游地区是传统的青瓷生产区域,但在宋代也曾生产过白瓷和青白瓷,代表窑场有安徽繁昌窑和浙江临安天目窑。这是北宋时期南方地区生产白瓷和青白瓷整体环境的反映。

②长江中游地区。此区也是中国最古老的制瓷区域之一,湖南的湘阴窑和江西的洪州窑都是最早的青瓷产区,因此直到唐代这里一直以生产青瓷为传统。入宋以后,此区成为以生产青白瓷为主的瓷器产区。五代到宋初时部分窑场开始生产白

瓷，北宋中期普遍生产青白瓷，并且成为青白瓷生产的中心区域。江西景德镇在这一时期得到快速发展，产品质量最高，新的制造技术和装饰技术多不断出现，周边地区密集地分布着众多的窑场，文献记载在宋代还曾贡御。湖北省也发现了相当多的生产青白瓷的窑场，不过其生产时间并不长，到南宋时就基本停烧了。江西的窑场则持续发展，数量增加，分布区域扩大，直到元代。从南宋后期到元代，江西吉安吉州窑开始较多地生产白瓷和黑瓷，尤其以彩绘白瓷和加施各种装饰的黑釉瓷器为特点，对后来的制瓷业产生较大影响。元代官府在景德镇设立了浮梁瓷局，生产御用瓷器，逐渐成为了全国的制瓷业中心。元代后期，景德镇创制了青花瓷器，以后逐渐成为瓷器生产的主流，但终元之世，青白瓷一直是这个区域的主要产品。湖南省也发现了大量宋元时期的窑址。湖南的长沙窑在晚唐到五代时期曾经名噪一时，对周边和后世的影响都很大。从考古发现和研究可以看到，湖南从以生产青瓷为主，发展到青瓷与青白瓷混合生产，南宋后期到元代流行青瓷上施加彩绘的瓷器。这种状况与广西东北部地区的许多窑场情况相似，可以看作是一个小的生产区域。这个小区不是瓷器生产的主要区域，产品主要供当地使用，影响来自中原、广东和江西。

　　③福建和广东虽然产品种类并不完全相同，但仍可视为一个区域。此区瓷器手工业的发展与中国海外贸易的发展息息相关。广东省，包括广西的部分地区，制瓷业发展较早，唐代到五代时期以生产青瓷为主，产品的质量不断提高，五代时其精品的质量仅稍逊越窑一筹。五代时这里受到长沙窑和岳州窑的影响，开始生产青釉褐彩瓷。北宋时期又出现了青白瓷和白瓷，窑址的数量迅速增加，是广东瓷器生产最繁盛的时期。典

型的代表有广州西村窑、惠州窑和潮州笔架山窑。这些窑址都
分布在江河和沿海地区，产品较多地用于外销，也有一些供当
地使用的佛像和日用品。西村窑生产的青釉褐彩瓷比北方磁州
窑的白地黑花瓷发展得还要早，与长沙窑一脉相承，有自己独
有的发展脉络。其生产的刻花兼彩绘的青瓷器是此区最精美的
产品。较多地在海外发现，是用于外销的重要产品。青釉刻花
瓷的风格与耀州窑十分相似，但在工艺、技术上看不出有直接
的联系。南宋以后，广东的制瓷业开始衰落，窑址数量减少，
产品仍以青瓷、青釉褐彩瓷和青白瓷为主，但质量有所下降，
海外发现的广东产瓷器也以一种釉色暗淡的青釉彩斑瓷为多，
器形很大，应是作为容器输出的。广东瓷业在南宋以后的衰
落，与广州港的外销地位大部分被泉州港所替代有关。

　　福建省制瓷业的发展比广东要晚，北宋以后才真正兴起。
其影响分别来自于浙江、江西和北方地区。因此，其主要的产
品也分别是仿龙泉窑的青瓷、青白瓷和青釉彩绘瓷及彩釉瓷，
后两者的影响似乎是通过海路从北方地区传来。闽南磁灶窑的
许多产品与金代磁州窑的产品非常相像，应是很好的证明。福
建的制瓷业主要兴盛于南宋到元代，窑场的分布多在沿海地
区，尤其在重要的港口附近。其产品以外销为主，这些窑场通
常也被称为外销瓷场。福建最有地方特色的是建阳建窑生产的
黑釉瓷器，其质量很高，适合斗茶。从文献记载到考古发掘的
出土品都可以证明建窑用于贡御，也被文人雅士们所追捧。长
江下游地区南宋时期的墓葬中常常有建窑茶盏出土，应是很好
的证明。其工艺技术对各地产生的影响很大，也被某些学者称
为建窑系。福建的制瓷业从南宋时兴盛，此后长盛不衰，直到
明末。明代时漳州生产的红绿彩瓷、三彩瓷和青花瓷大量输往

海外，成为很有特色并销量很大的一类外销瓷。德化生产的白釉瓷在明清时期成为最重要的一类外销瓷。

④川渝地区。此区制瓷业的产生可以上溯到南朝至隋，唐代得到全面的发展，主要生产青瓷、青釉褐绿彩瓷和三彩瓷器，以成都青羊宫窑、邛崃什方堂窑和江油青莲窑等为代表。其中青釉褐绿彩瓷的生产比长沙窑还早，晚唐、五代时开始生产一些白釉和黑釉瓷器。入宋以后，青釉褐绿彩瓷衰落。北宋早中期，产品仍以青瓷为主，黑瓷、白瓷的生产得到发展。从北宋中后期开始，产品结构发生了改变，白瓷的生产逐渐兴盛，黑瓷的生产也得到较快的发展。以生产白瓷、黑瓷为主的重庆涂山窑、彭州市磁峰窑、都江堰市金凤窑和广元窑等窑场兴起。一个主要的特点是在各窑场中，广泛地使用馒头窑，龙窑基本被取代了。到了南宋中晚期，黑瓷成为最主要的产品，在一些窑场中几乎成了唯一的产品。可以看到，此区的制瓷业可明显地分为两个系统。早期是以生产青瓷为主的南方的制作体系，工艺和产品都与湖南和浙江的窑场联系密切。从北宋晚期开始，川渝地区的窑业转变为北方的体系，从窑炉、窑具到产品，无不与陕西耀州窑和河南中西部地区的窑场有千丝万缕的联系，尤其在用煤烧瓷的技术推广中扮演了重要的角色。川渝地区的窑业从元代衰落，明以后就仅生产粗重的日用器物了。总体上看，川渝地区制瓷业的高峰期在晚唐、五代时期，部分高档产品还可能用于外销。此后，就主要供应本地市场了。特别值得注意的是在四川宋元墓葬和窖藏中，发现了数量众多并十分精美的龙泉窑青瓷和景德镇生产的青白瓷。这表明其精品市场主要为外来的精美瓷器所占领。

## （三）宋元时期制瓷业发展的阶段性

陶瓷手工业在宋元时期经历了四个发展的高峰阶段：

①晚唐、五代到宋初的阶段。其标志是越窑、定窑和耀州窑的生产水平达到了一个新的阶段。越窑达到了高峰时期，定窑和耀州窑进入了成熟时期。划花、刻花装饰成熟并迅速发展，印花装饰开始应用于碗盘的内壁，北方地区白釉酱彩和白釉绿彩普遍流行，珍珠地划花和白釉剔花装饰创制出来。长江中游地区的长沙窑在这一时期发展了丰富多彩的釉上彩绘，并盛极一时。总体上表现为南方地区的制瓷业走向式微，而北方地区表现出极强的发展势头。

②北宋神宗熙宁年间到北宋末（公元 1068－1127 年）。这个时期是陶瓷手工业整体上成熟的时期。其表现为瓷器装饰不再效仿其他手工业品，开创并发展了适合于瓷器自身特点的装饰。南方的越窑已经衰落，龙泉青瓷和以景德镇为代表的青白瓷生产传统尚属初创时期。北方地区的制瓷业则蓬勃发展。在装饰上的体现是印花装饰和白釉剔花装饰的成熟和普及，白釉黑剔花、白地黑花装饰创制并迅速发展，适合于陶瓷器的各种纹饰图案逐渐发展成熟。北方的以汝窑和北宋官窑为代表的河南中西部地区、定窑、耀州窑都处于极盛期，磁州窑进入了快速发展时期。这一时期是宋代丰富多彩制瓷传统的形成时期。

③南方地区在南宋的早中期，北方地区从金大定年间到蒙古军队入主中原的时期。南方的龙泉青瓷和青白瓷的生产都达到了高峰时期，质量精良，釉色优美，产地迅速扩大。瓷器的

商品化生产有了新的发展，龙泉窑青瓷和景德镇青白瓷在全国各地乃至北方的金源内地发现，销售的范围极广。这时也是瓷器外销高速发展的时期。北方地区则各种装饰都进入了繁荣时期，尤其以白地黑花饰的成熟和繁荣、釉上红绿彩装饰的产生和迅速普及为代表。这一时期定窑、耀州窑和河南中西部地区仍保持繁荣，产品种类更为丰富。磁州窑和山西地区则达到了生产的高峰时期，形成了反差强烈、潇洒飘逸的装饰风格。

④元代后期，主要是公元 14 世纪前半叶。这一时期北方地区有些窑场仍有发展，整体上尚属繁荣，但已失去了创新的活力，呈现出衰落的趋向。南方地区的发展则以景德镇为代表。元朝初年，官府在景德镇设置浮梁瓷局，成为官府控制的瓷器生产区域。由于元朝所推行的匠户制度，使一部分人在此固定地从事制瓷生产。又因其担任向朝廷提供御用和官府用瓷器的任务，因此有充足的人力、物力，生产不计成本，也有可能将其他地区的工匠"拘刷"来此，形成了技术力量和工匠的集中，从而使景德镇窑从宋、金时期全国众多窑区中的一个脱颖而出，逐渐成为制瓷业的产业中心。元代后期，景德镇的制瓷业出现了官府定烧、饶州路总管督办、民间烧制的贡瓷制度。这种制度放松了匠户的人身依附关系，有利于工匠学习其他窑场的工艺技术，创制新产品。元代中后期，景德镇创制了卵白釉、青花、釉里红瓷器和红绿彩瓷。这几种装饰代表了印花、釉下彩绘和釉上彩绘几类，其直接仿自金元时期北方最盛行的三种瓷器：定窑的白釉印花瓷、磁州窑的白地黑花瓷和红绿彩瓷器，并成为明清时期最流行的青花瓷和彩瓷的滥觞。

## （四）从"御窑厂"到"克拉克"瓷
### ——明代制瓷业的主要成就

20 世纪对明代瓷窑址进行的发掘和调查，除了御窑厂遗址，只有景德镇民窑、德化窑、漳州窑、宜兴窑、玉溪窑等不多的几处。明代是中国古代瓷器制造业的又一个高峰时期。一方面表现为以御窑厂为代表的官作瓷业的发达和技术的先进，引导并促进了景德镇乃至全国制瓷技术的进步；另一方面则表现为以德化窑、漳州窑、宜兴窑、玉溪窑等为代表的具有地方特色的瓷业生产格局的形成。

①景德镇官窑。对明代御窑厂遗迹的考古发掘与研究，始自 20 世纪 70 年代初，并初步整理清楚了珠山北麓的地层关系[14]。其后伴随城市建设，又先后发现了珠山东北部成化的堆积层[15]、珠山东麓宣德期文化层、珠山中路永宣期瓷片堆积、中华路洪武至宣德时期的文化层、东司岭宣德期文化层和宣德时期的窑炉以及晚于宣德的窑炉遗迹两处[16]。不仅确定了明代御窑厂的范围，也为研究明代御窑的生产工艺及成就提供了考古材料。

御窑窑炉除了文献所说的分色窑、青窑、缸窑、匣钵窑，更重要的是了解了宣德时期的窑炉是马蹄形半倒焰式窑，几座窑炉并连也是御窑厂的建窑特色。同时，色窑的体量要比其他窑炉小得多。小窑容易控制窑室内温度和气氛。这既是烧、砌技术的进步，也是色釉名品烧制成功的保证。同时筒式套钵和用瓷土制成的匣钵、钵盖、垫饼的组合套装法开始普及，使得高质量的御用瓷生产成为可能。

在官府窑场的体制方面，有关御窑厂的初建时间一直是争论的焦点。御窑旧址出土的带有"监工浮梁县丞赵万初"铭记的板瓦显示[17]，直到洪武四年景德镇上贡瓷器的生产仍旧是由饶州浮梁县的地方官负责，和湖田窑出土的"浮梁县丞臣张昂措置监造"铭瓷器[18]显示的烧造体制相同。这说明最起码到明朝初年，景德镇的官府瓷业烧造仍然是沿袭传统的官窑旧制，而没有独立的御窑厂出现。文献所说洪武二年在景德镇出现的官窑[19]，应该就是指这种由地方官管理的官府窑场。而从永乐时期开始，在瓷器上不仅继续存在传统的识铭方法，也出现了暗刻或用青花书写的"永乐年制"四字篆款。前者自然是对旧制的延用，后者无疑是一种新制度的产生或萌芽。至宣德朝，除了篆体的"宣德年制"四字款，楷体四字款也出现在瓷器上。同时，"大明宣德年制"六字楷体规矩年款也开始出现，并由此形成明清两代御窑产品的常规。仅就铭记、规识的发展规律看，从宣德朝开始官府窑场的管理应该与其前有所不同。这也许正是文献记载的皇帝直接派人督陶[20]的新制度在瓷器书铭、识款方面的表现。

御窑厂的另一大成就是在釉色品种方面的创新或者是对旧有釉色品种的发扬光大。其中以青花、釉里红两种最著名，其他还有祭蓝、翠蓝釉、鳝鱼黄。可列为创新品种的则有祭红釉、铁红釉、仿哥釉、乌金釉、五彩、斗彩、浇黄釉、素三彩、甜白、天青釉等[21]。

②景德镇民窑。景德镇各处的民窑在明代除了烧制传统的品种，仿烧官窑青花是其特征。从实物材料和官方禁止仿烧的文令看，当时民窑对官窑器类、釉色品种的仿制是极为普遍的。从某种程度上说，这是官窑对制瓷潮流的引导和对技术的

推进。从窑炉形制看，当时除了沿用传统的龙窑[22]，明代中晚期开始使用马蹄形和葫芦形窑[23]。

③宜兴窑紫砂器。历年来墓葬出土的器物[24]和羊角山窑址资料显示，宜兴烧制紫砂器的历史可以上溯到宋代，但其产品走向精细并具有自身特色则是明代中期以后的事[25]。其主要表现为紫砂器已从传统的日用陶器制造中独立出来，显示了工艺陶瓷的独特性。在器物上刻划诗句、纹样，署生产者名款，甚至文人与艺人合作生产某些器物。成形工艺以捏身和泥片镶接为主，再附以挖足，开面，加装柄、嘴等。在嘉靖、万历之世涌现出以时大彬为代表的瓷陶名家。

④德化窑。德化窑创烧的时间可上溯到宋代，一直以生产青白瓷为主。到明代时，窑炉的形制有半倒焰式的分室龙窑和阶级窑两种。尤其是阶级窑的使用，成为生产德化白瓷的技术保证[26]。在元代乳白釉的生产基础上，成功地烧造出了以乳白釉为特征的德化白瓷，即欧洲人所说的"中国白"或"鹅绒白"。同时，也开始烧制青花、五彩瓷器。

⑤漳州窑。至迟到明代晚期，漳州地区平和县的南胜花仔楼等处已使用阶级窑[27]。这种先进的窑炉很快就在漳州地区得以普及[28]。在器物的造型和烧制工艺上，在保留传统的同时，大量吸取景德镇以及北方地区的先进技术与制瓷工艺，从而形成了独具特色的砂底青花瓷器[29]，也被称为"克拉克"瓷。另外，还有被称为"吴州赤绘"的红绿彩瓷，被称为"交趾三彩"的带紫色彩的三彩器。这些器物被称为"汕头器"，是明代后期重要的外销产品。漳州地区是明朝的一个外销瓷生产中心。

## 注 释

[1] 马文宽《中国古瓷考古与研究五十年》,《考古》1999 年第 9 期。

[2] 80 年代,有学者进行过统计。当时报道的是一百三十余个县市,参见《中国陶瓷》,文物出版社 1985 年版。近年来又有新的发现,故有此数据。

[3] 秦大树《埃及福斯塔特遗址中发现的中国陶瓷》,《海交史研究》1995 年第 1 期。

[4] 李家治《我国瓷器出现时期的研究》,《硅酸盐学报》1978 年第 3 期。

[5] 秦大树《试论北方青瓷的改进和白瓷发展的分野》,《远望集－陕西省考古研究所华诞四十周年纪念文集》,陕西人民美术出版社 1998 年版。

[6] 李知宴《唐代瓷窑概况与唐瓷的分期》,《文物》1972 年第 3 期。

[7] 秦大树《论磁州观台窑制瓷工艺、技术的发展》,《华夏考古》1996 年第 3 期。

[8] 李辉炳、毕南海《论定窑烧瓷工艺的发展与历史分期》,《考古》1987 年第 12 期。刘新园《景德镇宋元芒口瓷器与覆烧工艺初步研究》,《考古》1974 年第 6 期。

[9] 秦大树《钧窑三问——论钧窑研究中的几个问题》,《故宫博物院院刊》2002 年第 5 期。

[10] 马红等《西安南郊出土一批唐代瓷器》,《文博》1988 年第 1 期。

[11] 侯艮枝《长治市发现一批唐代瓷器和三彩器》,《文物季刊》1992 年第 1 期。

[12] Yutaka Mino and Patrica Wilson, "An Index to Chinese Ceramic Kiln Sites From the Six Dynasties to the Present", Royal Ontario Museum, Toronto, Canada, 1973.

[13] (宋) 司马光《资治通鉴》卷二九二《后周纪三》,中华书局标点本 1958 年版。

[14] 刘新园《景德镇出土明成化官窑遗迹与遗物之研究》,《成窑遗珍－景德镇珠山出土成化官窑瓷器》,香港徐氏艺术馆 1993 年版。

[15] 同注 [14]。

[16] 白焜等《景德镇明永乐、宣德御厂遗存》,《中国陶瓷》1982 年第 7 期。刘新园《景德镇明御窑厂故址出土永乐、宣德官窑瓷器之研究》,《景德镇出土明初官窑瓷器》,台湾鸿禧艺术文教基金会 1996 年版。

[17] 梁穗《景德镇珠山出土的元明官窑瓷器》,炎黄艺术馆编《景德镇出土元明官窑瓷器》,文物出版社 2000 年版。

[18] 肖发标《北宋景德镇的贡瓷问题》,《中国古陶瓷研究》第 7 辑,紫禁城出版社 2001 年版。

[19] (清) 蓝蒲《景德镇陶录》卷一记"洪武二年,就镇之珠山设御窑厂,置官监督烧造解京"。此书卷五"洪窑"条亦云"洪武二年,设厂于镇之珠山麓,

制陶供上方，称官瓷，以别于民窑"。中国书店影印同治九年刊本。

[20]《明宣宗实录》曰：（洪熙元年）"九月己酉，命行在工部江西饶州府烧造奉先殿太宗皇帝几筵、仁宗皇帝几筵白磁祭器。"《明史》卷八二《食货志六》"烧造"条云："宣宗始遣中官张善之饶州，造奉先殿几筵龙凤文白瓷祭器，磁州造赵府祭器。逾年，善以罪诛，罢其役。"中华书局标点本。

[21] 潘文锦《明代景德镇几种色釉的特点与工艺》，《中国陶瓷》1982年第7期。

[22] 欧阳世彬《景德镇东河流域古瓷窑址调查简报》，《中国陶瓷》1982年第7期。

[23] 刘新园等《景德镇湖田窑考察纪要》，《文物》1980年第11期。

[24] 梁白泉《宜兴紫砂》，文物出版社1991年版。

[25]《宜兴羊角山古窑址调查简报》，《中国古代窑址调查发掘报告集》，文物出版社1984年版。

[26] 福建省博物馆《德化窑》，文物出版社1990年版。

[27] 福建省博物馆《漳州窑》，福建人民出版社1997年版。

[28] 栗建安《东溪窑调查纪略》，《福建文博·福建陶瓷专辑》1993年第1、2期合刊。

[29] 福建省博物馆《漳州窑》，福建人民出版社1997年版。

十一 宋元明时期的其他手工业遗迹

相对于陶瓷手工业的发现与研究，宋元明时期其他手工业遗迹和遗物的发现较少，但将其与前段相比，仍汗牛充栋，数量众多。一些方面已有专门著述，如金银器、漆器等，本书就不再专门介绍了。仅选择几类较重要，而且发现、研究相对较多的缀成此章。

# （一）宋元明时期的冶铸与矿业

冶铸与矿业在宋代有了很大的发展。生产的规模扩大，产地更加广远，行业内的分工更加细致，手工业者的生产经验和劳动工具都逐渐丰富和完善。突出的特点是在手工业品大量生产的基础上普遍地出现了手工艺品。

## 1. 冶铁业的进步

铁冶的发展对于改善各种工具有着决定性的意义。宋代冶铁业的高度发展，首先反映在采掘冶炼地区的扩大上。宋代不仅有传统的北方和东南的铁产地，据神宗元丰元年（公元1078年）的统计，又增加了南方的邓州、威胜军、广州、端州、南恩州等，广南东路的梧州、雷州等地也生产了铁，而且铁器制造也很精致[1]。宋代最著名的铁冶有兖州的莱芜监，河北东路的邢、磁、相诸州铁冶和徐州利国监。考古工作者在山东莱芜和河北邯郸武安（属磁州）都发现了冶铁遗址。这几处铁监的铁课数占了全国铁课的67.15%[2]。60年代美国的郝若贝（Robert Hartwell）以宋代武器制作、铁钱铸造和农具使用等方面的消耗为据，估计神宗元丰元年（公元1078年）的铁产量为7.5万吨至15万吨之间[3]。有些中国学者认为这个估计尚保守，北宋后期的铁产量应在15万吨左右[4]。这一数字是英国公元1640年产业革命时铁产量的五倍。

冶铁业发展，促使专业化生产的发展。当时磁州炼钢、耒阳制钉等为名产。国家博物馆收藏的"济南刘家针铺收买上等钢条造工夫细针"的广告雕板[5]，说明了这种分工。

宋代的炼钢技术也有了发展，"灌钢"技术已成熟。据沈括《梦溪笔谈》卷三记载："世间锻铁所谓钢铁者，用柔铁屈盘之，乃以生铁陷其间，泥封炼之，锻令相入，谓之团钢，亦谓之灌钢。"[6]这是关于灌钢的重要记载。同时，炒钢也广泛使用。正如沈括在同文中所记："凡铁之有钢者，如面中有筋……炼钢亦然，但取精铁锻之百余火，每锻称之，一锻一轻，（至）累锻而斤两不减，则纯钢也，虽百炼不耗矣。此乃铁之精纯者，其色清明，磨莹之则黯黯然青且黑，与常铁迥异。"[7]这些记载都说明了宋人对钢的认识和使用的广泛性，也可证明宋代炼钢技术的进步和分工加细。几十年来，考古发现的宋代铁冶和铁矿已有甚多，为人们了解当时的采、冶、铸等技术提供了丰富资料。

在湖北铜绿山发现了成群（十七座紧紧排列）的炒钢炉，炒钢的技术早已成熟。此法是以生铁为原料，熔化后搅拌，使碳在这一过程中渗入，成为熟铁或钢。这种技术在英国是到公元18世纪以后才出现的。人们从这处遗址看到宋代炼钢的规模[8]。河北邢台纂村至朱庄一带发现的冶炼遗址是一处官督民营的冶铁作坊。窑址附近有宣和四年（公元 1122 年）碑，记载此地于皇祐五年（公元 1053 年）开始置官，证明这里应是邢州铁冶的一部分。在这里发现了炼铁炉遗迹十七、八处，炉旁有很多残留的铁汁块，每块有几吨重，炉的周围散布着矿石和铁渣。在纂村南面还发现铁矿洞一处。从上述情况看，这里的采矿、冶炼和铸器等部门似乎还没有完全分开进行生产[9]。在安徽繁昌也发现了一处冶铁遗址，发现炼炉的构造与 50 年代繁昌县的桃形炼铁炉近似，平面圆形，直径 1.15 米，残存炉壁高 0.6 米，厚 0.36 米，用长方形灰砖立砌，内壁和炉底涂有厚 4－17 厘米的耐火泥，泥中掺粗砂。从炉内遗迹可见，冶炼方法是先铺栗树柴，再装入破碎成直径 1.5 厘米的铁矿石和石灰石，然后进行冶炼[10]。

90 年代初河南省文物研究所和中国冶金史研究室调查了河南的几个重要铁产地。河南安阳县为古相州地，是宋代最重要的铁冶之一。安阳县后堂坡冶铁遗址，面积约 5 万平方米，遗址堆积有大量的铁矿粉和各种炼铁渣，时代为汉代到宋代，表明邢、磁、相是最老的冶铁基地之一。安阳县铜冶乡铧炉遗址，分布着五处堆积如山的炼铁渣，在断崖上残存有三座炼炉。其中 1 号炉现存炉体直径 4 米，高 4 米；3 号炉直径 2.4 米，高 4 米。它们都是依断崖挖筑而成，炉口开在台地地面上，矿石和木炭放在炉口一侧，加工、配料、装炉都在断崖上进行，省去了装料的提升设备和工序。这处遗址的时代为宋到元明之际。南召县下村遗址，面积 1.6 万平方米，现存炼炉七座。其中 6 号炉保存最好，内径 3.5 米，外径 6.1 米，残高 3.9 米，炉膛上部筑成 78—80° 的内倾炉身角，改善了煤气分布，节省了大量能源，而且大大减少了炉料对炉壁的摩擦，延长了高炉的使用寿命。这是高炉结构的重大进步。炉壁采用河卵石砌筑，下部炉缸部位砌筑细致严密，烧结后没有缝隙，可储存铁水，而炉体上部砌筑粗糙。这些说明筑炉工已对高炉各部，尤其是上部在冶铁中的破坏情况有充分的认识。河南林县宋代也属相州，林县的中村遗址，面积约 30 万平方米。遗址中北部是炼炉区，调查发现二十一座炉基。南部是生活区，随处可见砖、瓦和陶瓷片。时代跨越唐、宋、元时期，以宋最丰富[11]。另外，广东省的考古工作者在罗定县炉下村发现了明代的铁矿遗址，调查工作是根据清人屈大均的《广东新语·货语·铁》中的相关记载而开展的。该书有"诸冶惟罗定大塘基炉铁最良"之说。经过反复寻找，终于找到了明代的炼铁炉，炉建在山坡坎窝中，是洞穴式竖炉，椭圆形，内壁用砖和耐火砂砌建，使用柴炭为燃料，利用自然地形装填原料、通风和出铁[12]。

　　宋代铸铁的进步表现为铁铸工艺品的大量生产。从铁铸艺术品和大型铁器可以看出，宋代铸铁技术的进步表现为对铸造技术的熟练掌握。登封中岳庙治平年间（公元 1064－1067 年）和太原晋祠元祐、绍圣年间铸成的铁人以及山西夏县北宋建中靖国元年（公元 1101 年）的大铁钟都是有代表性的作品。特别是浙江义乌双林寺大、小铁塔，全部用生铁铸成，斗栱、花纹铸造得繁缛精细，造型巨大，显示了高度的水平。

　　宋元时期冶铁业的发展还表现在边疆地区冶铁业的发展和铁器的广泛使用。辽金地区大量发现的铁矿和冶铸遗址表明东北地区的开发，是与冶铁业的发展密不可分的。辽太祖阿保机时就因渤海之旧开始了铁冶。在辽阳首山发现的辽代铁矿坑和鞍山发现的炼铁遗迹，大约都是继承的渤海之旧[13]。首山的矿坑有的深达 60 英尺，由此可以想见当时开采之盛。另外，在辽代的早期遗址以及老哈河流域人马同坑葬中就发现过铁铲和铁镢。早期的契丹贵族大墓中也用大量的铁制武器、马具和日用器具随葬。赤峰大营子辽驸马墓中就出土了大量的铁制兵器，并有一些铁制工艺品，如嵌银铁马具和错金银铁矛等[14]。从这些铁制品可见，契丹的铁细工技艺并不比中原地区同期的差。早期的中型墓中也有不少随葬铁器的，说明在这时铁器还属于一种贵重物品。到了中期以后，在陈国公主墓中就不再随葬大量的铁器了[15]，而在一些小型墓葬中则出土有铁制的日用工具和兵器，说明铁器已十分普及，在日用生活中大量使用[16]。辽晚期发现的一些平民用的窖藏中，铁器所占的比例在一半以上，充分说明了铁工具的广泛使用。在铁器的制造中，契丹的工匠创造了适合于狩猎的式样繁多的铁簇、鸣嘀。铁簇有三棱、桂叶、铲形、双尖、蛇头等形，鸣嘀有尖头、方头、三棱等样式。他们还生产了大批非定居生活所用的日用器具，有铁炉、铁桶、大小铁铲、注子、火夹等[17]。辽高超的铁器工艺，甚至使中原人士感到惊奇。宋人记载中称赞契丹镔铁的很多，宋太平老人《袖中锦》品题"天下第一"的物品，其中就有契丹镔铁。

金代的铁矿在上京附近的阿城小岭地区大量发现。60 年代黑龙江省博物馆在阿什河流域调查，在以五道岭为中心的地区发现了五十余处铁矿和铁冶遗址。在五道岭发现的铁矿遗址，有矿洞十余个，最深的达 40 余米。矿洞有阶梯通到矿底，再分成许多采矿工作面。发掘的一处工作面成椭圆袋形，面积 28 平方米，深 5 米，坑壁还可见凿痕和大量朽木，坑底填满了废弃的铁矿石和碎石块。据分析，当时取走的主要是赤铁矿和磁铁矿。据研究，从这些矿坑中取走的矿石有四、五十万吨。在铁矿的西、南、东三面的山坡高岗上，散布着众多的冶铁遗址。发掘的一处炼炉遗址可见，炼炉为在黄土中挖竖穴，内部用花岗石砌建方形炉膛，最内部涂抹耐火泥，长 1.1 米，宽 0.75 米。附近发现了大量的海绵状铁渣和铁块以及大量的木炭，由此可见此地由于木材丰富，以木炭为燃料冶铁[18]。这里是一处以五道岭为中心的大型采、冶基地，只发现了矿坑和铁渣，未见铸器和成品，表明这里的冶、铸工序已分开。

从各地发现的铁矿和冶铸遗址看，宋代冶铁业的进步表现如下：①冶铸的规模扩大。不论从铁产量还是铁冶的生产区域都有了扩大和发展。②冶铸技术有了很大的进步。其表现为炒钢技术成熟，灌钢技术出现。从文献记载可知，从北宋中期开始，以煤为燃料的技术已在各地普遍应用。③生产上分工进一步细化，形成冶、铸分开的生产格局。④专业化的铁器生产形成。⑤出现了高水平的铁工艺品。

### 2．冶铜业的兴盛

宋代的铸铜业也比前代有了很大的发展。在宋代，铜矿的采掘和冶炼获得了巨大的发展，如元丰元年铜矿税数额为一千四百六十万五千九百六十九斤。这个数目是唐宪宗元和元年二十六万六千斤的五十五倍，是宋太宗至道末年四百一十二万二千斤的 354.34%[19]，达到了顶峰。技术上使用了胆铜法。胆铜法在当时是最先进的，是冶铜业的重要技术进步。关于胆铜法，文献最早的记载出现在《太平寰宇记》上。胆水是硫酸铜（古代称为石碌或胆矾）溶液，将铁片置入溶液后，发生反应，铁质换了铜，成为含铁的硫化物，而铜则游离出来。《宋史》卷一八〇《食货志二》"钱币"条记载："浸铜之法：以生铁锻成薄片，排置胆水槽中浸渍数日，铁片为胆水所薄，上生赤煤，取刮铁煤入炉，三炼成铜。大率用铁二斤四两，得铜一斤。饶州兴利场、信州铅山场各有岁额，所谓胆铜也。"[20]此外，还有胆土淋铜法[21]。在宋代，最重要的铜冶产地韶州岑水场、潭州浏阳县永兴场、饶州兴利场和信州铅山场都采用了胆铜法。这对宋冶铜的发展起了极重要的作用。

考古发现的铜矿冶遗迹不多。河南镇平县楸树湾是一处采冶一体的遗址，发现了三十余个采铜矿的矿洞，主要开采的是班岩型和矽卡岩型铜矿。距采矿区几十米远的地方就是冶炼区，发现了冶炼炉，是用块矿熔炼法冶铜。这个遗址从战国晚期到西汉时开始炼铜，一直沿用到宋元时期[22]。1987年对安徽铜陵铜矿遗址调查，发现了采矿遗址九处、冶铜遗址二十处，时代从先秦一直到宋代，发现了汉代到宋代采矿用的木铲[23]。从这两处铜矿冶遗址看，许多老铜矿区到宋代就已枯竭了，冶铜业的发展主要依赖新的矿区和新的冶炼方法。在河南栾川发现的一处铜铅锌共生矿冶遗址就大体是这种情况[24]。

反映铸铜工艺水平的代表有河北正定隆兴寺北宋菩萨像，高23米，璎珞、衣纹都铸造得极为工细。另外，宋代开始大量仿造商周的青铜礼器、乐器等，都很精美，往往进行了再创作。宋代是铸钱最多的一个朝代，流行年号钱，更换年号必铸新钱，又流行铸形状同而字体不同的对钱。宋代的铸镜业也很发达，突破了前代铜镜花纹的程式化图案，出现了写生的缠枝花草、双鱼、双凤、凤穿牡丹等图案，受到丝绣业的影响。南宋发现大量的素面镜，以小钮窄边为特征，背面铸出产地、铸者、质量和价格。根据铭文可知，浙江湖州、四川成都和江西饶州是民间三大铸镜中心。

### 3. 采煤业的发展与兴盛

在宋元时期的采矿业中，最突出的是煤炭的大量开采和采煤技术的进步。1960年，在河南鹤壁发现了宋代煤矿遗迹，其中包括一个井筒、四条较大的巷道、一口排水用的积水井、十个"采煤区"（工作面）以及提升、照明、运煤等生产工具和许多生活用具（图四〇）。根据瓷器断代，其时代为北宋晚

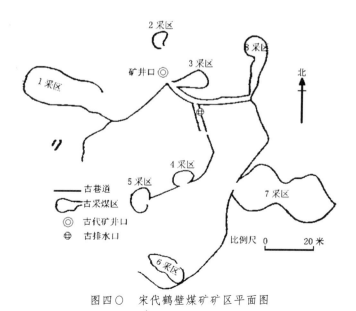

图四〇　宋代鹤壁煤矿矿区平面图

期[25]。从这座煤矿可看出当时的采煤方法和开采技术水平。

①井筒位置的选择与开凿。井筒为圆形竖井，直径 2.5 米，深 46 米。整个遗址位于煤田的富煤区。这说明的问题如下：第一，位置选择合理。井筒位于十个采煤区中间偏北，直接开凿到煤层中间。井底巷道上下"皆为 6 米的自然煤层"，说明有丰富的煤田地质知识，选矿水平很高。第二，开凿技术成熟。井筒既大且深，其成功的开挖，可见工具十分先进，而且维护井壁也有好的措施。

②巷道布置。这处煤矿有三种巷道：A. 主巷道，顶高 2.1 米，宽 2 米，为运输用巷道；B. 通向各采煤工作面的巷道，较大的有五条，保存下来的全长约 500 余米；C. 通向八个工作面的巷道，高 1 米多，上窄下宽，下宽 1.4 米，上宽 1 米，正因为采用了这种梯形结构，所以不用坑道木支撑。

③采煤工作面及回采方式。十个工作面分布在井口四周，最远的距井口 100 米，最近的 10 米。各工作面间保持了一定的距离，布置合理，间隔是有意保存的煤柱，以减少顶板压力。这是非常可贵的经验。工作面以狭长的椭圆形、葫芦形及瓶形为多。最大的 7 号工作面，东西深 50 米，南北宽 30 米。由于留有煤柱，顶板完整，近千年未塌。顶板不用木护，采用了房柱法回采方式开采，先内后外，逐步后撤。工作面内则是由近及远的"冒落法"，采空处堆有石块。突破一点后向里及两边掘凿，形成袋状工作面。在落煤中已能采用掏槽法。

④照明。采用固定式照明法。巷道两壁开挖了许多扁圆和近长方形的灯龛，用来放灯。整个矿中共有一百余个，用瓷碗、盘为灯，巷道中还发现了储油用的经瓶及大缸（大缸的作用可能是储水），可随时添油。灯龛的布置合理，巷道两壁及

交叉处都有分布。在煤壁上设灯龛是中国煤矿工人的创造。

⑤运输。提升与排水，在矿中发现了许多条筐和扁担及一架辘轳。推测是把采出的煤先挑到井口，再用辘轳提升上去。在井筒东南20米有一排水井，近圆形，直径1米，深5米。这是集中排水法，即先把水都引到低洼处的积水井中，然后用辘轳排到井外。

⑥生产管理。煤炭部的学者推测，这个煤矿中采、掘、运、提升及辅助人员的数量约需一百至一百五十人[26]。这样规模的矿需要有成熟的技术管理经验和办法。调查中还发现了水碗和一方石砚，似为在井下计量、记帐、记工用的。在井下记录，会更准确。矿中还发现了大型壁龛，可能是工人休息处，推测应当有相应的通风措施。

在河南禹县神垕镇以东2公里的凤翅山北坡脚下，也发现了古煤矿遗址，范围东西长300米，南北宽200米。发现了矿井口十一处，现代煤矿的巷道碰到了一些古巷道。发现古代的巷道中有撑木，而且现在仍很结实。还发现有小竹篓，可能是运煤或送饭的。在巷道内没有出土断年器物，但从矿口东面的生活区出土的器物可以看出是金代的[27]。尽管矿的年代仍不能确定，但至少可以说，到金代采煤技术又有了很大发展，在巷道里采用了撑木，改进了工作条件和安全条件。

据宋人庄季裕《鸡肋编》记载："昔汴都数百万家，尽仰石炭，无一家然薪者。"[28]从对古代瓷窑的考古发掘看，北宋末期北方地区普遍使用煤作为制瓷业的燃料。这足见当时煤炭既要供应生产，还要供应生活，需求量是相当大的。就是这样的一座座煤矿，供应了这么大的煤炭需求。

## （二）海舶通天方——宋元时期造船业和航运的发展

宋代的造船业有了很大发展。宋以后形成了沿江、沿海的四大船形，即沙船、乌船、福船、广船。元代时，不论是海上航运还是内河漕运，都得到了极大的发展，导致了手工业布局的变化。如元代景德镇成为全国制瓷业的中心。瓷业中心不再随政治中心的移动而移动，与漕运的发达有直接关系。南方低廉的制造成本和精美的釉色、造型，足以抵消长途运输的不便。当然，其前提是海运和漕运的运力、运能足够大，同时，海上贸易也在此时达到巅峰。根据《印度中国见闻录》的记载，当时在南洋航行的船只几乎都是中国制造的。明初郑和下西洋所用的宝船，就是在宋代造船业发展的基础上制造的。

宋元时期，中国内河航运发达，海外贸易繁荣。20 世纪后半叶，随着旧河道的清淤、挖河，一些淹没在旧港或故道的沉船得以发现，一些码头遗迹也重见天日。随着 80 年代末期中国水下考古的建立和工作的开展，宋元时期沉船的考古发现逐步走向水下，开始探索河湖、海底的沉船遗迹。通过考古发掘和调查，有关沉船遗迹的研究也逐渐深入。

### 1. 古代沉船的发现

目前，考古发现的古代沉船以平底沙船为多。平底沙船，语出《宋史·兵志》中的"其战舰则有海鳅、水哨马、双车、得胜、十棹、大飞、旗捷、防沙、平底、水飞马之名"[29]。此类船适合于内河航行和近海漕运。

1960 年，在江苏扬州施桥挖河工程中发现大木船和独木舟各一只。木板船残长 18.4 米，中宽 4.3 米，底宽 2.4 米，深 1.3 米，船板厚 0.13 米。船分五大舱，平底，船身以榫卯和铁钉并用衔接建造。独木舟船头紧靠木板船，为其附属小船，时代为宋代，当为往来于长江和运河间的运输船[30]。1978 年，在上海封浜杨湾发现一条沉船，残长 6.23 米，多舱位结构，尚存七舱，平底。该船沉于吴淞江故河道，在吴淞江南岸曾发现一处古船码头。所出米黄釉瓷碗，其仿定窑覆烧及薄胎特征，具有南宋风格，故推测其为南宋时期沉船[31]。南汇大治河宋代沉船是 1978 年在上海南汇县大治河开掘中发现的。该船保存较好，残长 16.2 米，残宽 3.86 米，船分九舱，是单桅、平底的近海运输船[32]。1978 年 6 月，在天津静海元蒙口村发现宋代船。该船齐头，齐尾，平底，长 14.62 米，船口首部宽 2.56 米，尾部宽 3.35 米，最大宽度 4.05 米。船尾有舵，长 3.9 米。船构造较为简单，使用铁钉和榫卯结合建造。船体主要由十二组横梁支撑，尚无隔舱，残存横梁、船舷、底板、尾板、船肋、舵、船钉及衬木等。根据距静海不远的沧州黄河泛滥记载以及船内遗物推断"木船是在政和七年（公元 1117 年）黄河泛滥时在河道的转弯处被黄河水吞没"[33]。1976 年，在河北磁县南开河村清理出六只木船。沉船分布较为集中，三只已翻覆。船分舱，长约 10 米左右。一号、五号船全长 16 米以上。四号船尾"彰德分省粮船"的铭文可知其为漕运粮船。由于彰德分省建于元末，所以可将这些船只的年代断定在元代末期。船内出土遗物中有瓷器、铁器、铜钱、陶器、木器、石器等。以生活用的瓷器为最多，达三百八十三件，主要是磁州窑产品，也有少量景德镇窑和龙泉窑器物。所出磁州窑瓷器数量很多，器形集中，对研究该地瓷器外运的路线和销售情况非常重要[34]。1988 年，在北京城东南的方庄小区工地发现元代沉船[35]。船全长 14.6 米，头宽 3.9 米，尾宽 4.7 米，平底，方形首尾，应属内河漕运船只。船体用长条木板拼接而成，船板的连接皆采用榫卯结构。据考证，该船位于元代开凿的金口新河河道淤土中。

尖底海船的发现引人注目。此类船尖底，船体较大，适合于海上远航，多属远洋商船和军用战船。

泉州后渚宋代沉船，发现于福建泉州湾后渚港，于 1974 年进行了考古发掘[36]。此船为"下侧如刃"的尖底形海船，头尖尾方，船身扁阔。船身残长 24.2 米，残宽 9.15 米，平面扁阔近椭圆形，尖底。船内由十二栋隔壁将船分成十三舱，残存有龙骨、船壳、船舱、隔板、水密、肋骨、桅、舵座等。船舱内出土遗物丰富，有香料、药物、木货牌签、铜器、铁器、陶器、瓷器、铜器、铁钱、竹木藤棕麻编织物、金属工具、文化用品、装饰品、皮革制品、果核、贝壳、动物骨骼及其他，共计有十四类、六十九项之多。据推断，该船属南宋末年，也有学者认为沉于元初[37]。1978 年至 1979 年，在宁波东门口出土外海船一只。这是一艘尖头、尖底、方尾的三桅外海船，残长 9.3 米，残高 1.14 米（图四一）。该船出土于东门口码头遗址宋代地层。其独特的护肋与壳板、先进的削斜接与子母口接法、合理的龙骨接头位置体现了宋代明州高超的造船水平[38]。1982 年，在泉州法石清理的宋代沉船[39]，与后渚海船相似，属方龙骨的尖底造型，单层底部结构。出土有南宋时晋江磁灶窑大亮烧造的小口瓶以及泉州产划花青瓷，为沉船年代的确定提供了依据。1984 年，在山东蓬莱水城清淤工程中发现元代沉船[40]。该船残长 28.6 米，宽 5.6 米，深 0.9 米，尖

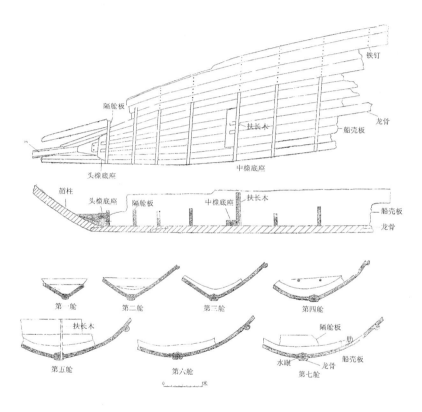

图四一 宁波东门外出土海船平、剖面图

底，龙骨长 22.64 米。从船内出土的瓷高足杯看，属于元代海船。根据所出少有的几件军事用途的器物和船的形制来推断，该船属于战船。

### 2. 相关遗迹的发现

除了沉船的发现，还清理了一些码头遗迹，如明州（今宁波）[41]、泉州、上海[42]等。其中以宁波东门口宋代码头遗址[43]、淮北柳孜发现的宋代运河码头[44]和泉州文兴、美山宋元时期码头遗迹[45]为代表。

宁波东门口宋代码头遗址，在发掘区内共清理出三座海运码头，自西向东依次排开，时代渐晚。码头邻水面先布列成排的松木桩，上铺木板或石条、石块等。码头用瓦砾、石片、树枝等加固。附近还发现有石子路面、砖铺路面各一条。一号码头的西北面还清理出修船工场一座。在淮北柳孜清理的一段隋唐大运河边，发现了一处石构建筑，用不同规格的旧石料，包括汉墓中的画像石砌筑，东西长 14.3 米，南北宽 9 米，北立面残高 5.05 米，顺河道方向依南堤砌建。砌建方法是先在岸边挖土坑，然后再建石构。推测这是一处货运码头或桥墩，时代是唐末到北宋时期。从这段运河中还出土了大量的宋代瓷器。宋代时大运河沟通汴京与南方的交通，漕运发达。这段运河的发掘为人们提供了实物资料。泉州文兴、美山码头位于晋江入海口的北岸，两者相距约 1 公里。文兴古渡口清理出一条渡头，从江岸自上而下延伸至江中，清理出一条以花岗岩条石、块石构筑斜坡式驳船路段和一条石构排水沟，出有宋元至明清时期瓷片。美山码头则清理出码头前端的石构墩台、斜坡式石构驳船路基、墩台与江岸连接的石构河堤式道路、石构建筑台基等遗迹。两座码头始建不晚于宋元，延用至明清时期。

此外，宋元时期与航运相关的遗迹还有在故河道或港口附近发现的故河道、船碇、船锚等，主要有扬州毛纺厂南宋至元代的漕河漕运遗址[46]、泉州法石碇石[47]、宋元时期木碇[48]、烟台崆峒岛元代石锚[49]、上海南汇元代铁锚[50]以及泉州港其他的一些有关海外交通的史迹[51]等。

**3. 水下考古的产生与成果**

水下考古学是伴随着海底遗宝的不断发现而逐步产生的。20世纪后期考古学的研究对象因现代潜水技术逐渐扩展到水底遗物，为人们探索古代海上文明开辟了新的途径[52]。80年代末，中国筹建水下考古，开始了水下考古之路[53]。利用这项技术，沉船的考古工作由地下转入水下。这标志着中国沉船考古进入了新的阶段，取得了许多重大发现[54]。

1990年，在福建定海调查和试掘了连江定海白礁宋元沉船，培养了中国第一批水下考古专业人员。1995年，再次发掘，白礁一号沉船遗址被发现，揭开了中国水下沉船探索的序幕。白礁一号沉船紧靠暗礁，当为触礁沉没。黑釉盏是其代表遗物，为建窑系统瓷器，属于宋元时期[55]。

1991年，在辽宁省绥中县三道岗海域发现元代沉船。1992年至1997年间对其进行了五次正式的调查和发掘[56]。船体已基本朽烂，但沉船堆积主体内涵及大型沉积物成片分布，为复原沉船船体的形态与结构提供了重要线索。出土遗物以瓷器为大宗，达五百九十九件，有白瓷、白地黑花瓷、黑瓷、翠蓝釉瓷等，为典型的元代磁州窑产品（图四二）。从沉船位置来看，"绥中三道岗沉船应是环渤海西岸航线的国内贸易商船"。

1987年，在广东台山海域发现"南海一号"宋元沉船。

图四二 绥中三道岗沉船中出水磁州窑白地黑花婴戏纹大罐

通过 1989 年以来的调查和发掘，出土了大批瓷器以及镀金器、锡器、铜器、陶器等。瓷器为最多，主要有白瓷、青白瓷、青瓷等，其中带盖粉盒最为常见，主要来自福建德化窑、晋江磁灶窑、南安窑、浙江龙泉窑和江西景德镇窑等。根据这些瓷器和出土的宋代铜钱，可以推知"南海一号"沉船是"宋元时期的一艘海上贸易货船"[57]。目前，发掘、整理工作仍在进行中。

此外，新会银洲湖"崖门海战"遗迹的寻找，为人们揭开了元灭南宋大海战之谜，也是中国水下考古以科研为目的的有益尝试[58]。西沙群岛诸沉船的调查[59]、东南海域的勘察等为人们了解宋元海上贸易提供了可靠的实物资料[60]。

## 注　释

［1］《宋会要辑稿》食货三三之一三至一四。

［2］根据《宋会要辑稿》食货三三之一二至一四统计的元丰年间的铁课数。

［3］Robert Hartwell "A Revolution in the Chinese Iron and Coal Industries During the Northern Sung, 960–1126 A.D."（北宋时期中国煤、铁工业的革命），"The Journal of Asian Studies"（亚洲问题研究），Feb 1962. Vol. 21, Iss. 2; pp. 153–162.

［4］漆侠《宋代经济史》第十三章，二，《冶铁业的高度发展》，上海人民出版社 1988 年版。

［5］林岩等《中国店铺幌子研究》，《中国历史博物馆馆刊》1995 年第 2 期。

［6］（宋）沈括著、侯真平校点《梦溪笔谈》，岳麓书社点校本 2002 年版。

［7］同注［6］。

［8］朱寿康等《铜绿山宋代冶炼炉的研究》，《考古》1986 年第 1 期。

［9］唐云明《河北邢台发现宋墓和冶铁遗址》，《考古》1959 年第 7 期。

［10］胡悦谦《繁昌县古代炼铁遗址》，《文物》1959 年第 7 期。

［11］河南省文物研究所等《河南省五县古代铁矿冶遗址调查》，《华夏考古》1992

年第 1 期。

[12] 广东省博物馆《广东罗定古冶铁炉遗址调查简报》,《文物》1985 年第 12 期。

[13] 郑绍宗《辽代矿冶发展简论》,《内蒙古社会科学》1988 年第 5 期。

[14] 前热河省博物馆筹备组《赤峰县大营子辽墓发掘报告》,《考古学报》1956 年第 3 期。

[15] 内蒙古自治区文物考古研究所等《辽陈国公主墓》,文物出版社 1993 年版。

[16] 内蒙古自治区文物工作队《辽中京西城外的古墓葬》,《文物》1961 年第 9 期。金永田《辽上京城址附近佛寺遗址和火葬墓》,《内蒙古文物考古》1984 年第 3 期。

[17] 田淑华、石砚枢《从考古资料看承德地区的辽代矿冶业》,《文物春秋》1994 年第 1 期。

[18] 黑龙江省博物馆《黑龙江阿城县小岭地区金代冶铁遗址》,《考古》1965 年第 3 期。

[19] 根据《宋会要辑稿》食货三三之七至一八;《文献通考·征榷考五》;《宋史》卷一八四《食货志七》“阮冶”条统计。

[20]《宋史》卷一八〇《食货志二》“钱币”条,中华书局标点本,4394 页。

[21] (宋) 周辉撰、刘永翔校注《清波杂志校注》卷十二,“胆水胆土”条:“凡古坑,有水处曰胆水,无水处曰胆土。胆水浸铜,工省利多;胆土煎铜,工费利薄,水有尽,土无穷。今上林三官,提封九路,检踏无遗,胆水、胆土,其亦兼收其利。”中华书局 1994 年版,502 - 503 页。

[22] 河南省文物考古研究所等《河南省镇平县楸树湾古铜矿冶遗址的调查》,《华夏考古》2001 年第 2 期。

[23] 安徽省文物考古研究所等《安徽铜陵市古代铜矿遗址调查》,《考古》1993 年第 6 期。

[24] 李京华《河南栾川江洞沟铜铅锌共生矿冶遗址调查》,《华夏考古》1994 年第 4 期。

[25] 河南省文化局文物工作队《河南鹤壁市古煤矿遗址调查简报》,《考古》1960 年第 3 期。

[26] 赵承泽《笔谈我国古代科学技术成就——谈谈我国用煤的历史》,《文物》1978 年第 1 期。

[27] 安廷瑞《河南禹县神垕镇北宋煤矿遗址的发现》,《考古》1989 年第 8 期。

[28] (宋) 庄绰《鸡肋编》卷中,中华书局标点本 1983 年版。

[29] （元）脱脱等撰《宋史》卷一八七《兵志一》，中华书局标点本，4583 页。

[30] 江苏省文物工作队《扬州施桥发现了古代木船》，《文物》1961 年第 6 期。

[31] 倪文俊《嘉定封浜宋船发掘简报》，《文物》1979 年第 12 期。

[32] 季曙行《上海南汇县大治河古船发掘简报》，《上海博物馆集刊》第 4 期（建馆三十五周年特辑），上海古籍出版社 1987 年版。

[33] 天津市文物管理处《天津静海元蒙口宋船的发掘》，《文物》1983 年第 7 期。

[34] 磁县文化馆《河北磁县南开河村元代木船发掘简报》，《考古》1978 年第 6 期。

[35] 孙玲《北京首次发现元代木船》，《中国文物报》1988 年 12 月 2 日 2 版。王有泉《北京地区首次发现古船》，《北京考古信息》1989 年第 2 期。

[36] 《泉州湾宋代海船发掘简报》，《文物》1975 年第 10 期。福建省泉州海外交通史博物馆编《泉州湾宋代海船发掘与研究》，海洋出版社 1987 年版。

[37] 辛士成《泉州后渚沉船的年代》，《东南考古研究》第 1 辑，厦门大学出版社 1996 年版。

[38] 林士民《宁波东门口码头遗址发掘报告》，《浙江省文物考古所学刊》，文物出版社 1981 年版。

[39] 中国科学院自然科学史研究所、福建省泉州海外交通史博物馆联合试掘组《泉州法石古船试掘简报和初步探讨》，《自然科学史研究》1983 年 2 卷 2 期。

[40] 烟台市文管会、蓬莱县文化局《蓬莱古船与登州古港》，大连海运学院出版社 1989 年版。

[41] 林士民、杨陆建《宁波发现宋元时期码头遗迹》，《中国文物报》1986 年 2 月 21 日 2 版。

[42] 上海博物馆考古研究部《上海青浦区塘郁元明时期码头遗址》，《考古》2002 年第 10 期。

[43] 《宁波东门口码头遗址发掘报告》，参见注［38］。

[44] 安徽省文物考古研究所等《淮北柳孜》，科学出版社 2002 年版。

[45] 福建省文物管理委员会考古队等《泉州文兴、美山古码头发掘报告》，《福建文博》2003 年第 2 期。

[46] 扬州博物馆《江苏扬州市毛纺织厂古漕河遗址调查》，《考古》1992 年第 1 期。

[47] 陈鹏、杨钦章《泉州法石乡发现宋元碇石》，《自然科学史研究》2 卷 2 期，1983 年。

［48］郭雍《泉州湾打捞到两具古代大船锚》，《文物》1986 年第 2 期。

［49］王锡平《山东烟台市蛂峒岛海域发现石锚》，《考古》1996 年第 2 期。

［50］王正书《上海南汇海滨出土铁锚》，《文物》1981 年第 6 期。

［51］庄为玑《宋元明泉州港的中外交通史迹》，《厦门大学学报》（社会科学版）
　　　1956 年第 1 期。庄为玑《谈最近发现的泉州中外交通的史迹》，《考古通讯》
　　　1956 年第 3 期。庄为玑《续谈泉州港新发现的中外交通史迹》，《考古通讯》
　　　1958 年第 8 期。

［52］（日）小江庆雄著、王军译、信立祥校《水下考古学入门》，文物出版社
　　　1996 年版。

［53］张威、李滨《中国水下考古大事记》，《福建文博》1997 年第 2 期（30）。

［54］俞伟超《十年来中国水下考古学的主要成果》，《福建文博》1997 年第 2 期
　　　（30）。

［55］保罗·克拉克（Parl Clark，澳大利亚阿德莱德大学东南亚陶瓷研究中心）《中
　　　国福建省定海地区沉船遗址的初步调查》，《福建文博》1990 年第 1 期
　　　（15）。中澳合作水下考古专业人员培训班定海调查发掘队《中国福建连江定
　　　海 1990 年度调查、试掘报告》，《中国历史博物馆馆刊》总第 18、19 期，
　　　1992 年。中澳联合定海水下考古队《福建定海沉船遗址 1995 年度调查与发
　　　掘》，《东南考古研究》第 2 辑，厦门大学出版社 1999 年版。

［56］张威主编《绥中三道岗元代沉船》，科学出版社 2001 年版。

［57］张威《南海沉船的发现与预备调查》，《福建文博》1997 年第 2 期（30）。任
　　　卫和《广东台山宋元沉船文物简介》，《福建文博》2001 年第 2 期（40）。

［58］《十年来中国水下考古学的主要成果》，参见注［54］。李白麟《崖门奇迹
　　　——宋元崖海大决战揭秘》，《海内与海外》2000 年第 5 期。

［59］蒋迎春《西沙群岛文物普查获丰硕成果》，《中国文物报》1996 年 7 月 14 日
　　　1 版。

［60］栗建安《福建水下考古工作回顾》，《福建文博》1997 年第 2 期（30）。崔勇
　　　《广东水下考古回顾与展望》，《福建文博》1997 年第 2 期（30）。

# 参 考 文 献

**历史文献**

1．（宋）薛居正《旧五代史》，中华书局标点本 1976 年版。

2．（元）脱脱《宋史》，中华书局标点本 1977 年版。

3．（元）脱脱《辽史》，中华书局标点本 1974 年版。

4．（元）脱脱《金史》，中华书局标点本 1975 年版。

5．（宋）宇文懋昭撰、崔文印校证《大金国志校证》，中华书局 1986 年版。

6．（宋）李焘《续资治通鉴长编》，中华书局标点本 1979 年版。

7．（清）徐松辑《宋会要辑稿》，中华书局影印本 1957 年版。

8．（宋）孟元老《东京梦华录》，中国商业出版社标点本 1982 年版。

9．（宋）吴自牧《梦粱录》，浙江人民出版社 1980 年版。

10．（宋）叶隆礼《契丹国志》，上海古籍出版社 1985 年版。

11．（宋）苏轼《东坡志林》，文渊阁《四库全书》本。

12．（宋）王洙等奉敕撰《图解校正地理新书》，台湾集文书局影印金明昌三年钞本 1985 年版。

13．（宋）周辉撰、刘永翔校注《清波杂志校注》，中华书局 1994 年版。

14．（宋）沈括著、侯真平校点《梦溪笔谈》，岳麓书社 2002 年版。

15．《大元圣政国朝典章》，《续修四库全书》，上海古籍出版社 1995 年版。

16．（明）宋濂等《元史》，中华书局标点本 1976 年版。

17．（清）张廷玉等撰《明史》，中华书局标点本 1974 年版。

18．（清）顾炎武《昌平山水记》卷上，北京古籍出版社 1982 年版。

**专著、论集与论文**

1．文物编辑委员会编《文物考古工作三十年》，文物出版社 1979 年版。

2．刘敦桢主编《中国古代建筑史》，中国建筑工业出版社 1980 年版。

3．中国硅酸盐学会编《中国陶瓷史》，文物出版社 1982 年版。

4．中国社会科学院考古研究所编《新中国的考古发现和研究》，文物出版社 1984 年版。

5．《中国大百科全书·考古学》，中国大百科全书出版社 1986 年版。

6．董鉴泓主编《中国城市建设史》，中国建筑工业出版社 1989 年版。

7．廖奔《宋元戏曲文物与民俗》，文化艺术出版社 1989 年版。

8．文物编辑委员会编《文物考古工作十年》，文物出版社 1990 年版。

9．杨宽《中国古代都城制度史研究》，上海古籍出版社 1993 年版。

10．徐苹芳《中国历史考古学论丛》，（台北）允晨文化，1995 年。

11．林洙《叩开鲁班的大门：中国营造学社史略》，中国建筑工业出版社 1995 年版。

12．徐苹芳《现代城市中的古代城市遗痕》，《远望集——陕西省考古研究所华诞四十周年纪念文集》，陕西人民美术出版社 1998 年版。

13．《新中国考古五十年》，文物出版社 1999 年版。

14．尚刚《元代工艺美术史》，辽宁教育出版社 1999 年版。

15．段鹏琦《三国至明代考古学五十年》，《考古》1999 年第 9 期。

16．马文宽《中国古瓷考古与研究五十年》，《考古》1999 年第 9 期。

17．宿白《现代城市中古代城址的初步考察》，《文物》2001 年第 1 期。

**考古报告**

1．（日）原田淑人、驹井和爱《上都》（东方考古学丛刊乙种第二册），东亚考古学会 1941 年版。

2．（日）田村实造、小林行雄《庆陵》，日本京都大学文学部，1953 年。

3．宿白《白沙宋墓》，文物出版社 1957 年版。

4．福建省博物馆《福州南宋黄昇墓》，文物出版社 1982 年版。

5．王健群等《库伦辽代壁画墓》，文物出版社 1989 年版。

6．中国社会科学院考古研究所等《定陵》，文物出版社 1990 年版。

7．内蒙古自治区文物考古研究所等《辽陈国公主墓》，文物出版社 1993 年版。

8．中国社会科学院考古研究所等《南宋官窑》，中国大百科全书出版社 1996 年版。

9．河南省文物考古研究所等《北宋皇陵》，中州古籍出版社 1997 年版。

10．北京大学考古学系等《观台磁州窑址》，文物出版社 1997 年版。

11．开封市文物工作队编《开封考古发现与研究》，中州古籍出版社 1998 年版。

12．三门峡市文物工作队《北宋陕州漏泽园》，文物出版社 1999 年版。

13．炎黄艺术馆编《景德镇出土元明官窑瓷器》，文物出版社 2000 年版。

14．河北省文物研究所《宣化辽墓——1974～1993 年考古发掘报告》，文物出版社 2001 年版。

15．张威主编《绥中三道岗元代沉船》，科学出版社 2001 年版。

16．中国历史博物馆遥感与航空摄影考古中心、内蒙古自治区文物考古研究所《内蒙古东南部航空摄影考古报告》，科学出版社 2002 年版。

# 后　　记

　　说起来，宋元明考古相对于其他断代考古是比较年轻的。这主要是指总结、研究还较少。然而，一个世纪以来考古发现和资料的积累，并不比其他任何断代考古要少。我常常给别人算，北宋有四京，辽有五京，金有三个都城，元有三都，明也有三个都城，加上西夏、大理、西藏等边境王朝的都城，大概不会比秦到唐朝的都城数量少。宋元明时期又是一个地区差异很大的时期，墓葬的复杂性比城更有过之，可能说起来都会让人头晕。这说明宋元明考古是十分多样和复杂的。仅仅将城市、墓葬这样的常规考古工作介绍一遍，这本书的容量都是不够的。更不要说宗教、建筑、交通、矿冶、手工业等方面的遗迹了。同样既属于考古，又属于文物研究的内容还有陶瓷器、金银器、漆木器、纺织品、铜铁器等，不一而足。因此，我只好在这本书里仅涉及所谓纯而又纯的考古工作，希望使读者大概地了解 20 世纪宋元明考古的一些主要工作、发现和收获。研究工作有所开展的方面就介绍一些研究成果，有些方面的研究尚未开始，就只好罗列材料了。毕竟作为一个学科方向，这个领域形成的时间还短，这里只能给大家一个概貌。希望有更多的学者加入到这个领域的研究中来。

　　尽管我多年从事宋元明考古的教学，但由于资料内容繁多，不可能涉及所有专题，即便是本书中涉及的专题，有些也是刚刚开始收集资料。这当中得到了一些同事的热情支持，如上海历史博物馆的杭侃先生、故宫博物院的王光尧先生、科学出版社的霍洁娜女士、社科院考古所的董新林先生和杭州市文物考古所的唐俊杰先生都为我提供了重要的资料。有些小节是他们写成，由我加以删削增补的。同时，北京大学考古文博学院的部分同学也为此书的完成付出了辛勤的劳动。在此，我要感谢袁泉同学、孟原昭同学、刘岩同学和刘未同学。没有他们的帮助，我不可能在这样一段时间里完成这本书的编著。感谢文物出版社周成先生对我的帮助、鼓励和为本书付出的辛劳。最后，我要特别感谢徐苹芳先生。我从开始从事宋元明考古的教学与研究以来，一直得到他的教诲与提携，许多观点更是直接得自徐先生的教授，本书的提纲也是经先生审阅后才定稿的。

2003 年，我申请的研究课题《中原北方地区宋墓研究》，得到国家文物局文物保护科学和技术研究课题的资助。本书宋墓部分的资料收集和部分研究属于此课题的一部分，在此致以谢忱！本书的不当和疏漏在所难免，还望前辈、同仁和读者予以指正和谅解。

**图书在版编目（CIP）数据**

宋元明考古／秦大树著.—北京：文物出版社，2004.10
（2021.8 重印）
（20 世纪中国文物考古发现与研究丛书/张文彬主编）
ISBN 978－7－5010－1657－0

Ⅰ.宋…　Ⅱ.①秦…　Ⅲ.①考古—研究—中国—辽宋
金元时代 ②考古—研究—中国—明代　Ⅳ.①K871.4

中国版本图书馆 CIP 数据核字（2014）第 258087 号

## 宋元明考古

20 世纪中国文物考古发现与研究丛书

编　　著：秦大树

责任编辑：周　成
封面设计：张希广
责任印制：张道奇

出版发行：文物出版社
社　　址：北京市东城区东直门内北小街2号楼
邮　　编：100007
网　　址：http://www.wenwu.com
经　　销：新华书店
印　　刷：河北鹏润印刷有限公司
开　　本：850mm×1168mm　1/32
印　　张：10.75
版　　次：2004 年 10 月第 1 版
印　　次：2021 年 8 月第 6 次印刷
书　　号：ISBN 978－7－5010－1657－0
定　　价：38.00 元